Webseiten-Programmierung

Günter Pomaska

Webseiten-Programmierung

Sprachen, Werkzeuge, Entwicklung

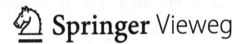 Springer Vieweg

Günter Pomaska
Minden, Deutschland

ISBN 978-3-8348-2484-4   ISBN 978-3-8348-2485-1 (eBook)
DOI 10.1007/978-3-8348-2485-1

Die Deutsche Nationalbibliothek verzeichnet diese Publikation in der Deutschen Nationalbibliografie;
detaillierte bibliografische Daten sind im Internet über http://dnb.d-nb.de abrufbar.

Springer Vieweg
© Vieweg+Teubner Verlag | Springer Fachmedien Wiesbaden GmbH, Wiesbaden 2012

Gedruckt auf säurefreiem und chlorfrei gebleichtem Papier

Springer Vieweg ist eine Marke von Springer DE. Springer DE ist Teil der Fachverlagsgruppe
Springer Science+Business Media.
www.springer-vieweg.de

Vorwort

Das World Wide Web, oder kurz WWW ist ein Dienst im Internet, dessen Durchbruch sich Anfang der 90er Jahre mit der Einführung von Hyperlinks vollzog. Ein Hyperlink ist ein Element einer Webseite, mit dem andere Dokumente im Web verknüpft sind. Durch Mausklick auf einen Hyperlink wechselt man unmittelbar von einem Dokument zu einem anderen. Der Anwender kann so durch ein nahezu unerschöpfliches Angebot an Informationen navigieren. Ein Server liefert die Daten, der Web-Broser stellt diese in einer für den Anwender lesbaren Form dar. Formuliert sind die Dokumente in Hypertext Markup Language HTML, der Lingua Franca, eine Verkehrssprache die alle verstehen, des World Wide Webs.

Einhergehend mit der technologischen Entwicklung des Internets und seinen neuen fantastischen Möglichkeiten hat sich die Bedeutung des Webs zur täglichen Kommunikations- und Informationsplattform für Menschen weltweit entwickelt. Die neuen Möglichkeiten werden mit dem Begriff Web 2.0 umschrieben. Das Web ist zum interaktiven Mitmach-Web geworden. Jeder kann teilnehmen – mailen, chatten, bloggen, twittern, booken. Hintergrundwissen ist bei den Web-Aktivisten durch die Verfügbarkeit von Online Applikationen nur bedingt Voraussetzung. Das Web ist aber auch komplexer geworden und es gibt Anwender, die sich mit der Thematik vertieft auseinandersetzen müssen. Für diese Zielgruppe ist diese Buch geschrieben. Sie erhalten einen kompakten Wegbegleiter zur Webseiten-Programmierung aus einer Hand.

Auf der Basis der verschiedenen Webtechnologien wie den zentralen Sprachen Hypertext Markup Language (HTML) und Cascading Style Sheets (CSS) und Komponenten wie JavaScript, DOM und XML sowie der Programmierung mit PHP, werden die Leser dieses Buches mit dem Zusammenwirken der Komponenten vertraut gemacht. Das Augenmerk wird dabei anwendungsorientiert auf den Aufbau und die Pflege einer Webpräsenz in Form des Selbststudiums gelegt.

Wer gehört zu der Zielgruppe? Wie kann man von der Arbeit mit dem Buch profitieren? Wir gruppieren in Einsteiger, Content-Creator, Anwender und Mitmacher.

Der Einsteiger. In fünf Kapiteln sind die fundamentalen Technologien erläutert. Die wichtigsten Funktionalitäten werden vorgestellt. Die Thematik wird kompakt behandelt und verweist auf die wichtigsten Referenzen. Der Einsteiger wird zum Entwickler im technisch-wissenschaftlichen Bereich - Schule, Studium, Forschung, Beruf. Mit welcher Strategie soll man den Komplex Internet angehen? Die Kapitel des Buches zeigen den Weg auf.

Der Content-Creator. Menschen die Inhalte zur Präsentation für das Web erstellen werden nach den geeigneten Autorentools greifen und nach der optimalen Datenbereitstellung suchen. Eine technische Zeichnung gescannt und als Bitmap abgelegt ist sicher nicht die beste Empfehlung. Die Web-Community hat für jede Anwendung geeignete, nicht proprietäre Formate.

Der Anwender publiziert und kommuniziert über Internet und Intranet. Sie oder er benutzt vorzugsweise die Werkzeuge, die im Web online verfügbar sind. Ob elektronische Mail, Blogsystem oder Fotocommunity, das adäquate Datenformat und eine angepasste Dateigröße stellen immer eine gute Referenz dar.

Der Mitmacher bewegt sich im Web, nutzt die Möglichkeiten, muss entscheiden. Er kann einige Zeilen Quellcode im Buch überlesen, wird aber trotzdem dialogfähig gegenüber seinen Diskussionspartnern und IT-Kollegen.

Noch immer verändern sich die technischen Grundlagen des Webs mit hoher Geschwindigkeit. Mit HTML5 wird der Weg zum semantischen Web beschritten. Neue Elemente für Multimedia befreien den Browser von Plug-ins. Gestaltung und Anordnung der Elemente erfolgen mit CSS. Im Kapitel 2 werden die Basiskenntnisse zur Webseiten-Gestaltung vermittelt. HTML ist eine Auszeichnungssprache und CSS eine Stilsprache. JavaScript, DOM und XML stehen unter dem Begriff AJAX für neue Applikationen im Web. Mit den Kapiteln 3 und 4 können Sie ihr Wissen vertiefen. JavaScript kann aber auch einen guten Einstieg in die Programmierung bieten. Einfacher als mit der im Browser integrierten Skriptsprache kann ein Entwicklungszyklus nicht sein.

Scalable Vektor Graphics (SVG) hat sich als offenes Grafikformat für das Web durchgesetzt. Die Browser haben SVG nativ integriert. Die Auseinandersetzung mit der in XML formulierten Grafikapplikation führt in grafische Konzepte ein und ermöglicht die Erstellung von Illustrationen für das Web aus dem Texteditor heraus. Kapitel 5 beschreibt den Umgang mit dem SVG-Format.

Nach wie vor gilt *Programmieren lernt man nur durch Programmieren*. PHP bietet sich als erste Programmiersprache an. Datenmodell, Ablaufstrukturen, Funktionen und Objektorientierung werden an praxisorientierten Anwendungen vorgestellt. Die Entwicklungsumgebung ist denkbar einfach. Programme laufen lokal als Client-Server Applikationen. Die zu entwickelnden Programme sind somit auch im Internet zu verwenden.

Dieses Buch ist unterrichtsbegleitend konzipiert und zum Selbststudium geeignet. Die Existenz, Verfügbarkeit und das Zusammenspiel der Werkzeuge soll transparent werden. Kenntnisse in Auszeichnungssprachen, Skriptsprachen und Objektorientierung sind Voraussetzung zum Verständnis bestehender und sich neu entwickelnder Technologien. Das notwendige Basiswissen dazu wird sowohl Studierenden als auch Praktikern vermittelt.

Durch die Vielzahl der Beispiele werden Programmiersituationen dargestellt, die in Anwendungen immer wieder auftreten. Insofern ist es auch ein Nachschlagwerk für den Praktiker. Es ersetzt aber in keinem Kapitel eine Sprachreferenz. Diese finden Sie im Web aktuell, umfangreich und komplett an autorisierter Stelle. In diesem Programmierpraktikum wird der Lernprozess als zielorientiertes *Learning by Coding* mit Reduzierung auf das Notwendige abgebildet.

Der Leser erhält mit dieser praxisorientierten Sammlung von Programmbeispielen kompaktes Lehrmaterial, mit dem in die populären Sprachen des Internets eingeführt wird. Alle benutzten Werkzeuge sind Freeware bzw. Open Source, dazu gehören Web-Broser, Web-Server, Bildbearbeitung, SVG Autorentool und die kleinen Helfer: Auf einem USB-Datenträger können die portablen Versionen unabhängig von einer Rechnerinstallation nach überall mitgenommen werden. Alle Anwendungen im Buch sind auf einer Windowsplattform (XP, 7) ausgeführt. Die Portierung auf Linux-Systeme ist ohne weitere Modifikationen möglich. Den Quellcode aller Programme und lauffähige Demos erhält man von der Webseite www.seiten-programmierung.de.

Günter Pomaska

Juni 2012

Inhalt

1 WWW World Wide Web

Der Informatiker Tim Berners-Lee am Genfer Institut für Teilchen-Physik entwickelte 1989 einen neuen Netzdienst, der auf dem Internet des CERN basierte. Dieser sollte der Präsentation wissenschaftlicher Dokumentationen und einfacher Verlinkung dienen. Als erste Webseite der Welt gilt daher *http://info.cern.ch*, die noch als Kopie auf dem Server

```
http://w3.org/History/19921103-hypertext/hypertext/WWW/TheProject.html
```

des W3-Konsortiums zu finden ist. Das Internet war eine Weiterentwicklung des ARPANET, einem Projekt der Advanced Research Project Agency (ARPA) des US-Verteidigungsministeriums zur Vernetzung von Universitäten und Forschungseinrichtungen. Das Internet ist heute ein weltweites Netzwerk von Computern und Rechnernetzwerken, welches die Nutzung der verschiedenen Dienste wie elektronische Post, Datenübermittlung oder WWW ermöglicht. Es gibt aber nicht immer eine klare Trennung der Begriffe. Umgangssprachlich hat sich die synonyme Verwendung von Internet und WWW durchgesetzt.

Aus dem Hypertext-Projekt World Wide hat sich mittlerweile unter dem Schlagwort Web 2.0 das Mitmach-Web entwickelt. Man versteht darunter die Kombination von Diensten der Webservice-Anbieter aber auch Techniken, die Anwendungen im Web-Browser desktopähnlicher machen.

Das World Wide Web ist also ein über das Internet abrufbares System von elektronischen Hypertext-Dokumenten, die durch Hyperlinks miteinander verknüpft sind und über die Protokolle HTTP und HTTPS übertragen werden. Diese Definition finden wir unter

```
http://de.wikipedia.org/wiki/World_Wide_Web
```

im deutschen Wikipedia.

Der Fokus dieses Buches ist auf die Erstellung von Internetpräsentationen und Programmierung von Softwarelösungen, die sowohl lokal als auch im Netzwerk lauffähig sind, gerichtet. Dabei sollen die verfügbaren Ressourcen des Internets weitgehend Berücksichtigung finden. Das sind einerseits die Entwicklungswerkzeuge und andererseits die definierten Standards und gebrauchsfertigen Programmbausteine. Die Nutzung dieser Quellen erfordert Kenntnisse von der Infrastruktur des Internets. In diesem einführenden Kapitel werden die Komponenten des Webs kompakt dargestellt. Datenübermittlung und Adressierung der Rechner und das Zusammenspiel der Hardwarekomponenten werden skizziert. Primär ist der Unterschied zwischen statischen und dynamischen Webseiten aufzuzeigen. Was sind die Wesensmerkmale von clientseitiger und serverseitiger Dynamik?

1.1   Das Internet – Infrastruktur und Administration

Ein Computernetzwerk besteht aus mindestens zwei miteinander verbundenen Computern. Die Nutzer des Netzwerkes können miteinander kommunizieren und gemeinsam die Ressourcen wie Festplatten oder Drucker nutzen. Die beteiligten Rechner können dabei unterschiedliche Plattformen (Hardware, Betriebssystem) verkörpern. In einem Netzwerk agieren die Rechner als Clients oder Server. Die Rechner sind mit Netzwerkkarten ausgestattet und über einen Switch untereinander verbunden. Jeder Rechner trägt einen eindeutigen Namen, der Benutzer meldet sich im Netzwerk mit seiner Benutzerkennung und einem Kennwort an. Über den Netzwerkadministrator werden Zugriffsrechte und die Freigabe von Ressourcen geregelt.

Das Internet ist ein weltweites Netz von Computernetzwerken. Die am Internet beteiligten Netzwerke sind autonom. Ein einzelner Benutzer wählt sich über eine Telefonleitung bei einem Internetprovider oder Online-Dienst ein und erhält hierdurch Zugang zum Netz. Der Einwahlknoten eines Providers wird mit Point of Presence (POP) bezeichnet, der wiederum über einen Network Access Point (NAP) ein Backbone-Netz anbindet, das die schnelle Verbindung der Netze garantiert.

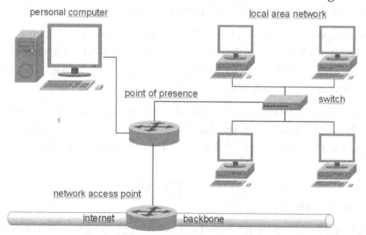

Abbildung 1.1: Internet Netzwerkstruktur

Im Internet werden unterschiedliche Dienste wie Electronic Mail, NetNews, Telnet, File Transfer Protocol u.a. angeboten. Das World Wide Web (oder kurz Web) integriert Dienste verschiedener Art unter einer Oberfläche. Kennzeichnend für das Web ist die Fähigkeit, beliebig verteilte Multimediadokumente zu verknüpfen. Dadurch stellt das Web ein umfassendes Informationssystem dar.

Die Internetgemeinschaft ist auf nicht kommerzieller und nicht staatlicher Basis international organisiert. Die Internet Society *www.isoc.org* mit etwa 100 Mitgliedsorganisationen und 50 000 Einzelmitgliedern weltweit administriert die Infrastruktur. Auf ihrer Website beschreibt die ISOC ihre Vision etwa wie folgt:

Durch den Zusammenhang der Welt, der Kooperation mit anderen und der Verfechtung der Gleichheit des Zugangs zum Internet für alle strebt die ISOC nach einer besseren Welt. *The Internet is for everyone.*

Das World-Wide-Web-Konsortium *www.w3.org* ist ein Zusammenschluss internationaler Unternehmen zur Entwicklung und Spezifikation offener Standards mit der Zielsetzung, das Web einheitlich zu gestalten und das Potential des Internets auszuschöpfen. Die Mission des W3C wird zusammenfassend ausgedrückt in dem Satz: *W3C's vision is one Web.*

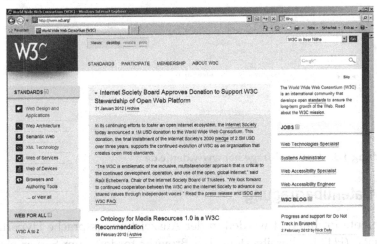

Abbildung 1.2: Homepage des W3C www.w3.org

Auskunft über den Inhaber einer Internetpräsenz bekommt man beim Network Information Center *www.nic.com* bzw. bei den nationalen Registrierungsstellen. Zuständig für Deutschland ist die Denic (*www.denic.de*). Dort sind derzeit ca. 15 Millionen Domains registriert. Die Registrierung einer Domain erfolgt i. d. R. über den Internetprovider. Die Auskunft bei *www.denic.de*, eingeholt über den Menüpunkt who-is liefert für die Domain *www.seiten-programmierung.de* als Domaininhaber und Administrator den Autor dieses Buches, der technische Ansprechpartner ist die Organisation Neue Medien Muennich GmbH.

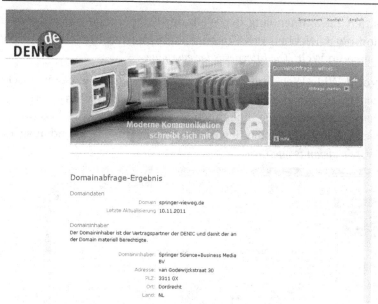

Abbildung 1.3: Domainabfrage bei www.denic.de

1.2 Datenübertragung

Dokumente im Internet werden in der Auszeichnungssprache Hypertext Markup Language (HTML) bereitgestellt. Ein Browser fordert vom Server eine Datei an. Der Server übermittelt die Daten, der Browser stellt die Datei, entsprechend der HTML-Spezifikation, auf dem Client-Rechner dar. Die Kommunikation zwischen Server und Client wird über das Hypertext Transfer Protocol (HTTP) vereinbart. Die Komponenten des Webs sind also der Internetbrowser, das Protokoll HTTP, die Beschreibungssprache HTML und der Web-Server.

Zum Sprachgebrauch der Begriffe Client und Server ist anzumerken, dass diese sowohl für Software als auch für Hardware Verwendung finden. Ein Web-Server ist eigentlich ein Programm. Die Bezeichnung *Server* ist aber auch für den Rechner zutreffend, auf dem die Software läuft. Ähnlich ist es mit dem Begriff *Client*. Häufig wird damit der mit dem Server verbundene Rechner bezeichnet, es kann aber aus der Softwaresicht z. B. auch ein Web-Broser sein.

Daten werden im Internet paketweise übermittelt. Informationen werden in Pakete aufgeteilt, getrennt versandt und am Zielort wieder zusammengesetzt. Diese Arbeit teilen sich die Protokolle TCP/IP. Während Transmission Control Protocol (TCP) die Daten aufteilt und beim Empfänger wieder zusammensetzt, regelt das Internetprotokoll (IP) die Zustellung. Andere Protokolle sind, außer dem oben bereits genannten HTTP, das *File Transfer Protocol* (FTP) oder die Email Protokolle Post Office Protocol 3 (POP3) und Simple Mail Transfer Protocol (SMTP).

Jedem Rechner wird im Internet eine eindeutige Adresse zugeordnet. Die IP eines Rechners ist vergleichbar mit einer Postanschrift. Die 32-Bit IP-Adresse wird in vier 8-Bit Felder aufgeteilt. Die Felder werden durch Punkte getrennt und als Dezimalwert angegeben. Jede Adresse setzt sich zusammen aus einer Netzwerkkennung und der Rechnernummer im Netzwerk. Man bezeichnet dieses Nummerierungsschema auch als IPv4-Adresse. Die kommende Version mit größerem Adressraum wird mit IPv6-Adresse bezeichnet.

Kleinere private Netze sind über einen Router an das Internet angeschlossen. Nicht jeder Rechner hat hier permanent seine eindeutige IP-Adresse. Die IP-Adressen werden dynamisch aus einem reservierten Bereich zugeordnet. Der Router vermittelt dann zwischen der öffentlichen Adresse und der internen Rechneradresse, die nicht weitergeleitet wird.

Beispiele für IP-Adressen sind: 192.168.200.3 oder 127.0.0.1. Adressen, die mit 192.168 beginnen, sind für lokale Netzwerke reserviert. Die ersten drei Zahlen kennzeichnen das Netzwerk, die letzte Zahl steht für die Rechnernummer. Unter Windows können Sie sich mit dem Konsole-Kommando *ipconfig* die IP-Adresse Ihres Rechners anzeigen lassen.

Geben Sie in die Adresszeile Ihres Browsers *http://74.125.224.146* ein, dann wählen Sie eine statische Adresse an und landen bei der Google-Suchmaschine. Zur Vereinfachung der Handhabung und auch aufgrund der dynamischen Adressvergabe geht man bei der Adressangabe den Umweg über den statischen Hostnamen. Dieser wird über das Domain Name System (DNS) festgelegt. Alle an einen Internet-Host angeschlossenen Benutzer gehören einer Domain an, die ihrerseits wieder an eine Domain angeschlossen ist. Diese hierarchische Verkettung führt von der untersten Ebene zur Top-Level-Domain. Die Domain *seiten-programmierung* gehört zur Top-Level-Domain *.de*. Das Präfix *www* ist dabei nicht Bestandteil des Namens.

Mit dem Adressierungsschema Uniform Ressource Locator (URL) werden bestehende Dienste im Internet integriert. Beispiele: *http://www.divide-by-zero.com* ruft eine Homepage im Web auf, *ftp://webftp.kasserver.com* bedeutet Anmeldung auf einem FTP-Server.

Eine URL setzt sich zusammen aus dem Protokoll, der Serveradresse (Domain der IP-Adresse) und der Pfad- und Dateiangabe. In den obigen Beispielen wurde die Dateiinformation nicht angegeben, es gilt die Voreinstellung des Servers (z. B. index.html oder index.php).

In diesem Zusammenhang sind noch die Begriffe URN und URI zu erwähnen. Während eine URL einen Ort (location) angibt, wird mit einem Uniform Ressource Name (URN) eine Ressource oder ein Schema mit einem frei zu vergebenden Namen identifiziert. Der Oberbegriff für URL und URN ist Uniform Ressource Identifier (URI).

1.3 Sprachen im Web

Das Basisformat für Webdokumente ist die Auszeichnungssprache Hypertext Markup Language (HTML). Anweisungen zur Strukturierung, Positionierung und Formatierung sind in sog. Tags, den Befehlsmarken, enthalten. Der Web-Broser als Client-Software interpretiert die Tags und führt die Befehle entsprechend ihrer Spezifikation aus. Dokumente können unmittelbar in HTML formuliert sein oder aber auch erst während der Anfrage auf dem Server generiert werden.

Die Trennung von Inhalt und Erscheinungsbild eines Web-Dokuments wird durch Einsatz von Cascading Style Sheets (CSS) erreicht. Bei unterschiedlichen Stilvorlagen kann das Erscheinungsbild einer Webseite wechseln oder dem Ausgabegerät (Monitor, Drucker, PDA) angepasst werden, ohne das ursprüngliche HTML-Dokument zu modifizieren. CSS-Anweisungen können in einer externen Datei vorgehalten werden und sind auf alle HTML-Dokumente anwendbar.

Extensible Markup Language (XML) ist eine Metasprache zur Definition von Markup-Sprachen. Diese werden als XML-Anwendungen bezeichnet. Die Syntax und Struktur der Tags wird für jede XML-Anwendung mit einer Document Type Definition (DTD) oder einem Schema beschrieben. Die DTD oder das Schema definieren die Grammatik der Sprache. Ohne Stilvereinbarung zeigt ein Browser den Strukturbaum eines XML-Dokuments. Bearbeitungsmöglichkeiten eines XML-Dokuments bestehen in der Anwendung der Extensible Style Language (XSL). Mit XML formulierte Datenbestände sind u.a. für die Darstellung mit Web-Brosern, für medienübergreifendes Publizieren und Datenbankanwendungen geeignet. Außerdem können XML-Anwendungen als Datenaustauschformate dienen. Während bei HTML die Bedeutung der Tags bekannt ist, kommt diese bei XML aus der Anwendung heraus. XML-basierte Sprachen sind z.B. Mathematical Markup Language (MathML) zur Beschreibung mathematischer Notationen oder Scalable Vector Graphics (SVG), eine Spezifikation zur Beschreibung zweidimensionaler Grafiken.

Extensible Hypertext Markup Language (XHMTL) ist eine Umformulierung von HTML in eine XML-Anwendung. Die HTML Version 4.01 sollte zukünftig durch XHTML ersetzt werden. Der Umstieg von HTML zu XHTML wurde empfohlen und ist auch problemlos zu vollziehen. Werkzeuge zur Konvertierung bestehender HTML-Dateien nach XHTML sind verfügbar. Es genügt, wenige Regeln bei HTML einzuhalten, die zu einem gültigen XHTML Dokument führen. Mittlerweile wird aber der Weg zu HTML5 beschritten, vgl. hierzu auch Kapitel 2. Wenn im weiteren Text des Buches der Begriff HTML genannt wird, dann ist damit das neue HTML5 oder HTML *der Living Standard*, wie von der WHATWG Web Hypertext Technology Working Group bezeichnet, gemeint.

Aufgrund fehlender Elemente von Programmiersprachen wie Variablen, Ausdrücke, Entscheidungen, Ablaufstrukturen und Funktionen in der Auszeichnungssprache HTML wurde JavaScript als Erweiterung der Web-Browser eingeführt. Mit

JavaScript kann eine Webseite dynamisch gestaltet werden. Hierzu gehören z.B. die Prüfung und Auswertung von Formulareingaben des Benutzers und der Zugriff auf alle Elemente einer Webseite oder auch die Möglichkeiten Berechnungen und grafische Darstellungen auszuführen.

Unter dem Begriff Dynamic HTML (DHTML) wurde eine Technologiererweiterung von HTML durch verschiedene Techniken wie JavaScript, Implementierung des Document Object Model (DOM), CSS u.a. spezifiziert. DHTML bezeichnet demnach keine eigene Sprache sondern den Einsatz von Techniken zur Erzielung clientseitiger dynamischer Effekte auf Webseiten.

Ein Konzept der asynchronen Datenübertragung zwischen Browser und Server wird mit AJAX Asynchronous Java Script und XML bezeichnet. AJAX ist die Zusammenführung von Technologien und bildet die Basis vieler Web 2.0 Anwendungen. Über das XMLHttpRequest-Objekt verändern sich Webseiten ohne diese komplett neu zu laden.

Während die oben beschriebenen Sprachen clientseitig zur Ausführung kommen, existieren serverseitig eine Vielzahl von Sprachen für Web-Applikationen. Es wären zu nennen: Python, Ruby on Rails, ASP, Java, Perl, PHP u.a., die sich in ihrem Anforderungsprofil den unterschiedlichen Applikation anpassen.

Der Bedarf an Sprachkenntnissen wird im Rahmen der hier vorliegenden Einführung in die Programmierung von Webseiten mit HTML, CSS, JavaScript für den Client und PHP Hypertext Preprocessor für den Server abgedeckt. Im Umgang mit Daten muss an dieser Stelle auf die Arbeit mit Datenbanken verzichtet werden. Datenformate wie XML, JSON JavaScript Object Notation und CSV Comma Separated Values decken zunächst den Bedarf.

Der Leser mag bemerkt haben, dass eine Vielzahl von Dreibuchstabenabkürzungen (DBA engl. TLA) im Bereich der Informationstechnologie gängig ist. Wo diese nicht hinreichend die Thematik beschreiben wird zu XTLA (extended three letter acronym) Erweiterungen gegriffen. Hieran wird man sich aber im Laufe der Arbeit gewöhnen und diese doch auch als Erleichterungen im Sprachgebrauch und Schriftverkehr ansehen.

1.4 Webseiten

Die Anforderung einer Webseite erfolgt durch Eingabe einer URL in der Adressenzeile eines Web-Brosers. Die IP wird über einen Domain Name Server ermittelt. Der angewählte Web-Server sendet das angeforderte HTML-Dokument an den Client. Dort übernimmt der Browser die Darstellung der Seite. Der Seiteninhalt kann nicht ohne Neuanforderung vom Server verändert werden, daher wird diese Form der Darstellung als statisch bezeichnet. Ggf. enthält die Seite Hyperlinks, die per Mausklick die Anforderung eines anderen Dokuments oder eine Verzweigung auf eine Stelle im gleichen Web-Dokument bewirken.

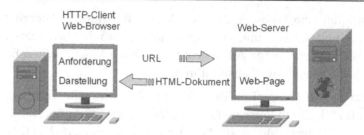

Abbildung 1.4: Übermittlung statischer Web-Dokumente

1.4.1 Clientseitige Dynamik

Mit den Technologien JavaScript und DOM Document Object Model, deren gemeinsamer Einsatz mit DHTML benannt ist, können Webseiten clientseitig ohne Neuanforderung verändert werden. Der Zugriff auf alle Elemente eines Dokuments wird über die Implementierung des DOM realisiert.

Skriptsprachen wie JavaScript werten Benutzereingaben in HTML-Formularfeldern aus und können darauf basierende Modifikationen des Dokuments vornehmen. Abbildung 1.5 zeigt den Verarbeitungsprozess. Skripte können innerhalb des Dokuments eingebettet sein oder werden als externe Dateien durch Angabe einer URL eingebunden. Beispiele von einfachen Anwendungen mit JavaScript sind Währungsrechner, Kalender oder Laufschriftanimationen.

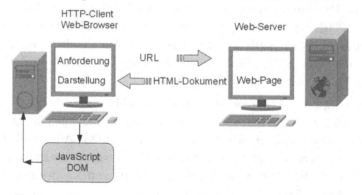

Abbildung 1.5: Clientseitige Dynamik

Auch durch Java-Applets, das sind kleine Java-Programme mit Sicherheitseinschränkungen, kann eine Webseite clientseitig dynamisch gestaltet werden. Während JavaScript bei der Interaktion weitgehend auf die Bedienungselemente des Browsers zurückgreift, sind Java-Applets nicht browserabhängig und benutzen die Implementierung der Programmiersprache. Der Browser muss lediglich die virtuelle Java-Maschine verfügbar haben. Java-Applets laufen in einem vom Browser reservierten Bereich und sind als eigenständige Programme in externen Dateien vom HTML-Dokument unabhängig gespeichert. Innerhalb einer Webseite können auch Java-Applets, die sich auf einem anderen Web-Server befinden, angefordert werden. Dynamische Anwendungen von Java-Applets können wesentlich anspruchsvoller als die mit JavaScript realisierten Lösungen sein.

1.4.2 Serverseitige Dynamik

Serverseitige dynamische Webseiten werden erst aufgrund der Anfrage des Clients auf dem Server erzeugt und dann als HTML-Datei dem Browser übermittelt. Hierbei ist zu unterscheiden zwischen Skriptsprachen, die als Servererweiterung anzusehen sind, und Programmen auf dem Server, die über das Common Gateway Interface (CGI) mit dem Server kommunizieren.

Die Schnittstelle zwischen Client und Server stellt das HTTP-Protokoll dar. Zusammen mit der Übermittlung der URL erhält der Server Parameter, die an ein CGI-Programm weitergegeben werden. Diese Parameter können direkt mit der URL oder unter Verwendung von HTML-Formularen an den Server gesandt werden. Ein CGI-Programm kann in einer beliebigen Sprache geschrieben sein. Mit CGI werden die Kommunikationsregeln zwischen Server und Applikation beschrieben. Das CGI-Programm kann sehr komplex sein und sich beispielsweise der Dienste eines Datenbankservers bedienen. Ergebnis des CGI-Programms ist eine dynamisch generierte HTML-Seite, die der Web-Server aufgrund der Anfrage an den Web-Broser zurück sendet.

Eine Alternative zu CGI-Programmen stellen Skriptsprachen dar. Skriptsprachen sind Servererweiterungen. Die wohl populärste Skriptsprache ist derzeit PHP. PHP steht als Bezeichnung für Hypertext Preprozessor.

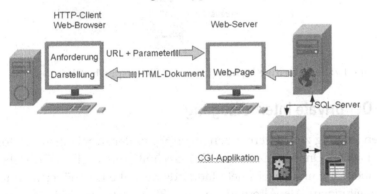

Abbildung 1.6: Serverseitige Dynamik mit CGI-Programmen

Der Browser übermittelt die Anfrage nach einem PHP-Script oder einer HTML-Datei zusammen mit den benötigten Parametern. Der Web-Server lädt das Skript bzw. die HTML-Datei mit eingebettetem PHP und stellt die übermittelten Parameter als Umgebungsvariablen dem Skript zur Verfügung. Das Skript generiert die HTML-Ausgabe, die vom Web-Server an den Client zurückgesandt wird. PHP ist eine mächtige Skriptsprache mit Funktionalitäten bzw. Klassen zum SQL-Datenbankzugriff und zur Verarbeitung von XML-Formaten.

Gegenüber clientseitigen Skriptsprachen ist der Zugriff auf das Filesystem des Servers nicht eingeschränkt. Es müssen lediglich die entsprechenden Zugriffsrechte eingerichtet werden. Eine Einführung in PHP erfolgt in Kapitel 6. Bei der Diskussion der Beispiele wird auch auf das Upload und die Einrichtung der Zugriffsrechte am Beispiel des FTP-Clients Filezilla eingegangen.

Zur Ausführung von PHP-Skripten ist eine Client-Server Architektur notwendig. Diese Architektur kann durch Einrichten eines Web-Servers auch auf einem lokalen Rechnersystem geschaffen werden. Eine Internetverbindung muss nicht bestehen. Daher kann PHP auch für lokale Anwendungen von Interesse sein.

Wenn Sie die PHP-Seiten auf einen Webspace hochladen, sollten Sie sich vergewissern, dass Ihr Provider auch diese PHP-Version unterstützt und die Programme mit entsprechenden Rechten ausgestattet sind. Das sind die Berechtigung zur Ausführung durch den Anwender und der Lese- und Schreibzugriff auf Dateien bzw. Verzeichnisse, die sich auf dem Server befinden.

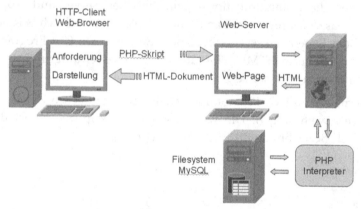

Abbildung 1.7: Serverseitige Dynamik mit der Skriptsprache PHP

1.5   Der private Internetzugang

Für den Zugang zum Internet benötigen Sie in der Regel einen Telefonnetzbetreiber der einen Onlinezugang mit DSL-Technik bereitstellt. DSL steht für Digital Subscriber Line und bezeichnet Standards für hohe Datenübertragungsraten über Telefonleitungen. Als Alternativen zu DSL besteht die Möglichkeit der Datenkommunikation über TV-Kabel, UMTS oder Satellit.

Ein lokales Netzwerk besteht aus LAN-Stations oder den LAN-Clients, das sind Endgeräte wie PC, Notebook, Smartphone, Internetradio oder Drucker. Die Geräte benötigen einen Netzwerkadapter. Je nach Schnittstelle werden die Netzwerkadapter unterschieden in PCI-, USB- oder Cardbus-Adapter. Ethernet ist die Technologie, die Software und Hardware für drahtgebundene Netze spezifiziert, WLAN steht für drahtlose (wireless) Netzwerke.

PCs sind standardmäßig mit Ethernet-Netzwerkkarten ausgestattet. Die Netz-
werkverbindung erfolgt über ein RJ45 Kabel. Will man den PC für ein WLAN her-
richten, kann man eine WLAN-Bridge an die Netzwerkkarte anschließen. Mit
Bridge wird eine Verbindung zwischen drahtgebundenem und drahtlosem Adap-
ter bezeichnet. Die Ausstattung mit LAN- und WLAN-Adapter gehört heute zum
Standard mobiler Geräte.

An die Telefonleitung wird zunächst ein Splitter angeschlossen, der die Frequenz-
bereiche von Telefon und Datenleitung trennt. Der Splitter nimmt die Telefonleitung, Anschluss eines Netzabschlussgerätes NTBA, und die Verbindung zum DSL-
Router auf. Der DSL-Router ist heute eine Kombination aus verschiedenen Geräten. Der Router bildet praktisch die Schnittstelle zwischen dem Internet und dem
lokalen Netzwerk. Integriert in den Router sind neben dem Modem zur Signal-
wandlung ein Switch, mit dem die Verteilung der Signale auf die verschiedenen
Geräte ausgeführt wird, und der WLAN-Access-Point. Weiter in den Router integriert sind Funktionalitäten für eine Firewall, die das private Netzwerk vor unzu-
lässigen Fremdzugriffen schützt, ein Druckerserver und Anschlussmöglichkeiten
für ein NAS Network Attached Storage zum Zugriff auf eigene Dateien aus dem
Internet. Ebenfalls kann der Anschluss einer IP-Kamera zur Raumüberwachung im
privaten Netzwerk erfolgen. Abbildung 1.8 zeigt die typische Konfiguration eines
privaten Netzwerkes mit PC, Notebook, Netbook, Drucker und NAS.

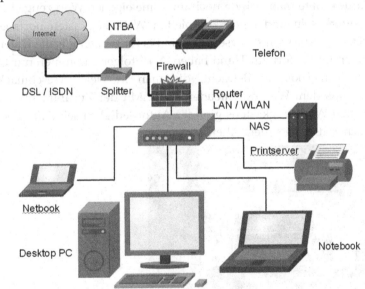

Abbildung 1.8: Konfiguration eines privaten Netzwerks

Der Netzanbieter oder Internetprovider stellt auch die IP-Adresse, den Zugang
zum öffentlichen Internet bereit. Der Router wiederum schützt das lokale Netz
durch eine Firewall vor unerwünschten Zugriffen aus dem Internet. Die ihnen
zugewiesene Internetadresse ist dynamisch, d.h. die Zugangskennung wechselt.

Zum Vorhalten einer eigenen Webpräsenz benötigen Sie einen Webhoster. Auch der Telefonnetzbetreiber wird ihnen Webspace anbieten, möglicherweise aber mit geringerem Komfort als beim Webhoster. Der Webhoster beantragt bei der Denic für Sie die gewünschte URL, den Servernamen, und stellt den Zugang permanent auf seinen Servern zur Verfügung. Sie haben einen eigenen Bereich auf dem Web-Server des Hosters und richten dort ihre eigene Verzeichnisstruktur ein. Die Verbindung zum Server realisieren Sie am besten mit einem FTP-Client wie Filezilla, der weiter unten vorgestellt wird.

Beim Einrichten des Routers werden Sie i.d.R. durch einen Assistenten unterstützt. Beim Anlegen eines WLAN-Zugangs sollten Sie auf die WPA-Verschlüsselung, das ist der geschützte Zugriff auf das drahtlose Netz, nicht verzichten und eine geeignete Zugangskennung einrichten. So schützen Sie den eigenen Internetzugang vor ungebetenen Gästen.

1.6   Werkzeuge für den Entwickler

Internetservice-Provider bieten heute Homepage-Baukästen an: Template wählen, Farbschema aussuchen, Text eingeben – fertig. Blogsysteme ermöglichen die Publikation ansprechender Webseiten aus dem Browser heraus. Die desktopähnlichen Webapplikationen bieten Text- und Bildbearbeitung mit hinreichender Funktionalität. Warum sollte man sich da noch um seine eigenen Werkzeuge bemühen? Wir wollen autark sein und einen kompletten Werkzeugkasten portabel auf einem USB-Stick anlegen. Vom Browser bis zum Server wollen wir die Daten überall mit hin nehmen und sofort zur Hand haben. Nachfolgend kommen nur Open-Source-oder Freeware-Tools in Betracht, die man in vielen Geschmacksrichtungen (flavours) aus dem Web downloaden kann. Mit der Zusammenstellung des hier vorgestellten Werkzeugkastens gibt der Autor lediglich seine Empfehlung weiter, es gibt sicher auch geeignete Alternativen.

Abbildung 1.9: Der Werkzeugkasten wird auf einem USB-Stick eingerichtet

1.6.1   Web-Browser und Server

Obwohl auf fast jedem Rechnersystem ein Web-Browser installiert ist, sollte man auf einen Test eigener Webseiten mit den weit verbreiteten Browsern Mozilla

Firefox, Microsoft Internetexplorer, Google Chrome, Opera und Safari nicht ver-
zichten. Firefox ist der wohl am meisten genutzte Browser mit ca. 40% Anteilen
etwa gleichauf mit dem Internetexplorer gegenüber 10% Nutzung von Google
Chrome (Quelle *www.infonline.de* 2.2012). Firefox ist auch für Linux-Systeme und in
einer portablen Version verfügbar. Der Web-Entwickler wird auf die Hilfen in
Firefox nicht verzichten wollen. Unter dem Menüpunkt Extras > Web-
Entwickler findet man u.a. die Web-Konsole, Stilbearbeitung und Fehlerkonsole.
In der Web-Konsole wird der Ladevorgang einer Seite protokolliert. Über Schalt-
flächen kann man die Informationen filtern. Die Stilbearbeitung erlaubt direktes
Editieren der Stilvorlage und mit Bereinigung der in der Fehlerkonsole angezeig-
ten Mängel können Sie Ihre Eigenentwicklung wasserdicht machen. Deshalb ist
der Firefox, in der portablen Version, eine gute Wahl für unsere Werkzeugkiste,
Download von

```
http://portableapps.com/apps/internet/firefox_portable.
```

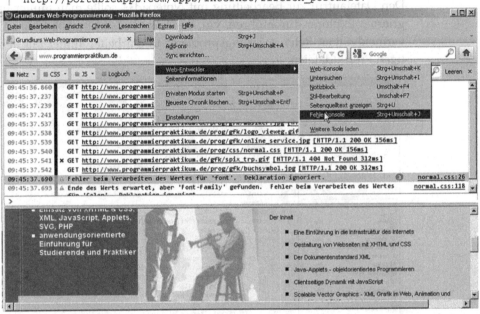

Abbildung 1.10: Firefox Menü Extras > Webentwickler mit eingeblendeter Web-Konsole

Zu erwähnen sind noch die Firefox-Extras Firebug zum Editieren und Debuggen
von HTML, CSS und JavaScript und FireFTP, ein plattformübergreifender FTP-
Client.

In den Entwicklerwerkzeugkasten gehört auch ein portabler Web-Server. Der wird
aber erst benötigt, wenn die serverseitige Programmierung auf dem Programm
steht. Die Installation einer XAMPP-Distribution mit Apache, MySQL, PHP und
Perl wird daher erst im Kapitel 6 erörtert und angewandt.

1.6.2 Der Text-Editor

Das wohl wichtigste Softwarewerkzeug für den Entwickler ist der Text-Editor. Die einfachste Form der Texteingabe in Computerdateien kann mit Betriebssystem-Kommandos über die Konsole erfolgen. Mit dem Kommando COPY wird die Konsoleneingabe auf eine Datei umgeleitet, ein EDIT-Kommando steht auch zur Verfügung. Das ist aber etwas wenig Komfort zur Eingabe von HTML, CSS, JavaScript, XML und PHP. Auch der Windows Notepad-Editor ist nicht hinreichend. Frei verfügbar für Windows ist Notepad++ mit den Standardfunktionen Zeilennummerierung, farbliche Syntaxhervorhebung und Faltung von Codeblöcken. Letztere ist besonders bei der Bearbeitung größerer Dateien hilfreich. Notepad++ steht auch als portable Version zur Mitnahme auf einem USB-Stick bereit. Aufgrund des codeoffenen Projekts sind nützliche Erweiterungen der Entwicklergemeinde verfügbar. Der Editor wird heruntergeladen von der URL *http://notepad-plus-plus.org/*.

Den Dateiaufruf zur Bearbeitung mit Notepad++ sollte man immer über den integrierten Explorer durchführen, vgl. das linke Fenster in Abbildung 1.11. Dadurch vermeidet man Referenzierungsprobleme und arbeitet immer mit den aktuell gültigen Projektdateien.

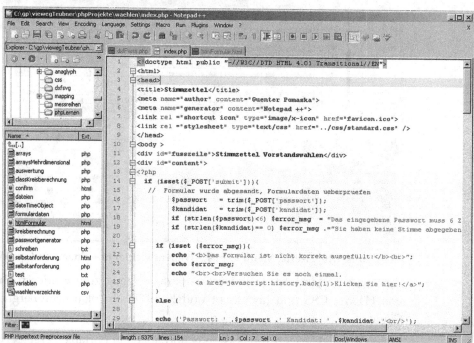

Abbildung 1.11: Notepad++ mit Explorer und Syntaxmarkierung

Es stellt sich die Frage, warum man auf einen dedizierten Editor, z.B. für HTML, verzichten kann? Für die Arbeit mit diesem Buch benötigen wir den (noch) nicht. Die wenigen HTML-Tags, die angewandt werden, hat man im Kopf oder man kann sich ein Template zur Wiederverwendung anlegen. Bei Fragen zum Code schlagen wir bei *http://de.selfhtml.org* nach. Was man einmal *gegoogelt* hat, kann man in seine eigene Musterdatei eintragen und bei Bedarf von dort wieder herauskopieren. Die Syntaxprüfung unseres Codes übertragen wir der Anwendung, dem Browser oder auch Firebug.

Weit verbreitet unter den HTML-Editoren ist Phase5 (*http://www.phase5.info*), der für Privatanwender und Schulen kostenlos ist. Dieser Editor gilt als Klassiker unter den HTML-Editoren und ist bei Bedarf in Betracht zu ziehen. Aber es gibt auch viele andere Web-Entwicklungssysteme wie etwa Coffee-Cup von *http://www.coffeecup.com/free-editor/*. Der Benutzer mag für sich die Notwendigkeit des Einsatzes unterschiedlicher Editoren beantworten. Der universell einsetzbare Editor Notepad++ ist als Texteditor und für den Einstieg in die Programmierung erste Wahl.

Die gleiche Frage wie oben nach dem HTML-Editor stellt sich auch für CSS, JavaScript oder PHP. TopStyle ist mit reduziertem Funktionsumfang als freie Version eines CSS-Editors verfügbar. Die Pro Version von Bradbury hat aber einiges mehr zu bieten:

```
http://www.thru-soft.de/pages/software/cssmaker/daten.php.
```

Eine Alternative für den USB-Stick als portable Version wäre auch Kompozer von *http://kompozer.sourceforge.net/*.

1.6.3 Bildbearbeitung

Unter den reichhaltig angebotenen Bildbearbeitungsprogrammen hat jeder Benutzer seinen eigenen Favoriten. Eine herausragende Rolle in der Gruppe der frei verfügbaren Programme spielt aber sicher IrfanView, auch unter Berücksichtigung der Funktionalität für Webanwendungen. Das Programm wurde von Irfan Skilijan für Windows entwickelt und setzt den Fokus mehr auf die Bearbeitung unterschiedlicher Datenformate und die Stapelverarbeitung. Die Bildbearbeitungsfunktionen umfassen die Basisfunktionen. Durch die portable Version ist auch die Ausführung auf Wechseldatenträgern möglich. Seit 2003 kann IrfanView laut eigener Homepage mehr als 1 Million Downloads pro Monat aufweisen. Zusätzlich existiert eine erhebliche Anzahl von Plug-ins. Wer auf Linux arbeiten möchte, wird sich für GIMP oder Image Magic entscheiden.

Im Folgenden betrachten wir die Stapelverarbeitungsfunktionen von Irfan View aus der Nähe. Ausgehend von der SD-Card einer digitalen Kamera sollen Bilder für das Web in mittlerer Auflösung (auch für den eMail-Versand!) und als Thumbnails aufbereitet werden.

Aus dem Menü `File > BatchConversion/Rename` (Tastaturkürzel B) wählen wir den Radio Button `Work as Batch conversion/Rename result files`. Das Ausgabeformat, Quelldateien und Zielordner werden festgelegt. Original Exif-Daten, das sind die Bildinformationen der Aufnahme im Header einer Bilddatei, werden beibehalten. Ein Muster für die neuen Dateinamen enthält zusätzlich den Platzhalter für eine Nummerierung. Interessant sind die Advanced Options. Hier kann die Bildgröße für ein Resampling gesetzt werden, eine Konvertierung der Farbtiefe wird angegeben. Weitere Optionen sind u.a. Wasserzeichen, Bildrotationen und Filter. Nach Auswahl der Quellbilder wird der Stapelbetrieb über einen Button gestartet. Durch die fortlaufende Nummerierung und das Präfix wird eine spätere programmgesteuerte Verarbeitung unterstützt.

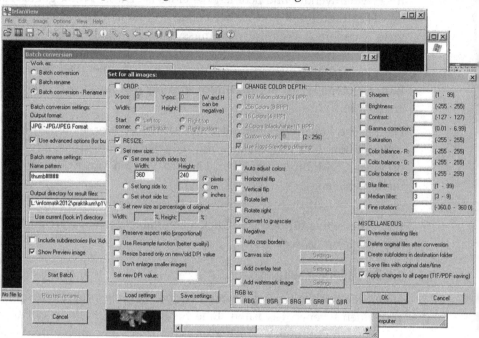

Abbildung 1.12: Erweiterte Optionen von IrfanView für den Stapelbetrieb

1.6.4   Die kleinen Helfer

Neben den schwergewichtigen Entwicklungswerkzeugen spielen manchmal auch die kleinen Helfer, die für die Einzelanwendung konzipiert sind, eine wirkungsvolle Rolle bei der Webentwicklung. Einige sollen hier angeführt und in den Werkzeugkasten aufgenommen werden.

Als Datenkompressionsprogramm darf 7-Zip nicht auf dem USB-Stick fehlen. 7-Zip ist Open-Source und kann von der offiziellen Website http://*www.7-zip.de/* herunter geladen werden. Autor von 7-Zip ist der russischen Programmierer Igor Wiktorowitsch Pawlow. 7-Zip arbeitet zuverlässig mit den gängigen Formaten, erreicht aber mit dem eigenen Format die höchste Kompressionsrate. Das Tool integriert sich in das Windows-Kontext Menü und ist mit einer eigenen grafischen Oberfläche ausgestattet. Die Datenkomprimierung ist für das Web eigentlich nicht so sehr das Problem, da z.B. JPG-Bilddateien ohnehin bereits komprimiert sind und es nicht zu sehr großen Textdateien kommt. Mehr von Bedeutung ist die Erstellung von Archiven zur Datenübertragung und als Downloadangebot. Der Nutzer hat es bei der Übertragung mit nur einer Datei zu tun und kann auf dem Clientrechner die einzelnen Dateien über das Archiv erreichen.

SPECCY von *http://www.piriform.com/download* informiert über das Rechnersystem und gibt Auskunft über das installierte Betriebssystem, die interne Hardware und Erweiterungen bis hin zur Netzwerkkonfiguration.

Darkshot von *http://www.darkleo.com* ist ein geniales Screenshot-Werkzeug mit einigen Optionen zur Auswahl des Bildschirmbereichs. Darkshot scannt den Cursor mit und hat eine Zeitverzögerung wie der Selbstauslöser einer Kamera. Damit kann man z.B. Screenshots von aufgeklappten Menüs mit Cursoreinblendung erzeugen.

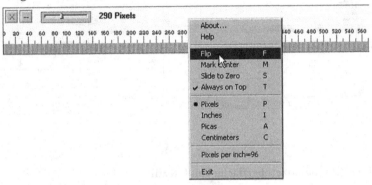

Abbildung 1.13: Bildschirmlineal mit Kontextmenü

Mit JRuler von *http://www.spadixbd.com/freetools/jruler.htm* haben wir ein frei verschiebbares Lineal für den Bildschirm, das in horizontaler und vertikaler Position die Abmessungen von Grafikelementen bestimmt.

Was sonst noch von praktischem Nutzen sein kann sind etwa Blindtextgeneratoren, Farbpicker oder auch Webmagazine wie *www.drweb.de*. URLs von Fundstücken im Web speichert man als Lesezeichen im Browser oder in einer Datei. Lesezeichendienste sparen wiederholte Suchzeiten, besonders wenn man auf mehreren Computern arbeitet. Über das Internet hat man immer Zugriff auf die eigenen und themenverwandte URLs, vgl. Kap. 1.7.1.

1.6.5 FTP-Client

Zur Übertragung von Dateien auf den Web-Server benötigen Sie einen FTP-Client. Filezilla ist eine freie quelloffene Windows-Anwendung, die in der portablen Version von der URL

```
http://portableapps.com/de/apps/internet/filezilla_portable
```

für den USB-Stick zum Mitnehmen herunter geladen werden kann. Filezilla ist mit einer komfortablen, intuitiv zu bedienenden Oberfläche ausgestattet. Mit einem Servermanager werden die Zugangsdaten zum Server verwaltet. Die lokalen Verzeichnisse und die Verzeichnisse auf dem Server werden in zwei Fenstern nebeneinander angezeigt. Ein weiteres Fenster zeigt das Übertragungsprotokoll. Der Zugang zu weiteren Funktionen, wie etwa Eintrag der Dateiberechtigungen, erfolgt über Kontextmenüs. Eine Alternative wäre u.a. das oben bereits erwähnte FireFTP.

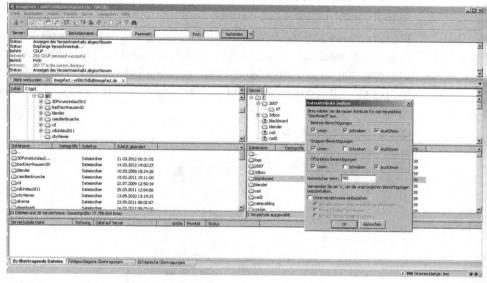

Abbildung 1.14: Benutzeroberfläche von Filezilla

1.6.6 Webentwicklungssysteme, Frameworks, CMS

Sofern ein größeres Web-Projekt ansteht sollte man auch zu den adäquaten Entwicklungswerkzeugen greifen. Professionelle Web-Entwicklungssysteme kommen mit einer Vielzahl von Funktionen daher, benötigen aber auch ein ordentliches Maß an Einarbeitungszeit und einiges mehr an Erfahrung. Der Entwicklungsanspruch beginnt etwa bei Adobe Dreamweaver folgt Microsoft Visual Studio und nimmt den Weg weiter über Frameworks bis hin zu Content Management Systemen (CMS).

Für die Gestaltung von Webprojekten ist das YAML-Framework in Betracht zu ziehen. YAML steht für Yet Another Multicolum Layout, die Projekthomepage ist *http://www.yaml.de*. Dort steht die jeweils aktuelle Version zum Download bereit. YAML wird unter der Creative Attributation 2.0 Lizenz vertrieben. Für nicht kommerzielle Anwendungen ist YAML kostenlos. Eine Namensnennung des Autors und ein Link auf die YAML-Homepage sind verpflichtend. Für den kommerziellen Einsatz von YAML bestehen kostenpflichtige Lizenzmodelle. In jedem Fall wird mit YAML ein professioneller Webauftritt gelingen.

Ein CMS dient der Verwaltung und gemeinsamen Bearbeitung von Web-Inhalten. CMS sind datenbankgestützt und stellen Funktionen zur Aufbereitung von Inhalten, Bereitstellung und Personalisierung bereit. Exemplarische Vertreter kostenfreier CMS sind TYPO3, ein Open-Source Enterprise CMS, und Joomla. Die

Homepage von Typo3 ist *http://typo3.org/*. Auf der Joomla Web-Site, *http://www.joomla.de* werden Sie begrüßt mit:

Joomla! ist ein Redaktionssystem, welches auf besonders einfache Weise einem oder mehreren Autoren erlaubt, mit Hilfe einer einfachen browserbasierten Administrationsoberfläche Texte und Medien online zu stellen.

Die Begrüßungsfloskel der Joomla-Seite kennzeichnet sehr treffend die Eigenschaften eines CMS. Als Referenz einer mit Joomla realisierten Web-Präsenz wird IKEA angeführt. In dieser Gewichtsklasse ist es dann mit Notepad++ nicht mehr getan.

1.7 Soziale Netzwerke

Im Folgenden soll nicht über die Bedeutung der sozialen Netzwerke diskutiert werden. Es sind aber die technischen Möglichkeiten zu erwähnen, die sich auch auf den eigenen Webseiten oder für die Publikation eigener Inhalte einsetzen lassen. In der Einleitung zum Kapitel 1.6 wurden schon die Möglichkeiten des Mitmach-Web 2.0 angedeutet. Man kann im Web ohne Hintergrundkenntnisse publizieren. Blog-Systeme wie Google-Blogger oder Wordpress ermöglichen Installationen auf dem eigenen Server oder gehostete Lösungen. Web-Communities wie Myspace, YouTube oder Flickr eröffnen jedem mit Internetzugang Texte, Videos und Bilder für die Internetgemeinde zu veröffentlichen oder nur Gruppenmitgliedern zugänglich zu machen. Ein Link auf die eigene Twitter- und Facebook-Seite darf auf der Homepage eines Anbieters kaum noch fehlen. In diesem Zusammenhang ist ein WordPress Plug-in zu erwähnen, dass die Social Media Buttons für Facebook-Like, Xing, Googleplus usw. automatisch in den zu publizierenden Artikel einbindet. Eine Reihe derartiger bunter Buttons ist für aktuelle Homepages unverzichtbar, sofern man auf eine weite Verbreitung Wert legt.

1.7.1 Internet-Lesezeichen

Internetlesezeichen können über Social Bookmark-Dienste auch mit anderen Surfern geteilt werden. Lesezeichen werden kommentiert und mit Schlagwörtern versehen und sind gegenüber den lokal im Browser gespeicherten von überall her aufrufbar. Auch die Suchmaschinen bedienen sich der Bookmark-Dienste. So kann die eigene Seite ggf. auf die Suchmaschine einwirken und das Ergebnis einer Suchoperation an eine vordere Stelle bringen. Das Ranking wird verbessert.

Die Dienste stellen sog. Bookmarklets bereit, die in die Lesezeichen-Toolbar des Browsers integriert werden. Auf der eigenen Seite bindet man einen Save-Button durch ein Code-Snippet (kleiner Codeabschnitt) ein. Bei Klick auf den Link wird dann der Seitenbesucher auf den Dienst umgeleitet und kann unmittelbar seinen Kommentar eintragen. Für den Anbieter des Dienstes *www.delicious.com* sieht der Code wie folgt aus:

```
<img src="http://www.delicious.com/static/img/delicious.small.gif"
height="10" width="10" alt="Delicious" />
```

```
<a href="http://www.delicious.com/save"
onclick="window.open('http://www.delicious.com/save?v=5&noui&jump=
close&url='+encodeURIComponent(location.href)+'&title='+encodeURIComponen
t(document.title),
'delicious','toolbar=no,width=550,height=550'); return false;"> Save this
on Delicious</a>
```

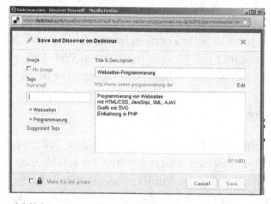

Abbildung 1.15: Eingabedialog des Lesezeichendienstes Delicious

Obigen Code fügt der Programmierer in die Webseite ein und unterstützt damit die Eintragung des Lesezeichens. Weitere bekannte Anbieter sind *digg.com, yigg.de* mit dem Hamster als Logo oder *www.mister-wong.de.* Mit ein paar kopierten Codezeilen bringen Sie bunte Buttons auf die Seite und bieten Besuchern bei Bedarf den gewünschten Komfort.

1.7.2   RSS-Feeds

Schauen Sie auf die Website der ARD-Tagesschau *www.tagesschau.de.* Dort sind die oben genannten Sozialen Netzwerke von Twitter bis Googleplus vertreten. Angeboten wird auch der Bezug von Nachrichten über den Button RSS-Feed und die Einbindung dieser Nachrichten in die eigene Homepage, allerdings eingeschränkt auf nicht-kommerzielle Angebote.

Die Informationen einer Webseite können als Newsfeed aufbereitet werden oder man kann die eigene Seite mit Fremdangeboten ausstatten. RSS ist ein plattformunabhängiges auf XML basierendes Format zum Austausch von Nachrichten. Die Abkürzung steht für Really Simple Syndication. Zum Lesen der Feeds benutzt man einen eigenen Feedreader, ein Online-Tool oder verwendet einen im Browser integrierten Reader.

Ein Verzeichnis der RSS-Anbieter wird unter *www.rss-verzeichnis.de* angeboten. Auf dieser Seite befinden sich auch weitere detaillierte Informationen zum Eigenbau von RSS-Formaten.

Zur Einbindung von RSS-Feeds auf der eigenen Homepage benötigt man ein Skript, das die Strukturen analysiert (parsed) und Auszüge aus den Daten, etwa Überschriften, auf der Webseite anzeigt und mit einem Link versieht. Der Link zum vollständigen Artikel wird dann in einem neuen Tab auf den Anbieter geleitet. Auf der Hompage zum Buch ist der RSS-Feed des Verlags Springer Vieweg mit der jeweils aktuellen Meldung eingetragen. Im Kapitel 6 befindet sich eine Anleitung zur Einbindung eines PHP-Skripts für RSS-Feeds. Der Aufwand ist gering, das Ergebnis bedeutend. Ein themenkonformer Feed eines renommierten Anbieters wird die eigene Web-Präsenz in jedem Fall aufwerten.

1.7.3 Bloggen

Jeder kann heute seine Meinung im Internet vertreten und jeder kann diese Meinungsäußerung kommentieren. Die Wortmischung Web und Logbuch führte zu dem Begriff Web-Log oder kurz Blog. Ein Blog ist eine Art Online-Tagebuch, auf dem täglich Neuigkeiten (Posts) erscheinen sollten. Die Anbieter von Blog-Systemen hosten i.d.R. die Seiten. Der Blogbesitzer loggt sich in seinen Administrationsbereich ein und kann die Artikel und Kommentare redigieren. Durch Auswahl von Layout-Vorlagen, den sog. Themes, entsteht eine ansprechende Web-Präsentation.

Ein Blog-System ist aber auch für eine normale Webpräsenz, die auf dem eigenen Server gehostet wird, einsetzbar. Eine weit verbreitete Software ist Wordpress. Wordpress wird als Zip-Archiv zur Verfügung gestellt. Nach Entpacken ist die Konfigurationsdatei zu modifizieren. Wordpress benötigt den Namen einer SQL-Datenbank einschließlich Nutzernamen und Passwort. Das komplette Paket transferieren Sie dann per FTP auf den Webspace. Dem Blogbesitzer wird noch ein Passwort zugeteilt, mit dem er Zugang zur Administrationsebene hat. Die Pflege der Webseite erfolgt ausschließlich über den Browser und die Administrationsebene von Wordpress. Editieren von HTML-Code und Datentransfer über einen FTP-Client ist nicht mehr notwendig.

Die deutschsprachige Version von Wordpress bekommen Sie bei *http://wordpress-deutschland.org*. Etwas Zeit für die Einarbeitung und Installation sollte man mitbringen. Die auf der Wordpress Homepage angekündigten 5 Minuten für die Installation scheinen doch sehr optimistisch für den Anfänger.

1.7.4 Communities

Eine Netzgemeinschaft oder Community tauscht online Interessen aus. Kommerzielle Communities werden von einem Unternehmen mit unterschiedlichen Zielsetzungen betrieben. Es existiert eine Vielzahl an Unternehmungen wie dem Mikroblogging-Dienst Twitter, dem Internetportal Facebook oder dem Studierverzeichnis studiVZ.

Sofern Sie die Veröffentlichung und Weitergabe von Fotos beabsichtigen sind Sie bei Flickr von Yahoo oder Picasa von Google in guten Händen. Melden Sie sich bei *www.flickr.com* an und laden Sie das Fotomaterial hoch. Sie haben die Alben immer und überall dabei und können das Material anderen präsentieren.

Videos und Musik können über das Portal YouTube verbreitet werden. Um Speicherplatz und Technologie braucht sich der Urheber nicht zu kümmern. Ein weiterer Vorteil ist die Erreichbarkeit des Inhalts über die Mitglieder der Gemeinschaft. Aber bedenken Sie bei allen Inhalten, die Sie auf fremde Server hochladen, das Material gehört Ihnen nicht mehr alleine. Auch sei darauf hingewiesen, dass Sie unbedingt darauf achten sollten, keine Urheberechte zu verletzen. Ohne Genehmigung dürfen Sie weder Werke von anderen Personen dort einstellen, noch Fotos anderer Menschen, manchmal auch von Dingen oder sogar Bauwerken veröffentlichen.

1.8   Die wichtigsten Internetadressen für das WWW

[1.1] Internet Society: HTTP://WWW.ISOC.ORG

[1.2] Network Information Center: HTTP://WWW.DENIC.DE

[1.3] World-Wide-Web-Konsortium: HTTP://WWW.W3.ORG

[1.4] Die Suchmaschine: HTTP://WWW.GOOGLE.DE

Alle weiteren benutzten Internetquellen sind im Text genannt.

2 Webseiten-Gestaltung mit HTML und CSS

HTML Hypertext Markup Language und CSS Cascading Style Sheets bilden die fundamentalen Technologien zur Entwicklung von Webseiten. HTML ist für die Struktur der Seite zuständig, CSS für das Layout bzw. das Erscheinungsbild. Die Erstellung von Webseiten fordert eine strikte Trennung von Inhalt und Gestaltung sowie eine klare Strukturierung der Inhalte und durchgehend einheitliche Verknüpfung der Seiten. Die weitere Aufgabe besteht in der Definition von Formatvorlagen mit denen die Elemente auf der Seite positioniert und gestaltet werden.

HTML und CSS gehören zusammen. Ohne HTML kein CSS und umgekehrt. Aus diesem Grund wird die Auszeichnungssprache HTML in einem Kapitel mit der deklarativen Stilsprache CSS zusammen behandelt.

Zunächst liegt das Augenmerk auf der Strukturierung der Inhalte. Anschließend erfolgt die Betrachtung der technischen Möglichkeiten zur Gestaltung von Internetseiten. Zum Abschluß werden Aspekte der Publikation einer Website mit multimedialen Inhalten aufgegriffen. Dem Anwender stehen am Ende dieses Kapitels drei fertige Webseiten-Templates mit Navigation und Stilvorlagen zur Verfügung.

Wenn Sie erstmalig Kontakt mit einer Programmiersprache haben, ist es zunächst empfehlenswert, die Grundlagen mit einer einfachen Entwicklungsumgebung zu erarbeiten. Erst wenn man die Zusammenhänge kennt, sollte man sich komplexerer Entwicklungswerkzeuge bedienen. Die Werkzeugempfehlung für dieses Kapitel ist Notepad++ und Firefox mit den Funktionen des Web-Entwickler Menüs. Zur Validierung der Dokumente benutzen wir die Fehlerkonsole von Mozilla Firefox und das Entwickler-Plug-in Firebug von Mozilla. Mittlerweile sind aber auch die anderen gängigen Web-Broser mit Entwickler-Tools ausgestattet, so dass Sie alternativ den Browser Ihrer Wahl einsetzen können.

Internetprovider bieten die Möglichkeit der Online-Generierung einer Webseite mit einem Homepage-Baukasten. Sie melden sich auf der Seite an, geben etwas Text ein, klicken ein paar Bilder, suchen Farben und Zeichensätze für die Schrift aus und schon ist die Homepage fertig. Die Werbung verspricht Seitenerstellung ohne HTML-Kenntnisse. Auch viele HTML-Editoren bieten Gleichartiges. Der Anwender stellt nur noch seine Daten zusammen und wählt ein Layout. Ebenfalls führen Blogsysteme unmittelbar zu einer professionell aussehenden Website.

Noch weiter geht es bei der Nutzung von *Content Management Systemen* (CMS). Man setzt sich an einen Internetarbeitsplatz, loggt sich ein und publiziert einen Artikel. Alle Webseiten, die zusammen die Web-Site bilden, haben immer das gleiche Layout. Doch auch diese hochkomplexen Systeme bieten die Möglichkeit der unmittelbaren Einbindung von HTML-Tags. Spätestens hier wird dann deutlich, wie sinnvoll Basiswissen sein kann. Wer auf soliden Grundkenntnissen aufbaut, ist in der Lage, komplexe Systeme schnell zu erlernen und anzuwenden und kann notwendige Modifikationen im Quelltext selbst vornehmen.

HTML ist mit wenig Zeitaufwand leicht zu erlernen. Bevor wir mit dem ersten Hello-World-Dokument beginnen, noch ein paar Worte zu den Versionen. HTML 4.01 sollte die letzte Version von HTML sein und durch XHTML, der XML konformen Formulierung ersetzt werden. Entgegen den Vorstellungen des W3C wurden aus der Industrie heraus die Standards Web Applications 1.0 und Web Forms 2.0, mit der Zielsetzung, das Web als Anwendungsplattform zu nutzen, entworfen. Daraus entwickelte sich der Begriff HTML5. Es sind noch nicht alle Entwürfe umgesetzt und alle Standards in die Browser integriert. HTML5 wächst kontinuierlich, der Begriff vom *Living Standard* wurde propagiert. Mit HTML5 werden Webseiten semantischer, interaktiver und von Plug-ins befreit.

2.1 HTML Hypertext Markup Language

2.1.1 Dokumentenstruktur und Metatags

Ein HTML-Dokument gliedert sich in die Bereiche

- Dokumententyp-Deklaration
- HTML-Root-Tag
- Abschnitt Head
- Abschnitt Body

Mit der Dokumententyp-Deklaration wird angegeben, nach welchem Standard die Webseite erstellt wurde. Der Root-Tag umschließt das Dokument.

Im Head-Abschnitt befinden sich der Seitentitel, Metainformationen, Stilvorlagen, Skripte und Referenzen auf externe Dateien. Die Informationen im Abschnitt Head werden nicht vom Browser dargestellt.

Der Körper eines HTML-Dokuments enthält alle Elemente des Inhalts wie Text, Hyperlinks, Bilder, Tabellen, Listen u.a., die vom Browser entsprechend der Stilvorgaben gerendert werden.

Ein HTML-Element besteht aus Auszeichnungen, den sog. Tags, Attributen (Eigenschaften) und dem Inhalt. Alle HTML-Auszeichnungen befinden sich zwischen spitzen Klammern. Jeder Tag hat einen Start-Tag und einen Ende-Tag. Der Ende-Tag entspricht dem Anfangstag mit einem vorgestellten / bzw. in der Kurzform als Ende des Starttags />. Zwischen Groß- und Kleinschreibung wird bei HTML nicht unterschieden. Wir wählen hier aber immer die Kleinschreibung der Tags.

Alle HTML-Auszeichnungen müssen sich zwischen <html> und </html> befinden. Innerhalb von <head></head> ist ein Title-Tag vorgeschrieben, dessen Inhalt im Titelbalken des Anwendungsfensters erscheint.

```
<title>Text der Titelzeile</title>
```

Die Metatags liefern u.a. Informationen über Inhalt und Autor der Webseite und
bieten Hinweise für Suchmaschinen an.

```
<meta charset="utf-8">
<meta name="description" content="Struktur einer Webseite" />
<meta name="keywords"  content="HTML, Metatags" />
<meta name="author"    content="gp" />
```

Zwischen `<body></body>` befinden sich die Anweisungen für den Browser. Ein
Tag kann Attribute enthalten, den Attributen wird über den Zuweisungsoperator
(Gleichheitszeichen) ein Wert zugewiesen. Mehrere Attribute sind durch Leerzeichen zu trennen. Die Attributwerte befinden sich immer in doppelten Hochkommata, seit HTML5 ist diese Schreibweise aber nicht mehr zwingend vorgeschrieben. Die Angabe der Landessprache ist ein Attribut im HTML-Tag und gehört zu
den Universalattributen, ebenso wie eine Identität (`id`), die als eindeutiger Bezeichner für ein Element benutzt wird.

```
<html lang="de">
```

Ein Kommentar in HTML befindet sich zwischen den Auszeichnungen

```
<!--
  Kommentar für den Benutzer des Quelltextes, wird vom Browser ignoriert
-->
```

und kann sich über mehrere Zeilen erstrecken.

Innerhalb des Body-Tags können die Elemente gruppiert werden. Bisher hatte man
lediglich mit den Tags `<div></div>` und `<span></span>` die Möglichkeit sog.
Container einzurichten. Mit dem Class-Attribut und dem ID-Attribut können diese
Container eindeutig referenziert werden. Mit dem Entwurf von HTML5 wurden
weitere Elemente zur Strukturierung eingeführt, die ein semantisches Markup
unterstützen und Class-Attribute verzichtbar machen. Hierzu gehören die logi-
schen Bereiche einer Seite wie Kopfbereich, Navigation, Fußbereich und Abschnitte für Artikel. Im weiteren Verlauf dieses Kapitels werden wir die Strukturelemente kennen lernen und durch die Stilvorlagen positionieren und gestalten.

Hier kommt nun die erste HTML-Seite mit den Einteilungen *Kopfzeile*, *Inhalt*, und
Fußzeile. Wo diese Bereiche letztlich auf der Seite zu finden sein werden, steuert
später die Stilvorlage. Ohne Positionierungsanweisungen rendert der Browser von
oben links nach unten rechts im zur Verfügung stehenden Platz des Windows. Das
Attribut `charset` im Metatag gibt den benutzten Zeichensatz an. Die Leerzeichen
im Dokument dienen nur der Übersicht im Quellcode und werden vom Browser
als White-Spaces behandelt, überflüssige Leerzeichen werden entfernt. Wenn Sie
mit dem Notepad++ Editor arbeiten, stellen Sie unter Encoding > Encode UTF-8
ohne BOM (byte order mark) ein.

```
<!DOCTYPE html>
<!-- Dokument htmlcss/index0.html -->
<html lang="de">
  <head>
    <meta charset="utf-8">
    <meta name="description" content="Struktur einer Webseite" />
    <meta name="keywords"  content="HTML, Metatags" />
```

```
    <meta name="author"   content="gp" />
    <title>HTML Living Standard</title>
  </head>
  <body>
    <header> Der Kopfbereich einer Seite </header>
    <section> Der Inhaltsbereich       </section>
    <footer> Die Fusszeile          </footer>
  </body>
</html>
```

Der Kopfbereich einer Seite wird mit dem Header-Tag eingeleitet. Der Kopfbereich kann mehrfach auf einer Seite in unterschiedlichen Abschnitten vorkommen, gleiches gilt für den Fußbereich. Unterschieden werden die Bereiche durch Class-Attribute oder Selektoren, wie später im Kapitel CSS erläutert wird. Mit dem Section-Tag wird ein logischer Abschnitt einer Seite eingeleitet. Das kann der Inhaltsbereich sein, der die zu veröffentlichen Themen aufnimmt oder auch ein Navigationsbereich mit eigenem Header und Footer. In die Strukturelemente ist auch der Iframe-Tag einzubeziehen. Der Inline-Frame reserviert einen Bereich im HTML-Dokument zur Einfügung eines kompletten externen Dokuments.

```
<iframe src="http://www.seiten-programmierung.de"
    width="400" height="300" name="meinFrame">
</iframe>
```

Die Seiteneinteilung mit den neuen HTML-Tags wie Section- oder Artikel ist nicht zwingend vorgeschrieben. Sie dürfen auch weiterhin den Div-Tag benutzen und können die Container nach eigenem Bedarf einrichten.

2.1.2 Textstrukturierung

Text ist gegliedert durch Überschriften und Abschnitte. Innerhalb des Textes gibt es Hervorhebungen, Streichungen und anderweitig zu gestaltende Bereiche wie Listen, Adressen, Programm-Quelltext oder Einrückungen.

Überschriften werden als Headings `<h1></h1>` bezeichnet. Für die Wertigkeit der Überschrift benutzt man die Zahlen von 1 bis 6. Überschriften mehrerer Ebenen kann man mit Tag `<hgroup>` gruppieren. Der eigentliche Text wird in Abschnitte (Paragraphen) `<p></p>` unterteilt

Zur grafischen Unterteilung kann mit horizontalen Linien gearbeitet werden. Der Tag wird mit `<hr />` ausgezeichnet und besitzt keinen Ende-Tag. Ein Zeilenumbruch wird mit dem Tag `<br>` erzwungen.

Wir können jetzt die erste eigene HTML-Datei erstellen. Dazu besorgen wir etwas Blindtext von *www.all2e.com*, der im Quelltext hier aber nur reduziert wiedergegeben ist. Die Datei wird gespeichert unter *index1.html* und durch Doppelklick im Dateiexplorer oder im Web-Broser aufgerufen. Wir benutzen das obige Template zur Dokumentenstrukturierung und editieren den Bereich Section des HTML-Dokuments wie folgt:

```
<section>
 <article>
  <header>
```

```
            <h1>Textstrukturierung in HTML</h1><hr />
            <h2>Blindtext</h2>
       </header>
       <p>Weit hinten, hinter den Wortbergen ...
            <del>Vokalien und Konsonantien</del> ...
            <blockquote>Eines Tages aber beschloß eine kleine
                        <del>gehen in die weite</del> ...
            </blockquote>
            Es packte seine sieben Versalien
            <pre>  Als es die ersten
                             Hügel des Kursivgebirges
                    erklommen hatte,
            </pre>
            Fett, rund, ein echter Buddha...
            <ul>
                <li>Wehmütig lief ihm eine rethorische Frage</li>
                <li>über die Wange,</li>
                <li> dann setzte es seinen Weg fort.</li>
            </ul>
       </p>
   </article>
   <footer">
    <hr />Blindtext von www.all2e.com</footer>
   </section>
```

Beachten Sie bitte, dass der Zeilenumbruch durch den Browser realisiert wird. Je nach Bildschirmauflösung und Fenstergröße wird die Datei mit automatischem Zeilenumbruch dargestellt. Der Web-Autor kann ja nicht wissen, mit welcher Fenstergröße und mit welcher Auflösung der Nutzer die Datei betrachten wird. Bei Bedarf werden vom Browser die Scrollbars eingeblendet. Im Browserfenster erscheinen die Überschriften <h1>, <h2> der Textabschnitt <p> mit den Streichungen <del>, der Einrückung <blockquote> und einer Vorformatierung <pre>. Im vorformatierten Bereich wechselt der Zeichensatz und die Leerzeichen werden nicht mehr entfernt. Der Zeilenumbruch entspricht dem des Originaltextes.

Es sei noch einmal darauf hingewiesen, dass in diesem Lehrbuch nicht alle Tags mit ihren Eigenschaften und Möglichkeiten detailliert erörtert werden können. Wie in allen weiteren Abschnitten auch wird als Nachschlagwerk für Tags und Attribute auf die HTML- und CSS-Referenz bei *www.w3.org* verwiesen. Auch *de.selfhtml.org* ist eine wertvolle Quelle.

HTML stellt für Aufzählungslisten <ul>, nummerierte Listen <ol> und Definitionslisten <dl> die benötigten Tags bereit. Bei Aufzählungslisten und nummerierten Listen werden die Listenelemente in den Tag <li> eingebunden. Definitionslisten unterteilen in den zu definierenden Ausdruck <dt> und die Definition selbst <dd>. Der Aufzählungsliste im Beispiel der Abbildung 2.1 folgt die Grußformel als Hervorhebung ausgezeichnet mit <em> und am Ende wird der Textabschnitt noch geschlossen. Im Bereich <footer> befindet sich der Quellverweis mit einem Copyright-Zeichen.

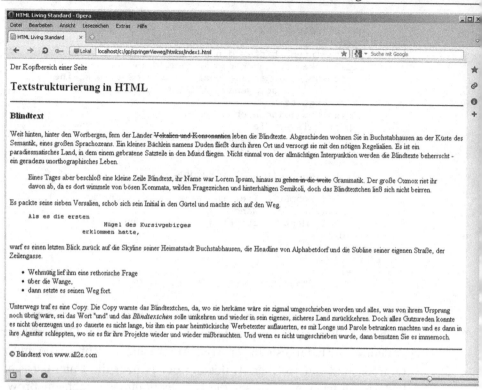

Abbildung 2.1: Seiten- und Textstrukturierung

Die erste HTML-Seite haben Sie jetzt bereits erstellt. Die Seite wurde eingeteilt in einen Seitenheader, eine Inhalts-Section mit einem Artikel. Der Artikel enthält einen Header und Textabschnitt mit verschiedenen Auszeichnungen. Im Anschluss an den Inhaltsbereich folgt noch eine Seitenfußzeile. Auf der Webseite zum Buch gelangen Sie zum Download-Archiv *htmlCSS.zip*. Dort wird die leere HTML-Datei mit *index0.html* bezeichnet, die Textseite ist unter *index1.html* abgelegt.

2.1.3 Tabellen

Tabellen sind ein Beschreibungselement innerhalb von HTML, mit denen Daten in Zellen positioniert werden. Vor der Einführung von CSS wurden Tabellen als universelles Gestaltungsraster benutzt. Heute finden Tabellen nur in der ursprünglichen Bedeutung Anwendung.

Eine Tabelle wird durch den Table-Tag eingeleitet. Bestandteile der Tabelle sind der Tabellenkopf `<thead>` mit den Spaltenüberschriften `<th>`, die Tabellenzeilen `<tr>` und Tabellenzellen `<td>` sowie eine Zusammenfassung im Fußbereich `<tfoot>`. Die Kombination der Tags `<thead>` und `<tfoot>` wird im Zusammenhang mit dem Tag `<tbody>` benutzt.

Tabellen werden immer, von links oben beginnend, zeilenweise mit der Definition von Tabellenzellen aufgefüllt. Unterschieden wird zwischen regelmäßigen und unregelmäßigen Tabellen. In unregelmäßigen Tabellen können sich Datenzellen über mehrere Spalten, Attribut `colspan`, oder über mehrere Zeilen, Attribut `rowspan`, ausdehnen. Die Attributwerte definieren die Anzahl der belegten Spalten bzw. Zeilen.

Die wichtige Angaben zur Gestaltung einer Tabelle sind der Abstand zwischen den Zellen, Attribut `cellspacing`, und die Polsterung, das ist der Abstand der Zelleninhalte zum Rand, Attribut `cellpadding`. Seit HTML5 sollte man diese Attribute aber nicht mehr verwenden, sondern gegen eine Angabe in der Stilvorlage austauschen. Im Zusammenspiel mit Hintergrundfarbe und Hintergrund der Tabellenzellen lassen sich gut lesbare Tabellen formatieren. HTML5 unterstützt nur noch das Attribut `border` für die Gestaltung der Zellenränder. Alle weiteren Attribute werden der Stilvorlage übertragen.

Nehmen wir die ersten drei Vereine der Bundesligatabelle vom 21. Spieltag der Saison 2011/2012 als Beispiel für eine Tabelle. An dieser Stelle zunächst ohne Gestaltungsattribute, die kommen zur Ergänzung in Abschnitt 2.2 bei der vollständigen Tabelle zur Anwendung.

```
<!-- htmlcss/index2.html -->
<table border ="1">
<thead>
   <tr>
      <th colspan="9">1. Fussball Bundesliga Saison 2011/2012
                 21.Spieltag</th></tr>
   <tr>
      <th> </th><th>Verein</th><th>Sp</th><th>G</th><th>U</th>
      <th>N</th><th>Tore</th><th>+/-</th><th>P</th></tr>
</thead>
<tfoot>
   <tr>
      <td colspan="9">1-3 Champions League, 4 Champions League Quali.,5-6
                 Europa League,16 Relegation,17-18 Abstieg</td></tr>
</tfoot>
<tbody>
   <tr>
      <td>1</td><td>Borussia Dortmund</td><td>21</td><td>14</td>
      <td>4</td><td>3</td><td>46:14</td><td>32</td><td>46</td></tr>
      <tr><td>2</td><td>Bayern München</td><td>21</td><td>14</td><td>2</td>
      <td>5</td><td>49:14</td><td>35</td><td>44</td></tr>
   <tr>
      <td>3 </td><td>Bor. Mönchengladbach</td><td>21</td><td>13</td>
      <td>4</td><td>4</td><td>34:12</td><td>22</td><td>43</td></tr>
</tbody>
</table>
```

Die Tabelle wird eingeleitet mit dem Table-Tag, das Attribut für die Zellenränder ist 1 Pixel. Mit dem Tag `<thead>` wird der Tabellenkopf definiert. Die erste Zeile erstreckt sich über alle neun Spalten, Attribut `colspan="9"`, darin befindet sich die Gesamtüberschrift. In der folgenden Zeile kommen die Spaltenüberschriften. Der Tabellenkopf ist definiert, es folgt der Fußbereich mit `tfoot`, ebenfalls wieder in einer Tabellenzelle für 9 Spalten definiert. Analog zum Attribut `colspan` kann mit `rowspan` ein größerer Bereich Zeilen abgedeckt werden. Im Anschluss an

`<thead>` und `<tfoot>` wird der Tabellenkörper in `<tbody>` eingebettet. Hier folgen die drei gleichmäßigen Tabellenzeilen mit der Definition der Tabellenzellen.

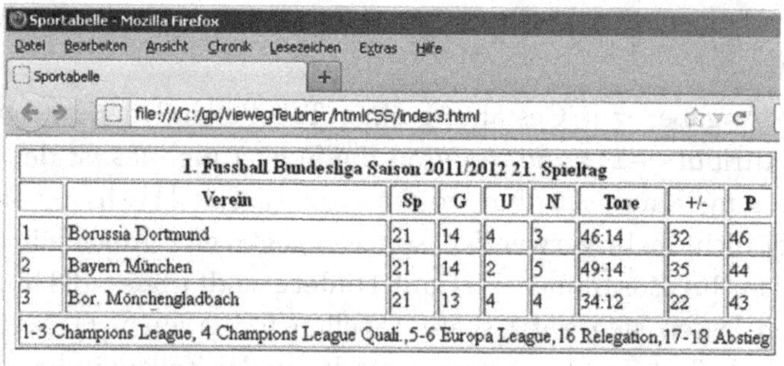

Abbildung 2.2: Tabellenspitze der Fussballbundesliga

2.1.4 Grafikeinbindung

Ein Farbmodell bildet die Farben der realen Welt in eine rechnerinterne Darstellung ab. Ein digitales Bild besteht aus einer rechteckigen Anordnung von Farbwerten des zugrunde liegenden Modells. Die horizontalen Felder bilden die Zeilen, die vertikalen Felder bilden die Spalten. Daraus ergibt sich eine Bildmatrix mit n * m Elementen. Die Anzahl der Bildpunkte bestimmt die geometrische Auflösung. Die Anzahl der darstellbaren Farbwerte in jedem Bildpunkt wird als Speichertiefe in Bit angegeben. Ein binäres Bild hat eine Speichertiefe von einem Bit. Das GIF-Format hat eine Speichertiefe von acht Bit und kann somit 256 unterschiedliche Farbwerte darstellen. In diesem Fall wird von indizierten Farben gesprochen, da die Farbwerte auf eine Farbtabelle verweisen können. Das GIF Graphics Interchange Format arbeitet mit verlustfreier Kompression und kann neben Transparenz auch Animationen wiedergeben. Mehrere Einzelbilder werden in einer Datei gespeichert und werden durch schnelle Wiederholung animiert abgespielt. Das GIF-Format eignet sich für Zeichnungen (Cartoons) und Schwarz-Weiß Fotografien.

Bilder mit Echtfarben (true color) werden mit 24 Bit Speichertiefe abgespeichert. Das JPEG-Format, entwickelt von der Joint Photographic Experts Group, speichert Bilder mit verlustbehafteter Komprimierung sequenziell oder progressiv. Ein progressiv gespeichertes Bild besteht aus Koeffizienten, die eine Annäherung an das Originalbild abbilden. Dem Betrachter wird bei großen Bildern der Effekt eines schnellen Vorschaubildes, ähnlich dem Interlacing (Zeilensprung) bei GIF-Bildern geboten.

PNG Portable Network Graphics ist ein Format für Grafiken mit verlustfreier Bildkompression. PNG unterstützt unterschiedliche Farbtiefen und Transparenz. Das PNG-Format wurde aufgrund von Lizenzforderungen für GIF entwickelt und ist eine W3C-Empfehlung, die von allen Browsern unterstützt wird.

Die Abbildung der realen Farbenwelt wird im Internet durch das RGB-alpha-Farbmodell realisiert. Farbwerte werden als Ganzzahlen oder Hexadezimalwerte für die drei Grundfarben Rot, Grün und Blau angegeben. Alpha ist der Faktor für die Transparenz.

Grafiken können als Füllmuster, Hintergrundbild oder als Seiteninhalt in eine Webseite eingebunden werden. Füllt ein Bild nicht den vorgesehenen Raum aus, wird es wiederholt dargestellt, als Hintergrundbild kann es feststehend unabhängig vom Scrollen der Seite angezeigt werden. Anwendungen als Seitenhintergrund werden im Abschnitt CSS vorgestellt.

Die Einbindung in den Seiteninhalt erfolgt über den Image-Tag. Die Attribute des Image-Tags sind die Quelle (`src`), ein Text (`alt`), der bei Mausberührung gezeigt wird und die Höhe (`height`) und Breite (`width`) des Bildes. Zwei weitere Attribute sind zur Verwendung als Image-Map vorgesehen, vgl. Abschintt 2.1.6 Hyperlinks. Wenn Sie auf die Angabe von Breite und Höhe des Bildes verzichten, wird die Größe des Originalbildes angezeigt. Sinnvoll ist die Anpassung der Bildgröße an die spätere Darstellung. Dann ist die Angabe der Bildgröße verzichtbar und der Browser hat keine Umrechnung vorzunehmen. Die Referenzierung der Bildquelle erfolgt durch relative Pfadangabe ausgehend vom aktuellen Dokument in das es eingebunden ist. Meistens befinden sich die Grafiken in einem eigenen Verzeichnis, unterhalb der Root-Ebene der Website. Wir bauen eine kleine Beispielseite mit alternativer Grafikeinbindung.

```
<!-- htmlcss/index3.html -->
<p> … lorem ipsum …
<img src="img/bauarbeiter.gif" alt="Bauarbeiter" width="64"
    height="96" />
...dolor sit amet
</p>
```

Die alternative Einbindung eines Bildes ist seit HTML5 die Auszeichnung mit dem Figure-Tag und der Möglichkeit durch `<figcaption>` eine Bildunterschrift mit einzufügen.

```
<figure>
  <img src="img/bauarbeiter.gif" alt="Bauarbeiter" width="64"
  height="96" />
  <figcaption>Der fleissige Bauarbeiter</figcaption>
</figure>
```

Ebenfalls angezeigt ist die Verwendung des Object-Tags oder Embed-Tags. Bis auf den Figure-Tag fügen sich alle Bilder in die Textzeile ein, wirken als sog. Inline-Element.

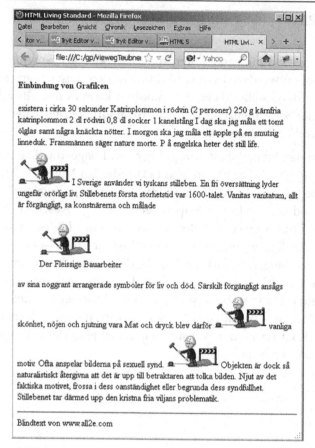

Abbildung 2.3: Grafiken im Textfluss

ICO ist ein Datenformat, das unter Windows zur Speicherung von Icons verwendet wird. Ein 16x16 oder 32x32 kleines Symbol bezeichnet man auch als Favicon, das in die Adresszeile des Browsers eingebunden werden kann. Das Format können Sie mit der IrfanView-Bildbearbeitung abspeichern. Laden Sie ein beliebiges Bildformat, ändern Sie die Größe und speichern Sie das Bild als ICO-Format. In die Adresszeile des Browsers wird es durch einen Link-Tag im Abschnitt head eingebaut:

```
<link rel = "icon" href="img/favicon.ico" type="image/x-icon" />
```

Sofern Sie es in einem anderen Format vorliegen haben geben Sie den entsprechenden Mime-Typ mit an.

```
<link rel = "icon" href="img/favicon.png" type="image/png" />
```

MIME ist die Abkürzung für Multipurpose Internet Mail Extension und klassifiziert die Daten innerhalb einer Nachricht. Dem Browser wird auf diese Weise mitgeteilt, welche Daten der Server übermittelt.Binden Sie doch standardmäßig in die Webseiten immer ihr eigenes Favicon ein, das gehört heute einfach dazu.

Sie sollten noch die Anmerkungen zu den zu den Dateireferenzen beachten. Da Sie nicht immer wissen unter welchem Betriebssystem ihre Website beheimatet ist, sollten Bezeichner von Verzeichnissen, Dateinamen und Erweiterungen grundsätzlich mit kleinen Buchstaben und ohne Sonderzeichen angegeben werden. Dabei ist immer eine relative Pfadangabe zu berücksichtigen. Der Pfad wird von der aktuellen Position des HTML-Dokuments aus verfolgt. Mit der Zeichenkombination ../ gelangen Sie in das Elternverzeichnis, eine Ebene höher. Nehmen Sie als Beispiel folgende Dateistruktur:

```
c:\Web-Server\de\start.html
c:\Web-Server\gb
c:\Web-Server\img\bild.jpg
        index.html
```

In der Datei *index.html* adressieren Sie *de/start.html*. In start.html wollen Sie nun ein Bild einbinden. Der Tag lautet:

```
<img src="../img/bild.jpg" />
```

Mit der relativen Adressierung sind Sie jederzeit zum Umzug mit dem kompletten Verzeichnis *Web-Server* gerüstet. Andernfalls müssten Sie die Pfadzuordnungen im Zielsystem individuell anpassen.

Neben einem Favicon in der Adresszeile gehören auch die Social Media Buttons schon zur Standardausstattung einer Webseite. Das Internet unterstützt Sie beim generieren der Code Snippets. Bei *www.button-einbauen.de* können Sie den Code für Facebook-Like, Google Plus und Twitter generieren. Eine große Auswahl an Buttons gibt es bei *www.socialbookmark.eu.* Den generierten Code bauen Sie in Ihre Webseite ein, vgl. Abbildung 2.4. Aber Vorsicht es gibt dort einige Dinge hinsichtlich des Datenschutzes, die möglicherweise nicht in Ihrem Interesse sind. Der Heise Verlag hat daher ein Plugin für 2 Klick-Buttons mit mehr Datenschutz entwickelt, das Sie über die URL *http://www.heise.de/ct/artikel/2-Klicks-fuer-mehr-Datenschutz-1333879.html* beziehen können.

Abbildung 2.4: Social Bokkmarks

2.1.5 Formulare

Interaktive Benutzereingaben auf Webseiten werden über Formulare vorgenommen. Neben den Bedienelementen wie Checkboxen, Radiobuttons, Eingabefeldern u.a. stellen Formulare auch die Kommunikationsschnittstelle zum Web-Server her.

Formulardaten können clientseitig mit JavaScript ausgewertet werden. Serverseitig werden die übermittelten Daten mittels dort laufender CGI–Programme ausgewertet oder als Umgebungsvariablen den Skripten bzw. Programmen verfügbar gemacht. Sofern der Benutzer einen Email-Client installiert hat, können die Daten auch unmittelbar an den Empfänger per Email weitergeleitet werden.

Ein Formular wird mit dem Tag <form> eingeleitet. Die Attribute des Tags legen die nach der Eingabebestätigung auszuführende Aktion fest. Innerhalb der Formulare gibt es die Tags <input> mit Type-Attribut für unterschiedliche Datentypen, <textarea> und <select>. Die Positionierung der Formularelemente kann geeignet mit Tabellen erfolgen.

Wir wollen ein kleines Kontaktformular aufbauen. Der Besucher einer Webseite erhält die Möglichkeit, eine Anfrage per E-Mail an den Betreiber der Webseite zu stellen. Zunächst betrachten wir das sehr einfache Grundgerüst:

```
<html>
<head>
<title>Formulareingaben</title></head>
<body>
 <form>
   <input name="absender" size="40" maxlength="60"
          value="eMail:">
   <textarea name="anfrage" rows="10" cols="50"
       wrap="virtual">Ihre Anfrage:</textarea>
   <input type="reset" value="Reset">
   <input type="submit" value="Senden">
 </form>
</body>
</html>
```

Innerhalb des Abschnitts <body> befindet sich das Form-Tag. Benutzt werden die Befehle <input> und <textarea>. Es wird ein Texteingabefeld mit dem Bezeichner *absender* für das Attribut name eingegeben. Die Größe des angezeigten Feldes beträgt 40 Zeichen, die maximale Anzahl der einzugebenden Zeichen ist auf 60 begrenzt. Das Eingabefeld ist mit dem Text *eMail* vorbesetzt. Durch die Auszeichnung <textarea> wird ein Texteingabebereich von 10 Zeilen und 50 Zeichen aufgebaut. Der automatische Textumbruch wird mit wrap="*virtual*" ausgeführt. Das Textfeld ist mit dem Kommentar *Ihre Anfrage:* vorbesetzt.

Es folgen noch zwei Buttons. Mit Buttons vom Typ *reset* werden alle Eingaben auf die Anfangswerte zurück gesetzt, bei Klick auf den Button vom Typ *submit* werden die Formulardaten mit der im Form-Tag angegeben Aktion an den Server übermittelt. Das Formular ist zwar schon benutzbar, aber die Behandlung der Daten ist noch nicht angegeben. Zur besseren Übersicht müssen die Elemente auch noch positioniert werden. Nach der im vorhergehenden Abschnitt entwickelten Tabellenstruktur wird in das Formular eine zweispaltige Tabelle mit 640 Pixel Breite eingefügt. Innerhalb der Tabellenzellen finden die Dialogtexte und die Formularelemente ihren zugewiesenen Platz. Der Browser stellt das Listing mit bereits ausgefüllten Eingabedaten wie in der Abbildung 2.4 dar. Die Positionierung der Formularelemente ohne Tabelle wird im Abschnitt 2.3.3 gezeigt.

```html
<!-Dokument index4.html -->
<form>
  <table width="640" cellpadding ="3" border="1">
  <tr>
    <td>Absender eMail:</td>
    <td><input name="absender" size="40" maxlength="60">
    </td></tr>
  <tr>
    <td>Ihre Anfrage:</td>
    <td>
      <textarea name="anfrage" rows="10" cols="40" wrap="virtual">
      </textarea></td></tr>
  <tr>
    <td><input type=reset value="Reset"></td>
    <td><input type=submit value="Senden"></td>
  </tr></table></form>
```

Wie soll nun nach Absenden mit dem ausgefüllten Formular verfahren werden? Die Auszeichnung <form> benutzt hierfür das Attribut *action*. Der Wert von *action* kann eine URL sein, die eine Webseite mit Anweisungen zur Auswertung der übermittelten Daten angibt.

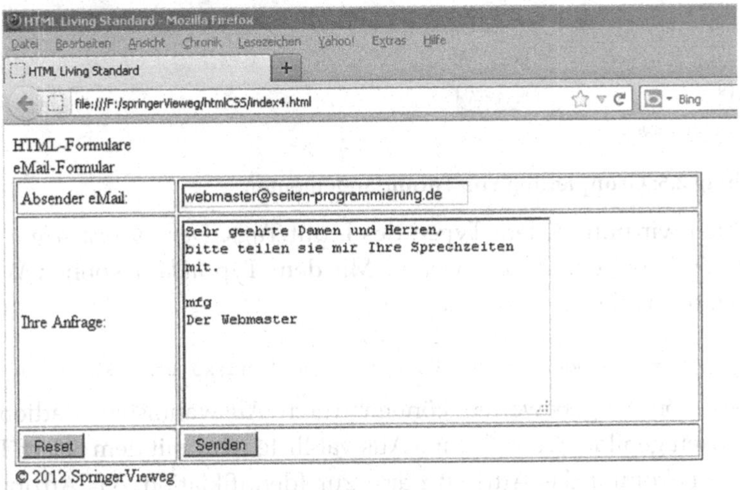

Abbildung 2.5: Einfaches Kontaktformular

Die Art der Datenübermittlung wird im Attribut method durch *post* oder *get* festgelegt. Die Get-Methode hängt die Parameter sichtbar an die gesendete URL an und begrenzt die Datenmenge. Vorzuziehen ist die Post-Methode, die Daten unabhängig von der URL übermittelt und größere Informationsinhalte überträgt.

Zwei weitere Parameter von <form> dienen den Auswerteprogrammen zur Identifikation der Formularelemente, die Werte für name und id erhalten vom Programmierer frei zu vergebende Bezeichner. An dieser Stelle wird nur auf die Existenz der Attribute hingewiesen, in späteren Anwendungen wird auch deren Auswertung behandelt.

In diesem Beispiel werden die Daten per Email übergeben. Es muss daher noch die
Festlegung der Inhaltscodierung und eine Angabe über den verwendeten Zeichensatz folgen. Das Form-Tag bekommt hiermit abschließend folgende Notation:

```
<form
  action="mailto:webmaster@seiten-programmierung.de" method="post"
  enctype="text/plain" name="anfrage" id ="anfrage">
```

Nach Absenden wird sich der auf Ihrem Rechner installierte Email-Client einschal-
ten und die Datenübermittlung ausführen. Testen Sie das Programm mit Ihrer
eigenen Email-Adresse. Sie erhalten die im Formular benutzten Bezeichner zusammen mit den eingegeben Werten zugesandt.

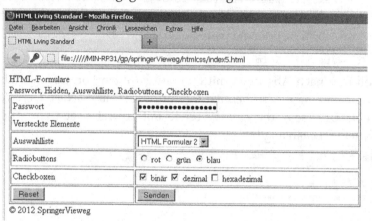

Abbildung 2.6: Gruppierung von Formularelementen

Betrachten wir nun weitere Typen des Input-Tags. Der Typ *password* gibt die eingegeben Zeichen unsichtbar wieder. Mit dem Typ *hidden* können Werte für den
Besucher der Webseite unsichtbar bleiben.

```
<input type="password" name="pw" value="">
<input type="hidden" name="datei" value="index5.html">
```

Gruppen von Eingabewerten können durch Auswahllisten, Radiobuttons oder
Checkboxen gebildet werden. Eine Auswahlliste wird mit dem Select-Tag aktiviert.
Die Liste bekommt das Attribut name zur Identifikiation, das Attribut size gibt
die Anzahl anzuzeigender Elemente an. Das Ereignis onchange reagiert auf eine
erfolgte Auswahl und ist hier für Testzwecke eingefügt. Wir diskutieren die Anweisung später im Kapitel JavaScript. Die Auswahlmöglichkeiten einer Liste werden im Option-Tag angegeben. Der voreingestellte Wert bekommt das Attribut
selected.

```
<select name="liste" size="1"
  onchange="alert('Selected Index: '+form.liste.selectedIndex +'\nWert : '
  +form.liste.options[form.liste.selectedIndex].value)">
    <option>HTML Text</option>
    <option>HTML Tabelle</option>
    <option selected>HTML Image</option>
    <option >HTML Formular 1</option>
</select>
```

Radiobuttons und Checkboxen werden wieder mit dem Input-Tag ausgezeichnet. Die Gruppierung erfolgt hier durch den gleichen Namen. Bei Radioboxen können Sie nur eine Auswahl treffen, mit Checkboxen sind mehrere Auswahl-möglichkeiten gegeben. Der voreingestellte Wert wird mit dem Attribut *checked* versehen. Das Formular der Abbildung 2.5 wird per eMail übermittelt. Bei Klick auf den Submit-Button *senden* meldet sich der installierte eMail-Client und sendet das Formular mit Bezeichnern und eingegebenen Werten an den Empfänger, wie aus der Abbildung 2.6 zu erkennen ist. Klickt man den Reset-Button *reset*, dann werden alle Benutzereingaben auf die Voreinstellungen zurückgesetzt.

```
<p>Radiobuttons</p>
<input type="radio" name="farbe" value="R" checked /> Rot
<input type="radio" name="farbe" value="G" /> Gruen
<input type="radio" name="farbe" value="B" /> Blau
<p>Checkboxen</p>
<input type="checkbox" name="sys" value="bin" checked /> binär
<input type="checkbox" name="sys" value="dez" /> dezimal
<input type="checkbox" name="sys" value="hex" /> hexadezimal
```

Die Gruppe der Radiobuttons hat die Bezeichnung *farbe* mit einem voreingestellten Wert *R*. Checkboxen sind mit *sys* bezeichnet, der voreingestellte Wert ist *bin*. Im Programm-Archiv *htmlcss* finden Sie die Codierung unter *index5.html*.

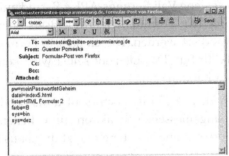

Abbildung 2.7: Absenden des Formulars per eMail

Mit HTML5 hat sich die Handhabung von Formularen praktisch nicht geändert. Es wurden aber neue Typen und Funktionalitäten eingeführt. Die Input-Typen num-ber, telephone, url, email und datetime sind im folgenden Code-Snippet in einem Fieldset-Tag mit einer Erläuterung, Legend-Tag, zusammenge-fasst. Abbildung 2.7 zeigt einen Screenshot mit aufgeklapptem Kalender im Brow-ser Opera.

```
<fieldset>
  <legend>Neue HTML5 Input-Typen</legend>
  Zahl <input type="number" name="zahl" value="" required /><br/>
  Telefon <input type="telephone" name="fon" value="" required/><br/>
  URL <input type="url" name="url" value="www.seiten-programmierung.de"
     required /><br />
  eMail<input type="email" name="mail" value="" required /><br />
  Datum <input type="datetime" name="datum" value="" required /><br />
</fieldset>
```

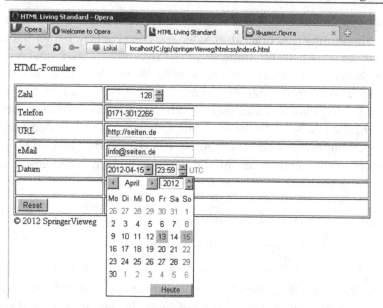

Abbildung 2.8: HTML5 Input-Typen im Browser Opera

Formulare haben in HTML5 eine eigene Validierungs-API, z.B. sind zulässige Wertebereiche bereits im Code definierbar. Formularfelder, Fieldsets oder das ganze Formular können im Browser validiert werden. Die einfachste Form der Validierung erfolgt über das Required-Attribut. Das Element selbst wird keiner Validierung unterzogen, es muss aber vorhanden sein.

Die Browserunterstützung der neuen Typen ist noch nicht umfassend. Aufgrund der *Graceful Degradation*, der angemessenen Reaktion und Behandlung von Fehlern, eines Browsers ist die Verwendung aber bereits jetzt durchaus möglich.

2.1.6 Hyperlinks

Hyperlinks oder kurz Links sind Verweise in einem HTML-Dokument, mit denen bei Aktivierung durch Mausklick

- eine andere Position im Dokument
- eine neue Datei
- oder ein neuer Web-Server

aufgerufen wird. Zusätzlich zu diesen Verweisen existiert auch die Möglichkeit eines Email-Links oder Dateiverweises. Dateiverweise bewirken den Download oder die Ausführung eines externen Programms.

Sensitive Bereiche für Hyperlinks können Texte, Grafiken, Bereiche in Grafiken (image maps) oder Buttons sein. Man bezeichnet die ausgezeichneten Bereiche auch als Schaltflächen. Ein Hyperlink wird mit dem Anchor-Tag `<a>` ausgezeichnet und benötigt als wichtigstes Attribut die Hypertextreferenz `href`. Andernfalls wird das ausgezeichnete Element nicht sensitiv für die Mausberührung. Die Elemente innerhalb des Anchor-Tags stellen die Schaltfläche dar. Standardmäßig wird ein Text, der als Link ausgezeichnet ist, in blauer Farbe und unterstrichen dargestellt. Die angeforderte URL wird bei Mausberührung in der Statuszeile des Browsers angezeigt.

Dem Attribut `href` wird die aufzurufende Referenz zugewiesen. Die Anzeige kann im eigenen Fenster oder in einem neuen Fenster bzw. in einer neuen Registerkarte erfolgen. Wertzuweisungen an das Attribut `target` sind *_blank* bzw. *_self*. Sofern Sie einen Link in einem Iframe angeben möchten, muss der Iframe über seinen Namen identifizierbar sein. Der Name des Iframes wird im Target-Attribut als Ziel angegeben. Sie können das folgende Code-Snippet in Ihrem Browser testen.

```
<body>
  <iframe width="320" height = "240" name ="myFrame_1"
     src="http://imagefact.de/home.html"></iframe><br>
  <a href="http://divide-by-zero.com" target ="_blank">
  Target_blank</a><br>
  <a href="http://divide-by-zero.com" target ="_self">
   Target _self</a><br>
  <a href="http://divide-by-zero.com" target ="myFrame_1">
        Target myFrame_1</a>
</body>
```

Zunächst betrachten wir nur die Verweise im eigenen Dokument. Es wird ein langer Blindtext benutzt, der in Kapitel unterteilt ist. Am Anfang des Textes befindet sich eine Linkzeile wie folgt:

```
<p>
  [ <a name="anfang" href="#k1">Kapitel 1</a> |
        <a href="#k2">Kapitel 2</a> |
        <a href="#k3">Kapitel 3</a> |
        <a href="#k4">Kapitel 4</a> ]
</p>
```

Der erste Anchor-Tag ist gelabelt und hat den Namen *anfang* erhalten. Zu dieser Marke kann innerhalb des Dokuments gesprungen werden. Das sensitive Element für diesen Tag ist der Text *Kapitel 1*. Dieses Element verweist auf die Sprungmarke *k1* im selben Dokument, gekennzeichnet durch das Doppelkreuz #, auch Hash-Zeichen genannt. Die Hyperlinks *Kapitel 2*, *Kapitel 3* und *Kapitel 4* haben keine eigene Bezeichnung, verweisen aber auf die Marken *k2, k3, k4*.

Vor jedem Kapitel befindet sich ein Anchor-Tag mit der Bezeichnung (name=*"k1"*) gefolgt von der Linkzeile, mit der an den Anfang des Dokumentes, ein Kapitel zurück oder ein Kapitel vorgesprungen werden kann.

```
<a name="k1"><h5>Kapitel 1</h5></a>
 <p>[
  <a href="#anfang">anfang</a> |
  <a href="#k2">vor</a> |
  <a href="#anfang">zurück</a> ]
</p>
```

Die Hyperlinks werden durch Voreinstellung blau und unterstrichen gekennzeichnet. Bei Berührung mit der Maus verändert sich der Cursor, das Ziel wird in der Statuszeile angezeigt. Bereits besuchte Links werden farblich markiert. Löschen Sie die Chronik besuchter Seiten um zur blauen Markierung zurück zu kehren. Der Quelltext für die obige Anwendung hier noch einmal im Zusammenhang:

```
<!-- htmlCSS/index7.html -->
<div id="content">
  <h4>Gumminbärchen</h4>
  <p>
  [ <a name="anfang" href="#k1">Kapitel 1</a> |
          <a href="#k2">Kapitel 2</a> |
          <a href="#k3">Kapitel 3</a> |
          <a href="#k4"">Kapitel 4</a> ]</p>
  <a name="k1"><h5>Kapitel 1</h5></a>
  <p>[ <a href="#anfang">anfang</a> | <a href="#k2">vor</a> |
      <a href="#anfang">zurück</a> ]</p>
  <p> Freilebende:...Auch das macht </p>
  <a name="k2"><h5>Kapitel 2</h5></a>
  <p>[ <a href="#anfang">anfang</a> | <a href="#k3">vor</a> | <a
      href="#k1">zurück</a> ]</p>
  <p>Und da sie weich sind ... und aromatisiert.</p>
  <a name="k3"><h5>Kapitel 3</h5></a>
  <p>[ <a href="#anfang">anfang</a> | <a href="#k4">vor</a> |
  <a href="#k2">zurück</a> ]</p>
  <p>Mag sein, dass ... Was das schmecken</p>
  <a name="k4"><h5>Kapitel 4</h5></a>
  <p>[ <a href="#anfang">anfang</a> | <a href="#ende">vor</a> | <a
      href="#k3">zurück</a> ]</p>
  <p>Zigaretten auf ... und wieder geht es mir</p>
  <p>[ <a name="ende" href="#anfang">anfang</a> ]</p>
</div>
```

Abbildung 2.9: Verweise im eigenen Dokument

Eine neue Datei wird durch die relative Pfadangabe referenziert, hier mit der Ziel-angabe eines neuen Fensters. Dabei können Sprungmarken in der Datei unmittel-bar angesteuert werden:

```
<a href="../pfad/neuedatei.html#kap1" target ="_blank">
   zur neuen Seite</a>
```

Ruft man einen neuen Web-Server auf, so ist vor die URL das Präfix http:// zu setzen. Eine elektronische Mail kann über das Präfix mailto: abgesetzt werden. Es muss jedoch beim Anwender ein Mail-Client installiert sein. Gleichzeitig kön-nen Eintragungen für den Client mit angegeben werden.

```
<a href="http://www.google.de" target="_blank">Google-Suchmaschine</a>
<a href="http://w3.org" target="_blank">WWW Consortiun</a>
<a href="http://de.selfhtml.org" target="_blank">SelfHTML-Referenz</a>
<a href="mailto:webmaster@seiten-programmierung.de
   ?cc=meineEmail@imagefact.de&subject=Anfrage Programmierung
   &body=Ihre Anfrage
   bitte:" target="_blank">an Webmaster<br>
</a>
```

Wird statt des Textes ein Image-Tag zwischen <a></a> eingefügt, dann stellt die Grafik die Schaltfläche dar. Es muss aber nicht immer die gesamte Bildfläche als Link definiert sein. Eine Grafik kann mehrere Bereiche enthalten, die auf unter-schiedliche Referenzen hinweisen. Man definiert für das Bild eine Map. Dies er-folgt entweder manuell mit Spezifikation der Bereiche (auch mit polygonaler oder kreisförmiger Begrenzung) oder besser durch Unterstützung eines HTML-Editors. Die Einheiten in der Bereichsdefinition sind Pixelkoordinaten.

Nachfolgend ein kleines selbsterklärendes Beispiel. Der Image-Tag mit Verweis auf ein Bild *personen.jpg* ist mit dem Attribut usemap versehen, das auf die Verknüp-fung mit einer Image-Map mit Namen *map1* in diesem Dokument hinweist. Der Tag <map> mit dem Attribut name = "*map1*" definiert die Bereiche durch den Area-Tag. Mit dem Attribut shape wird die Form des Bereichs festgelegt, coords enthält die Koordinaten bezogen auf das Image. Es sind drei Rechtecke mit der jeweiligen Referenz auf unterschiedliche HTML-Dateien und der Angabe des Ziel-fensters definiert.

```
<!-- htmlcss/index8.html -->
<h4>Hyperlinks in Image Maps</h4>
<img src="../img/personen.jpg" alt="Klicken Sie auf eine Person"
     width="200" height="150" border="0" usemap="#map1" />
<map name="map1">
<area shape="rect" coords="130,10,176,128"
   href="person_rechts.html" target="_self" />
<area shape="rect" coords="80,15,123,129"
   href="person_mitte.html" target="_self" />
<area shape="rect" coords="28,15,76,129"
   href="person_links.html" target="_self" /></map>
<h4>Wählen Sie eine Person</h4>
```

Der Anchor-Tag hat noch ein weiteres wichtiges Attribut. Mit target wird das Ziel eines Links vereinbart. Der Wert *_blank* öffnet ein neues Fenster oder einen neuen Tab, mit *_self* wird in das aktuelle Fenster gelinkt. Sofern Sie einen Link in einem Iframe angeben möchten, muss der Iframe über seinen Namen identifizierbar sein. Der Name des Iframes wird im Target-Attribut als Ziel angegeben. Sie können das folgende Code-Snippet in Ihrem Browser testen.

```
<body>
 <iframe width="320" height = "240" name ="myFrame_1"
    src="http://imagefact.de/home.html"></iframe><br>
 <a href="http://divide-by-zero.com" target ="_blank">
   Target_blank</a><br>
 <a href="http://divide-by-zero.com" target ="_self">
   Target _self</a><br>
 <a href="http://divide-by-zero.com" target ="myFrame_1">
   Target myFrame_1</a></body>
```

Abbildung 2.10: Hyperlinks mit Image-Maps

2.1.7 Multimedia – Audio, Video und Applets

Bisher galt das Flash-Format von Adobe für die Internetübertragung von Videoinhalten als Standard. Die Daten eines Videos müssen vom Videoplayer decodiert werden. Flash unterstützt u.a. die Codecs MPEG-4 und für das Audio-Format MP3. Die Wiedergabe eines Flash-Videos erfolgt über ein Plug-in im Web-Broser oder Abspielen in einem externen Videoplayer. Das unterschiedliche Verhalten der Web-Broser wurde umgangen, indem ein Embed-Tag in den Object-Tag eingebunden wurde. Das folgende Code-Snippet gibt eine MP3-Audio Datei mit dem QuickTime-Player wieder.

```
<object
 classid="clsid:02BF25D5-8C17-4B23-BC80-D3488ABDDC6B"
 codebase="http://www.apple.com/qtactivex/qtplugin.cab"
 height="556" width="320" bgcolor="#ff0000">
  <param name="src" value="zukunftstag.mp3" />
  <param name="autoplay" value="true" />
  <param name="target" value="myself" />
  <param name="controller" value="true" />
  <param name="href" value="zukunftstag.mp3" />
```

```
      <param name="type" value="video/quicktime" height="24" width="320" />
      <embed src="zukunftstag.mp3" height="24" width="320"
        autoplay="true" type="video/quicktime"
          pluginspage="http://www.apple.com/quicktime/download/"
          controller="true" href="zukunftstag.mp3" bgcolor="yellow">
      </embed>
    </object>
```

Eine Video-Lösung, die auch für HTML5 noch interessant ist, bietet der JW Player von Longtail Video an, *www.longtailvideo.com*. Nachfolgend der Code zur Wiedergabe eines Flash-Formats. Bitte verifizieren Sie den im Code notierten Object-Tag.

Unter der Bezeichnung *movie* wird der Videoplayer *player-viral.swf* zugewiesen, es folgen weitere Playereinstellungen und die Zuordnung des abzuspielenden Videofiles **.flv*. SWF steht für ein Shockwave-Flash Object, FLV bezeichnet das von Adobe entwickelte Containerformat für ein Flash-Video. Zusätzlich wird noch *yt.swf*, eine Javascript-Datei *swfobject.js* sowie ein Vorschaubild *preview.jpg* benötigt. Alle Dateien befinden sich auf dem Server im selben Unterverzeichnis mit der Videoquelle **.flv*.

Das Beispiel können Sie als Zip-Archiv *htmlcss/audioVideo/multimedia.zip* von der Webseite zum Buch herunterladen.

```
    <object id="player" classid="clsid:D27CDB6E-AE6D-11cf-96B8-444553540000"
        name="player" width="480" height="384">
      <param name="movie" value="player-viral.swf" />
      <param name="allowfullscreen" value="true" />
      <param name="allowscriptaccess" value="always" />
      <param name="flashvars"
        value="file=2010_12_10_clipAvi01.flv&image=preview.jpg" />
      <embed
        type="application/x-shockwave-flash" id="player2" name="player2"
        src="player-viral.swf" width="480"   height="384"
        allowscriptaccess="always" allowfullscreen="true"
        flashvars="file=2010_12_10_clipAvi01.flv&image=preview.jpg">
      </embed>
    </object>
```

Mit HTML5 gestaltet sich die Einbindung von Multimediaelementen einfacher. Derzeit sind die Video-Codecs H.264, Theora und VP8 aktuell. Bei den Audio-Codecs spielen AAC, MP3 und Vorbis eine Rolle. Video und Audio werden in einem Containerformat gespeichert. Die gängigen Formate sind OGG, MP4 und WebM mit unterschiedlicher Browserunterstützung. Ohne Diskussion weiterer Details kann eine einfache browser-übergreifende Lösung angeboten werden. Konvertieren Sie Ihr Video in die Formate OGG (Theora, Vorbis) und WebM (VP8, Vorbis) und bieten Sie ein alternatives Format zum Download an. Mit Firefogg steht Ihnen ein Konvertierungswerkzeug nach Installation im Firefox-Browser im Menü Extras > Make Web Video zur Verfügung. Der HTML5-Code gestaltet sich mit dem Video-Tag sehr einfach.

```
    <video poster ="vorschau.jpg" controls>
      <source src="oeynhausen.ogg">
      <source src="oeynhausen.webm">
      <a href="oeynhausen.flv">Video downloaden</a>
    </video>
```

Mit der Eigenschaft `poster` wird ein Vorschaubild eingefügt. `Controls` ist ein boolescher Parameter, der die Bedienungselemente zeigt. Kann der Browser keines der beiden Formate darstellen, wird der Download angeboten. Die native Einbindung der Videodarstellung hat den Vorteil, dass man auf das Element wie auf alle anderen HTML-Elemente im Dokument zugreifen kann. Das gilt für JavaScript APIs oder die Stilvorlagen, wie man an den Bordereigenschaften in der Abbildung 2.10 sehen kann. Das Boxmodell der Stilvorlage wurde auf den Video-Tag angewandt.

Abbildung 2.11: Native Videoeinbindung

Die Behandlung des Audio-Tags erfolgt analog zum Video-Tag. Hier ist das Code-Snippet:

```
<audio controls>
  <source src="atommuell.ogv">
  <source src="atommuell.mp3">
  <a href="atommuell.mp3">Audio herunterladen</a>
</audio>
```

2.1.8   Java Applets

Applets sind kleine Java-Programme, die in einem Browser ablauffähig sind. Für den technisch-wissenschaftlichen Bereich existiert eine Vielzahl nützlicher Java-Applets zur interaktiven Visualisierung mathematischer Vorgänge, die mit anderen Werkzeugen nicht derart geeignet zu programmieren wären. Aus Sicherheitsgründen unterliegen Applets Beschränkungen. Ein Zugriff auf das Dateisystem des Clientrechners ist z.B. nicht möglich. Die Plattformunabhängigkeit von Java wird durch Übersetzung des Quellcodes in einen Bytecode für eine virtuelle Maschine realisiert. Die virtuelle Maschine, das Java Runtime Environment (*http://www.java.com/de*) muss auf dem Clientrechner installiert sein.

Abbildung 2.12: Java-Applet Animation mit Bitmaps

Seit HTML5 wird der Applet-Tag nicht mehr unterstützt. Man benutzt daher wie oben bereits gezeigt ein Konstrukt aus Object- und Embed-Tag. Dabei ist das Applet von außen über die HTML-Tags steuerbar. Innerhalb der Java-Codierung werden Variablen durch die Funktion *getParameter(name)* Werte zugeweisen. Der Name entspricht dem Namen des Paramters im Object- bzw. Embed-Tag.

```
<body>
<object classid="java:Animation.class" codetype="application/java-vm"
    width="960" height="380">
  <param name="imgBackground" value="hintergrund.png" >
  <param name="imgObject" value="montgolfiere.png" >
  <param name="mySound" value="wind.wav" >
  <param name="speed" value="10">
  <param name="offsetY" value="75">
 <embed type="application/x-java-applet"
    code="Animation.class" width="960" height="380"
    imgBackground ="hintergrund.png"
    imgObject="montgolfiere.png"
    mySound ="wind.wav"
    offsetY="100"
    speed="10">
 </embed>
</object>
</body>
</html>
```

In der vorliegenden Anwendung haben wir es mit einer einfachen, auf Bitmaps basierenden Animation, zu tun. Die Eigenschaften des Object-Tags definieren die Applikation und den Bereich des Applets. Der Param-Tag definiert für die Bezeichner, die im Java-Applet benutzt werden, die Werte. Für die Geschwindigkeit stellt sich die Java-Codierung wie folgt dar:

```
String text = getParameter("speed");
if (text == null){
  // Voreinstellung
  wait = 75;
}else{
  // Umwandlung String > Integer
  wait =Integer.parseInt(text);
}
```

Aus der HTML-Datei wird eine Zeichenkette gelesen und der Variablen zugewiesen. Bei fehlender Angabe wird eine Vorbesetzung gültig. Der Sourcecode des Applets bleibt dem Anwender aber verschlossen, er muss nur die Bezeichner der Parameter und deren Wertebereiche kennen. Hier werden benötigt: Hintergrundbild, das zu bewegende Objekt und eine Sounddatei. Einstellbar sind der Abstand des Objekts vom oberen Rand und die Geschwindigkeit der Animation.

In den bisherigen Abschnitten dieses Kapitels wurden die Elemente eines HTML-Dokumentes behandelt. Es wurde gezeigt wie Texte zu strukturieren sind, Aufzählungslisten und Tabellen behandelt werden und Grafiken sowie Multimedia-Elemente einzubinden sind. Hyperlinks dienen der Navigation auf einer Seite und der Verknüpfung externer Dokumente. Darüber hinaus stellen Formulare ein komfortables Benutzerinterface zu weiterverarbeitenden Programmen dar. Im folgenden Kapitel geht es um die Ausgestaltung der Elemente, der Positionierung dieser Elemente und der Anordnung der Seitenstruktur.

2.2 CSS Cascading Style Sheets

Mit der Trennung von Struktur und Inhalt gegenüber dem Erscheinungsbild einer Webseite verbinden sich etliche Vorteile bei der Administration und Programmierung einer Web-Präsenz. Die Formatierung wird redundanzfrei an nur einer Stelle definiert. Ein einheitlicher Stil für alle Seiten ist gewährleistet. Änderungen können zentral innerhalb einer Datei vorgenommen werden. Verschiedene Ausgabegeräte oder Bildschirmauflösungen können durch Verknüpfung mit den entsprechenden Stilvorlagen bedient werden.

Die Syntax der Formatsprache für das Web ist durch den Standard CSS Cascading Style Sheets vom W3C definiert. Ein erster Vorschlag für Stilvorlagen erfolgte 1993. Bereits 1996 war CSS Level 1 eine Empfehlung des W3C, die schon 1998 als CSS2 fortgeschrieben wurde. Derzeit wird CSS Level 3 von der CSS Working Group in eigenständigen Modulen entwickelt. Unterschiedliche Wiedergaben mit den verschiedenen Browsern sind heute nicht mehr so gravierend. In diesem Kapitel werden die etablierten Standards behandelt und mit den aktuellen Versionen der Browser getestet. Es kann nicht Gegenstand dieser Einführung sein, browserübergreifend alle aktuellen Entwicklungen auch für ältere Browser zugänglich zu machen.

Stylesheet-Dateien können mit einem einfachen Texteditor bearbeitet werden. Heutige HTML-Werkzeuge bieten fast alle Unterstützung bei der Bearbeitung von Stilvorlagen. Spezielle Stylesheet-Werkzeuge liefern den entsprechenden Komfort. Im Anschluss an die Fertigstellung von Inhalt und Struktur einer Seite erstellen Sie die Stildefinition mit Unterstützung eines derartigen Werkzeuges. Da wir die portablen Applikationen im Fokus haben, wird hier der CSS-Editor Oiko von *www.css-editor.info* in unseren Werkzeugkasten aufgenommen. Sie brauchen also in keinem Fall die einzelnen Attribute und Werte parat zu haben. Erwerben Sie sich hier den notwendigen Umfang an Kenntnissen über die Struktur und Regeln der Sprache. Zur Erstellung der Stilvorlagen setzen Sie das auf Ihrem USB-Stick installierte Werkzeug ein.

Bevor wir in die Thematik einsteigen, noch einige kurze Anmerkungen zur ansprechenden grafischen Gestaltung eines Web-Dokuments. Dieses Buch ist keine Literatur über Web-Gestaltung. Natürlich wollen wir unsere Seiten auch mit einem ansprechenden Layout ausstatten. Versuchen Sie sich aber nicht mit Gewalt in Mediendesign. Vermeiden Sie den Multimedia-Overkill. Beschränken Sie sich auf einen Zeichensatz. Benutzen Sie drei Farben, eine helle Pastellfarbe für den Hintergrund und eine dazu passende dunkle Farbe für den Text. Für Hervorhebungen können Sie noch eine Kontrastfarbe wählen. Die Farben sollen der Thematik der Web-Site entsprechen. Hilfestellung zur Farbwahl finden Sie im Netz, googeln Sie doch einfach nach *Farbgestaltung für das Web*. Bei *www.webmart.de* finden Sie ein Online-Tool Color Schemer Online 2.0. Auch bei *www.visibone.com* gibt es den freien Online-Service zur Farbgestaltung.

2.2.1 CSS Syntax und Einbindung in HTML

CSS Definitionen beginnen mit einem Selektor. Ein Selektor ist ein Muster zum Auffinden von Elementen im HTML-Dokument. In geschweiften Klammern folgen dann eine oder mehrere Deklarationen. Deklarationen sind die Attribute bzw. Eigenschaften und deren Wert, voneinander getrennt durch Doppelpunkt. Mehrere Deklarationen werden durch das Semikolon getrennt. Es gibt unterschiedliche Arten von Selektoren, ein Typselektor bezieht sich auf die Tags eines HTML-Dokuments. Regeln, die gleiche Deklarationen enthalten können durch Angabe mehrerer Selektoren zusammengefasst werden. Die Syntax einer Stilvorlage für die Headings und einen Textabschnitt könnte folgende Gestalt annehmen:

```
/* CSS-Stilvorlage exemplarisch */
h1,h2,h3 {
  font-style: italic;
  font-weight:bold
}
p {
  color: #0000ff;
  text-align:justify
}
```

Ein Kommentar in CSS wird mit /* */ begrenzt. Typselektoren sind im obigen Beispiel h1, h2, h3 und p. Auszeichnungen im HTML-Code mit h1-h3 werden kursiv und fett dargestellt. Ein Textabschnitt wird in der Farbe Blau als Blocksatz gerendert. Das Semikolon als Trennzeichen ist bei der letzten Regel entbehrlich.

Zur Einbindung von CSS Stilvorgaben in HTML-Dokumente existieren die Alternativen:

- Inline
- Style-Tag im Kopf des HTML-Dokuments
- Exerne Referenzierung

Beim Inline-Stylesheet wird die Regel als Attribut im HTML-Tag mit angegeben

```
<p style="{color:#ff0000; text-align:justify}"> … der Text … </p>
```

Die eingebettete (embedded) Stilvorlage wird im Head-Bereich der Seite notiert

```
<head>
<style type="text/css">
  /* Stilvorgaben wie oben angegeben */
  /* selektor {attribut:wert;} */
</style>
</head>
```

Obige Varianten eignen sich für die Testphase. Der Philosophie einer Stilvorlage kann nur die externe Referenzierung über einen Link-Tag im Kopfbereich der Seite gerecht werden:

```
<link href="http://www.seiten-programmierung.de/css/standard.css"
     rel="stylesheet" type ="text/css" media="screen" />
<link href="../css/drucken.css" rel="stylesheet" type ="text/css"
     media="print" />
```

Es können mehrere Stilvorlagen extern eingebunden werden. Dabei kann das Dokument relativ oder absolut adressiert werden. Mit der Angabe Media werden unterschiedliche Stilvorlagen bei Bildschirm und Druckerausgabe berücksichtigt. Die Erweiterungsbezeichnung der Stilvorlage ist css, der Style-Tag wird nicht in die Datei mit aufgenommen.

2.2.2 Warum Cascading?

Stilvorlagen können vom Autor einer Webseite festgelegt werden, der Surfer kann ggf. über den Browser eine Stilvorlage auswählen oder der Browser selbst verwendet sein internes Stylesheet. Die Gewichtung der Stilvorlagen wird in der Reihenfolge Browser, Benutzer, Autor vorgenommen. Ausnahmen können durch die Deklaration important in der Autoren- oder Benutzer-Stilvorlage vorgenommen werden. Aber gehen wir hier mal davon aus, dass die Regeln des Autors der Webseite nicht vom Surfer abgeschaltet werden.

Mehrere Stilvorlagen können zu einem gemeinsamen Stylesheet zusammengefasst werden. Man könnte auf Bausteine zurückgreifen und hier individuelle Änderungen an ausgesuchten Regeln vornehmen. Überschreibungen werden durch den Import-Befehl erzeugt. Hierdurch werden Stilvorlagen nacheinander importiert. Bei gleichen Regeln überschreiben die zuletzt importierten Regeln die zuvor gültigen. Das gilt dokumentenübergreifend, aber auch bei Auszeichnungen innerhalb einer HTML-Datei dokumentenweit.

```
<style type="text/css">
  @import "http://www.seiten-programmierung.de/css/stilvorlage.css";
  @import "meinestilvorlage.css";
</style>
```

2.2.3 Vererbung der Regeln

HTML-Elemente unterliegen einer Hierarchie. Elemente, die von anderen umschlossen werden, sind untergeordnete Elemente. Im unten aufgeführten Beispiel ist <em> Kind von <p> und <p> wiederum Kind von <body>. Jedes der Elemente hat ein Elternelement, von dem es die Eigenschaften erbt. Die CSS-Eigenschaften würden von <body> an die Unterelemente vererbt werden. Diese Vererbung kann aber durch Überschreiben der Regeln aufgehoben werden. Werden die Regeln von <p> überschrieben, dann erbt <em> den Stil von <p>.

```
<body>Text im Body
  <p>Absatztext <em> Hervorhebung </em>
    weiter im Absatztext
  </p>
</body>
```

Im Firexox-Browser können Sie als Add-on den DOM-Inspector installieren. Unter dem Menüpunkt Extras>Web-Entwickler>Dom-Inspector wird Ihnen die Hierarchie des Dokuments angezeigt.

2.2.4 Selektoren

Einleitend wurde bereits der Typselektor erwähnt, dessen Regeln auf die entsprechenden HTML-Tags angewandt werden. Im Folgenden verschaffen wir uns zunächst einen Überblick über die gängigen Selektoren. Der Universalselektor '*' bezieht sich auf alle HTML-Tags. Wir können z.B. die Abstandsvorgabe und die Polsterung aller Elemente zurücksetzen mit:

```
*{
    margin 0px;
    padding 0px;
}
```

Sollen sich Elementtypen in der Darstellung unterscheiden, so vergibt man Klassen oder IDs. Klassen können im Dokument mehrfach vorkommen, eine ID darf nur einmal vorkommen und bezeichnet genau ein Element. Es wird unterschieden in Klassenselektor und ID-Selektor. Der Klassenselektor beginnt mit einem Punkt '.', der ID-Selektor mit dem Gatterzeichen '#' jeweils gefolgt von der Bezeichnung der Klasse oder der ID. Ein Textabschnitt mag das Attribut *hervorgehoben* haben.

```
<p class="hervorgehoben"> ... der Text </p>
```

Diesen Abschnitt wollen wir dann mit Großbuchstaben versehen. Die Stilvorlage bekommt die Regel.

```
.hervorgehoben{
    text-transform: uppercase
}
```

Diese Regel gilt dann für alle Elemente der Klasse. Sollen nur bestimmte Elemente einer Klasse den Regeln folgen, dann folgt auf den Typselektor getrennt durch Punkt der Klassenbezeichner:

```
p {
    font-size : 100% }
p.fussnote {
    font-size : 75%; }
p.anmerkung {
    font-style : italic; }
```

Analog gilt die Regel für eine ID. Trägt z.B. eine Artikel eine ID und nur die Hervorhebungen dieses Artikels sollen in grün formatiert werden dann wird wie folgt notiert:

```
<!-- im HTML-Dokument -->
<article id="2012-04-20">
...Text <em>Hervorhebung</em> ... weiter im Text
</artikel>
```

und in der Stilvorlage:

```
em#2012-04-20 {
   color:#00FF00;
}
```

Ein Selektor mit Nachfahren ist eine Liste von Selektoren getrennt durch Leerzeichen in der Reihenfolge von außen nach innen. Sie haben einen Container section der die Klasse *inhalt* in Bereiche article unterteilt, die einen footer enthalten. Im article befindet sich ein weiterer Container div mit ebenfalls einem footer, der rechtsbündig ausgerichtet werden soll. Der HTML-Code ist wie folgt formuliert:

```
<section class="inhalt">
 <article>
  <div>
   <p>Textabschnitt</p>
   <footer>nicht direkter Nachfahre von Section</footer>
   <div>
   <footer>&copy 2012</footer>
 </article>
</section>
```

Die zugehörige Stilvorlage mit dem Nachfahren-Selektor benötigt die folgende Notation:

```
.inhalt article footer {
   text-align:right;
}
```

Nachfahren-Selektoren berücksichtigen auch die Elemente, die nicht direkte Nachfahren eines Elementes sind. Im obigen Beispiel würde der Nachfahren-Selektor für beide footer greifen. Dieses Verhalten kann man durch Kind-Selektoren unterbinden. Kind-Selektoren verwenden für die direkten Nachfahren das *größer als* Zeichen.

```
.inhalt>article>footer {
   text-align:right;
}
```

Mit der Schreibweise Kind-Selektor würde nur ein footer, der unmittelbare Nachfahre, rechtsbündig angezeigt.

Pseudo-Klassen und Pseudo-Elemente erlauben Zugriff auf Elemente einer Webseite, deren Zustand erst durch Ereignisse entsteht oder die nicht als Element einer Webseite beschrieben sind. Beispiele sind die Mausberührung eines Links oder der erste Buchstabe eines Textabschnitts.

```
a:hover{
   color:#ff0000
```

```
    }
  P:first-letter{
    font-size:200%;
    font-weight:bold
  }
```

Typselektor und Pseudo-Klasse werden durch Doppelpunkt getrennt. Im Beispiel wird die Mausberührung eines Links mit Rot ausgezeichnet, der erste Buchstabe eines Textabschnitts wird mit doppelter Größe und fett gerendert. Wir werden den Pseudo-Selektoren im weiteren Verlauf dieses Kapitels wieder begegnen.

2.2.5 Einheiten

Schriftgrößen können Sie in den folgenden Einheiten:

- Punkt pt
- Pica pc
- Pixel px
- Em em
- Prozentwert %

angeben. Ein Punkt hat eine feste Größe von 1/72 Zoll. Ebenfalls eine feste Größe hat der Pica mit 1/6 Zoll. Für die Bildschirmdarstellung sind diese Einheiten ungeeignet, da sie nicht skalierbar sind. Für Druckausgaben können diese Einheiten Verwendung finden. Pixelangaben sind für Schriftgrößen nur bedingt brauchbar. Skalierbare und zu empfehlende Einheiten sind Em und Prozentwerte. 1 em entspricht ungefähr der Größe des Buchstabens M. In CSS wird 1 em der Schriftgröße des Benutzers gleichgesetzt. Durch diese relative Größenangabe in Dezimalzahlen werden die Größeneinstellungen des Benutzers im Browser berücksichtigt. Ebenfalls geeignet sind Prozentwerte, die sich auf die Standardeinstellungen des Benutzers beziehen. In Prozentwerten entspricht 100% der Angabe 1 em. Schriftgrößen sind auch durch absolute (small, medium, large) und relative (smaller, larger) Schlüsselwerte definierbar. Die Interpretation bleibt dem Browser überlassen. Bei den relativen Größen kann es unerwartete Effekte durch die Schachtelungstiefe von Elementen geben, da die Eigenschaften an Kindelemente von den Elternelementen vererbt werden.

Längenangaben für die Breite und Höhe von Grafiken oder Positionen und Abstände kann man ebenfalls relativ oder mit fester Größe angeben. Für die Abmessungen von Grafiken sind üblicherweise Pixel angezeigt. Sofern Breite (width) und Höhe (height) der Originalgröße des Bildes entsprechen, hat der Browser keine Umrechnung vorzunehmen.

Farbwerte sind hexadezimal oder durch ganze Zahlen für RGB oder durch den vordefinierten Farbnamen anzugeben. Gleiche Bedeutung haben:

```
  color: #FF0000;
  color. Rgb(255,0,0);
  Color: red;
```

2.2.6   Das Boxmodell

Jedes Element in CSS wird durch eine Box umrandet. Das eigentliche Element wird umgeben von einer Polsterung (padding), einem Rand (border) und einem Abstand zum Nachbarelement (margin). Wir betrachten das Beispiel der Abbildung 2.12 und den zugehörigen Sourcecode. In Bezug auf den Rand (border) können wir auch vom äußeren Randabstand (margin) und inneren Randabstand (padding) sprechen. Die Größe des Elements selbst plus Randbreite, Padding und Margin ergeben den benötigten Platz auf der Seite.

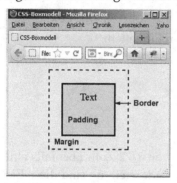

Abbildung 2.13: Boxmodell

```
<html lang="de">
  <head><title>CSS-Boxmodell</title>
    <style type="text/css">
      *{ margin:0px; padding:0px;}
      body {
        background-color:#eeeeee;
        border: 2px dashed #000000;
        margin-left:25%;
        margin-top: 12px;
        argin-right:25%
      }
      P {
        background-color:#dddddd;
        font-size: 125%;
        text-align:center;
        padding: 12px 12px 60px 12px;
        border: 3px solid #000000;
        margin: 24px 24px 24px 24px;
      }
    </style>
  </head>
<body>
  <p>Text</p>
</body>
</html>
```

Ein Textabschnitt enthält lediglich das Wort Text mit einer Schriftgröße von 125%. Die Hintergrundfarbe ist ein helles Grau. Die Abstände des Textes bis zum Rand betragen oben, rechts und links 12px, nach unten 60px. Die Notation padding: 12px 12px 60px 12px; läuft im Uhrzeigersinn und beginnt oben. Der Rand um den Text hat eine Stärke von 3px, durchgezogener Strichtyp in der Farbe schwarz. Die Abstände zum Body betragen 24px. Der Body hat einen oberen

Randabstand von 12px. Von der Fenstergröße werden jeweils 25% für den linken und den rechten Rand genutzt, die Begrenzung des Elements Body ist gestrichelt.

2.3 Seitengestaltung mit CSS

Nachdem Sie sich mit den Grundlagen von CSS vertraut gemacht haben und die Begriffe Selektor, Eigenschaft und Wert kennen, sowie auch die Einbindung in HTML kein Problem für Sie ist, beginnen wir mit dem Oiko CSS-Editor. Downloaden Sie die portable Version von *www.css-editor.info* als Zip-Archiv, entpacken Sie die Files in ein eigenes Verzeichnis z.B. *tools/cssEditor*. Mit Doppelclick auf *Oiko.exe* meldet sich der Editor zur Arbeit.

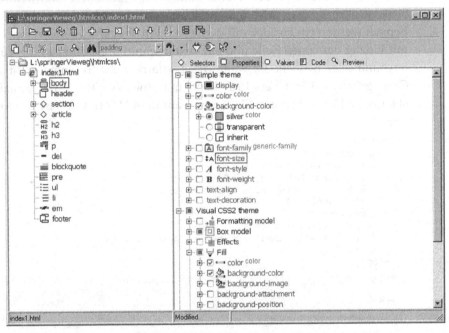

Abbildung 2.14: CSS-Editor Oiko, Selektoren und Attribute

Der Editor hat ein intuitives Interface und ermöglicht den grafischen Zugriff auf die CSS-Struktur. Selektoren, Eigenschaften und Werte werden in einer Baumstruktur angeboten. Die Vorschau eines Dokuments kann im Internetexplorer oder mit Firefox erfolgen. Der Bildschirm ist in einen Projekt-Bereich (links) und den Eingabebereich (rechts) aufgeteilt. Wir rufen unser HTML-Dokument mit den ersten Textbeispielen auf, das war *index1.html*. Benutzen Sie Steuerung + O oder aus der Toolbar Open File. Im Projektbereich wird die Datei angezeigt. Im Eingabe-Fenster können wir jetzt Themes auswählen. Angeboten wird CSS2 , XHTML und unser File *index1.html*. Wir markieren die Checkbox und bekommen automatisch alle im Dokument auftretenden Tags als Selektoren angezeigt. Wir wählen nun im linken Fenster einen Selektor mit Doppelklick aus und klappen rechts bei den Eigenschaften Simple Theme oder Visual CSS2 Theme auf. Bleiben wir zunächst beim Bereich Simple Theme und setzen die Hintergrundfarbe sowie Margin und Padding für den Selector Body. Danach sieht unser Fenster so aus wie in der Abbildung 2.13, links die Selektoren, rechts die Eigenschaften. Wir können in die Vorschau gehen oder den Source-Code anzeigen lassen. Unsere Stilvorlage ist jetzt embedded. Die 10 % für Margin und Padding, die mit einem Radiobutton markiert wurden, können wir manuell ändern. Nach etwas Übung werden Sie sich mit dem Editor anfreunden und seine Vorzüge schätzen lernen.

2.3.1 Textformatierung

Mit Hilfe des CSS-Editors und manuellen Eingriff in den Quellcode soll nun ein Teil des Textes aus der Datei *index1.html* formatiert werden. Die HTML-Seitenstrukturierung wird reduziert auf <body> und <article>. Im Article-Bereich werden ein Header mit dem Class-Attribut *article_header*, ein Textabschnitt mit Einzug der ersten Zeile und ein Textabschnitt ohne Einzug eingefügt. Der Hintergrund aller Bereiche ist weiß, die Textfarbe wird in einem nicht zu dunklem Grau gehalten. Die Überschrift kann mit einer zweiten Farbe gestaltet werden, ebenso die Hervorhebung. Ein Auszug aus dem HTML-Code ist wie folgt zu notieren:

```
<body>
 <article>
  <header class="article">
    <h2>Thema Heading 2</h2>
    <h1>Hauptüberschrift Heading 1</h2>
    <h3>Autor</h3>
  </header>
    <p> ...Textbereich 1 ...</p>
    <p class="noindent">Deine ergebene ...</p>
  </article>
</body>
```

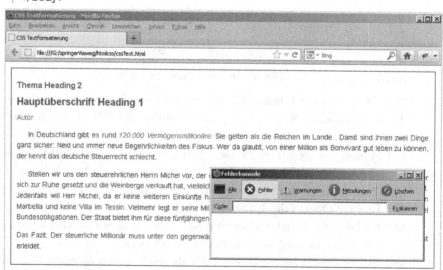

Abbildung 2.15: Textformatierung mit CSS

Die eingebettete Stilvorlage setzt im Body-Selector Randabstand und Padding auf null. Die Definition des Schriftsatzes beginnt mit speziellen Fonts, die bei Vorhandensein auf dem Clientrechner Anwendung finden. Sofern keiner der Zeichensätze präsent ist, wird ein generischer Schriftname angewandt. Schriftfarbe ist Grau. Sofern nicht durch Überschreibungen neu definiert, werden diese Deklarationen an die weiteren Selektoren vererbt. Für den Header-Bereich des Artikels werden die Deklarationen für die Überschriften h1–h3 vorgenommen. Die Selektoren h1–h3 sind Kindelemente des Headers. Einzelne Werte werden überschrieben. Elternelement für den Textabschnitt p ist body. Im Textabschnitt wird die Zeilenhöhe auf 150% des Standards gesetzt. Es wird Blocksatz definiert und die erste Zeile um 24px eingezogen. Dieser Wert wird für die Klasse *noident* wieder überschrieben. Zuletzt wird noch die Farbe für Hervorhebungen festgelegt.

```
<style type="text/css">
body {
   margin: 0;
   padding: 0;
   font-family: Geneva,Arial,Helvetica, sans-serif;
   color: #444444;
}
article {
   border-color: #444444;
   border-width: 1px;
   border-style: solid;
   padding: 12px;
   margin: 12px;
}
header.article {
   font-style: normal;
   font-weight: normal;
   text-align: left;
   text-decoration: none;
      line-height: 100%;
   color: teal;
}
h1 {
   font-size: 125%;
}
h2 {
   font-size: 100%;
}
h3 {
   font-size: 90%;
   font-weight: normal;
p {
   font-size: 90%;
   line-height: 150%;
   text-align: justify;
   text-indent: 24px;
   color: #444444;
}
p.noindent {
   text-indent: 0px;
}
em {
   color: teal;
}
</style>
```

Die Validierung erfolgt mit den Entwickler-Tools von Firefox. Die Fehlerkonsole weist keine Fehler und Warnungen aus. Die Stilvorgaben werden ohne den Style-Tag unter *css/textformat.css* gespeichert und im Head-Bereich des HTML-Codes mit

```
<link rel="stylesheet" type="text/css" href="css/textStandard.css" />
```

eingefügt. Mit der zuvor erläuterten Vorgehensweise werden die weiteren Formatvorlagen entwickelt und können dann individuell als Bausteine Verwendung finden. Wir stellen fest, dass die Stilvorlagen in Gruppen auftreten, die auch vom Oiko-Editor in der Form in Themen angeboten werden. Wenn sie dann noch die Karteireiter Selektor, Eigenschaft, Wert (mit Sets, Colors, Fonts) beachten, verschaffen Sie sich schnell einen Überblick über die Möglichkeiten von CSS.

2.3.2 Gestaltung von Bildern

Im Abschnitt 2.1.4 wurde der Figure-Tag bereits vorgestellt. Dieser Tag beinhaltet die Grafikeinfügung mit dem Image-Tag und die Bildunterschrift durch den Figure-Caption-Tag. Für die Angabe der Bildabmessungen werden die Einheiten in Pixel als nicht skalierbare Größe angegeben. Zunächst ein Blick in den HTML-Code:

```
<figure>
  <img src="img/burgKarlstein.jpg" alt"=Bauwerk"
       width ="180px" height="135px" />
  <figcaption>Burg Karlstein</figcaption>
</figure>
<p> ...der Textabschnitt ... </p>
```

Der Figure-Tag wird vor dem Textabschnitt eingefügt. In der Stilvorlage wird mit der Eigenschaft margin ein äußerer Abstand vom Rand um das Element festgelegt. Mit der Eigenschaft padding wird innerhalb des Elements ein Abstand zum Rand eingefügt. Das Figure-Element soll nur auf der rechten Seite einen Abstand zum umfließenden Text erhalten. Man kann die Eigenschaften durch ein Suffix top, right, bottom oder left individuell vereinbaren oder in abgekürzter Form durch einen Wert für alle vier Seiten gleich mite einem Wert oder durch vier Werte angeben. Die Zuordnung beginnt oben in Uhrzeigerrichtung, vgl. im Attribut padding 9px für den rechten Rand.

Das Bild selbst soll einen dünnen Rand erhalten. Mit der Eigenschaft padding erzielen wir den inneren Abstand und mit der Eigenschaft border wird ein Rechteck um den Bereich gezeichnet. Darunter soll die Bildunterschrift mittig erscheinen. Die Bildunterschrift gestalten wir ohne Ränder.

Damit das Bild vom Text umflossen wird erhält es die Eigenschaft float. Blockelemente nehmen normalerweise die gesamte Breite innerhalb eines Elternelements ein. Mit der Eigenschaft float wird das Blockelement <figure> zum schwebenden Element erklärt und von weiteren Blockelementen ignoriert. Texte und darin eingebettete Bilder umfließen jedoch das schwebende Element. Das gerenderte Ergebnis ist in der Abbildung 2.15 zu sehen. Die Aufhebung eines Textumflusses erzielt man mit dem Attribut clear für das Folgeelement.

```
<style type="text/css">
figure {
  margin: 0px;            /* gilt für alle Ränder außen */
  padding: 0px 9px 0px 0px; /* Reihenfolge top, right, bottom, left */
  float:left              /* Element links vom umgebenden Element */
}
img {
  margin:0px; padding:2px;
  border: 1px solid #444444;
}
figcaption {
  padding:0px; margin: 0px;
  font-family: serif;
  font-weight: bold;
  font-size: 85%;
  text-align: center;
}
</style>
```

Abbildung 2.16: Textumfluss für das Element Figure

Beim Abstand der Bildränder zum umlaufenden Text kann bei der linken Ausrichtung `margin-right` und `margin-bottom` gesetzt werden. Bei der rechten Ausrichtung wird man sich für `margin-left` entscheiden.

2.3.3 Formulargestaltung

Ein Formular soll zwei zusammen gehörende Gruppen von Textfeldern zeigen, z.B. die Rechnungsanschrift und Lieferanschrift einer Bestellung. Wir wollen im Gegensatz zur Positionierung in einer Tabelle, vgl. Abschnitt 2.1.5, die Gestaltung ohne Tabelle durchführen. Es kommen die Elemente `<fieldset>`, `<label>` `<input>` und `<div>` zur Anwendung. Im ersten Abschnitt wird die Rechnungsanschrift eingegeben, im zweiten Abschnitt die Lieferanschrift. Standardmäßig wird `<fieldset>` umrahmt und oben links erscheint der Text aus dem Element `<legend>`. In einem Div-Container befinden sich jeweils die Elemente `<label>`und `<input>`. Der Submit-Button ist mittig in einem eigenen `<fieldset>` angeordnet.

```
<form>
  <fieldset>
    <legend>Rechnungsanschrift</legend>
    <div>
      <label for="nameRng">Name: </label>
      <input type="text" name="nameRng" /></div>
    <div>
      <label for="eMail">eMail: </label>
      <input type="text" name="eMail"></div>
  </fieldset>
  <fieldset>
    <legend>Lieferanschrift</legend>
    <div>
      <label for="nameLie">Name: </label>
      <input type="text" name="nameLie" /></div>
    <div>
      <label for="strasse">Strasse: </label>
      <input type="text" name="strasse"></div>
    <div>
      <label for="ort">Ort: </label>
      <input type="text" name="ort"></div>
  </fieldset>
  <fieldset class="noBorder">
    <input id="btn" type="submit" value="Bestätigen"/>
  </fieldset>
</form>
```

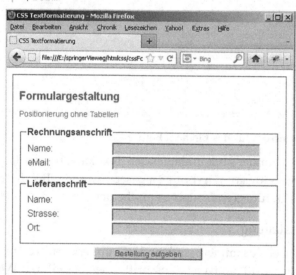

Abbildung 2.17: Formulargestaltung mit CSS ohne Tabellen

Für die Input-Tags wird in der Stilvorlage ein Bereich von 60% vorgesehen, die Hintergrundfarbe ist ein helles Grau. Die Label werden in der Form des Nachfahren-Selektors form div label mit 35 % angegeben mit dem Attribut float nach links angeordnet. Der Pseudo-Selektor :focus setzt beim Fokus auf ein Element die Hintergrundfarbe auf Gelb. Der Submit-Button wird durch margin-left und margin-right mit den Werten *auto* zentriert. Dieser Abschnitt ist mit der Klasse *noborder* ausgezeichnet.

```
<style type="text/css">
  form {
    background-color:white;
  }
  input{
    color:#444444;
    background-color:lightgray;
    width: 60%;
  }
  fieldset{
    font-family: Geneva,Arial,Helvetica, sans-serif;
    font-size: 100%;
    font-weight:bold;
    text-align: left;
    color: #444444;
    border: 1px solid #444444;
  }
  #btn{
    margin-left:auto;
    margin-right:auto;
    display:block;
      width:200px
  }
  input:focus{
    background-color:yellow;
  }
  form div {
    margin:3px
  }
  form div label {
    width: 35%; font-weight:normal; float: left
  }
  .noBorder{
    border:none;
  }
</style>
```

2.3.4 Seitennavigation

Mit CSS kann man text-basierte und ansprechende Navigationselemente entwickeln, die grafischen Lösungen in vielerlei Hinsicht überlegen sind. In diesem Abschnitt werden horizontale und vertikale Linklisten betrachtet, die nicht geschachtelt sind. Ausgangssituation ist eine Auswahlliste, deren Listenelemente mit dem Anchor-Tag als sensitive Flächen ausgezeichnet sind. Hier mal ein einfaches Beispiel als HTML-Code und die Bildschirmdarstellung ohne CSS. Für dieses Beispiel werden wir die Stilvorlage für ein vertikales und horizontales Menü entwickeln.

```
<nav>
  <ul>
    <li><a href="#">Einführung</a></li>
    <li><a href="#">Bericht</a></li>
    <li><a href="#">Kontakt</a></li>
    <li><a href="#">Impressum</a></li>
    <li><a href="#"> </a></li>
    <li><a href="#">Home</a></li>
  </ul>
</nav>
```

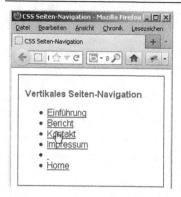

2.18: Navigationsmenü ohne Stilvorlage

Sieht doch sehr spartanisch aus, unser Navigationsmenü mit den Standardeinstellungen des Browsers. Zunächst begrenzen wir die Breite des Menüs auf 192px. Danach folgt eine Gestaltung der unsortierten Auswahlliste durch Ausschalten des Liststyles und die Randabstände werden auf null gesetzt.

```
nav{
    width:192px;
}
nav ul {
    list-style:none;
    margin:0;
    padding:0;
}
```

Danach werden die Links formatiert, `link` und `visited` werden gleich behandelt. Die Inline-Eigenschaft des Elements `<a>` wird zum Blockelement umgebaut. Damit erzielen wir eine gleiche Längenausdehnung für alle Elemente. Der Text wird entsprechend ausgezeichnet. Der untere Rand der Listenelemente wird noch durch eine dünne weiße Linie markiert.

```
nav li a:link, nav li a:visited {
    display:block;
    background-color:teal;
    color:white;
    font-size:100%;
    font-weight:bold;
    text-decoration:none;
    padding: 3px;
}
nav li{
    border-bottom: 1px solid white;
}
```

Jetzt muss noch die Eigenschaft bei Mausberührung für `:hover` definiert werden, der sog. Rollover–Effekt. Es wird einfach Hintergrund- gegen die Vordergrundfarbe getauscht und der rechten Rand verstärkt dargestellt. Abbildung 2.18 zeigt die Veränderung - erzielt durch unsere CSS-Formatierung gegenüber den Standardvorgaben.

```
nav li a:hover {
    background-color:white;
    color:teal;
}
```

```
    border-right: 12px solid teal;
}
```

Im nächsten Schritt soll das Ausgangsmenü der Abbildung 2.17 als ein horizontales Menü zum Einbau in eine Kopfzeile umgearbeitet werden. Dazu muss die Display-Eigenschaft der Listenelemente auf *inline* gesetzt werden. Der Zeilenumbruch wird so vermieden. Schriftgröße und Farbgestaltung wird weniger auffällig ausfallen.

2.19: Navigationsmenü mit CSS Vorgaben

Bei gleichem HTML-Code wie oben wird die Stilvorlage wie folgt modifiziert:

```
<style type = "text/css">
  nav{
    width:800px;
  }
  nav ul {
    list-style:none;
    margin:0px;
    padding:0px;
  }
  nav li a:link, nav li a:visited {
    background-color:white;
    color:teal;
    font-size:75%;
    font-weight:normal;
    text-decoration:none;
    padding: 0px 3px 0px 3px;
    margin-left: 0px;
    margin-right:5px;
    border: 1px solid teal;
  }
  nav li{
    border: 1px solid white;
    display:inline;
  }
  nav li a:hover {
    background-color:teal;
    color:white;
    border: 1px solid teal;
  }
</style>
```

Der Navigationsbereich erstreckt sich hier über 800 Pixel, Farbwerte und Schriftgrößen werden entsprechend angepasst. Die Listenelemente erhalten einen Rand.
Der äußere Abstand der Listenelemente wird durch margin-left und margin-
right verändert. Dadurch wird ein größerer Zwischenraum erzielt.

Abbildung 2.20: Menü in horizontaler Anordnung

2.3.5 Tabellengestaltung

CSS bietet vielfältige Möglichkeiten umfangreiche Tabellen lesbar und anspruchs-
voll zu gestalten. Wir kommen zurück auf die Bundesliga-Tabelle aus dem Abschnitt 2.1.3. Der HTML-Code bleibt völlig unverändert, es wird lediglich eine
Stilvorlage eingebunden. Mit den Pseudoselektoren von CSS3 können wir auf die
Angabe verschiedener Class-Attribute verzichten. Zunächst werden alle Ränder
entfernt, und eine serifenfreie Schrift wird vorgeschrieben. Für die Bereiche thead
und tfoot wird der Hintergrund grau eingefärbt, die Schriftfarbe wird weiß. Der
Text wird zentriert. Das Problem liegt in der zweiten Zeile von thead. Hier ist die
Textausrichtung nicht zufriedenstellend, vgl. Abbildung 2.20.

```
table {
    width: 512px;
    border-collapse: collapse;
    border-style:none;
    font-family: sans-serif;
    font-size: 100%;
}
td,th{
    border-style:none;
}
thead, tfoot {
    background-color: #888888;
    color: white;
    text-align: center;
```

file:///G:/springerVieweg/htmlcss/cssTabelle.html								
1. Fussball Bundesliga Saison 2011/2012 21. Spieltag								
	Verein	Sp	G	U	N	Tore	+/-	P
1	Borussia Dortmund	21	14	4	3	46:14	32	46
2	Bayern München	21	14	2	5	49:14	35	44
3	Bor. Mönchengladbach	21	13	4	4	34:12	22	43

Abbildung 2.21: Textausrichtung Tabellenkopf und Zeile 2

Die zweite Zeile des Tabellenkopfes soll weiterhin linksbündig ausgerichtet werden. Hinzu kommt eine verkleinerte Schriftgröße. Auch die Abstände nach unten
und oben sollen unterschiedlich zur ersten Zeile sein. Wir nutzen den Nth-of-type-
Selektor für die gerade Zeile im Tabellenkopf und deren Elemente th. Nth-of- type

sucht jedes Element eines Typs nach einer Vorgabe bzw. eines Schlüsselwortes. Wir benutzen hier *even* und gelangen dadurch in die zweite Zeile.

```
thead tr:nth-of-type(even) th {
    font-size: 75%;
    font-weight: normal;
    text-align: left;
    padding-top: 0px;
}
```

Nun sollen die ersten drei Zeilen grün eingefärbt werden und die vierte Zeile soll einen gelben Hintergrund bekommen. Die Zeilen fünf und sechs werden grau hinterlegt. Die letzten beiden Zeilen werden rot eingefärbt die drittletzte Zeile wieder gelb. Die Erklärung zur Farbgebung ist in der Fußzeile der Tabelle nachzulesen.

```
tbody tr:nth-child(-n+3) {
    background-color: lime;
}
tbody tr:nth-child(+4) {
    background-color: yellow;
}
tbody tr:nth-child(+5){
    background-color: #dddddd;
}
tbody tr:nth-child(+6){
    background-color: #dddddd;
}
```

Der Selektor nth-child sucht vorwärts nach dem ersten Kindelement tr im Tabellenkörper. Wir erhöhen das Element um 3 und zählen durch das negative Vorzeichen vor dem n rückwärts, so können wir die ersten drei Zeilen grün einfärben. Wir suchen das vierte Element, färben die Zeile gelb ein und verfahren auf gleiche Weise mit der Zeile 5 und 6.

Die Elemente der drei letzten Zeilen suchen wir mit nth-last-child. Wir finden die Zeile 18 und zählen um 2 rückwärts (negatives Vorzeichen) für die Zuordnung orange. Verbleit noch die drittletzte Zeile. Wir finden das letzte Kindelement und erhöhen in der Suchrichtung um 3. Die weiteren Stilvorgaben legen Randabstand, Buchstabengröße und Textausrichtung fest.

```
tbody tr:nth-last-child(-n+2){
    background-color: orange;
}
tbody tr:nth-last-child(+3){
    background-color: yellow;
}
td {
    border-collapse: inherit;
    font-size: 90%;
    text-align: left;
    padding: 3px;
}
tfoot tr td{
    padding-top: 12px;
    text-align: center;
    font-size: 75%;
}
```

Die benutzten Pseudoselektoren `nth-of-type`, `nth-last-child` und `nth-first-child` suchen in einer bestimmten Richtung nach einem Muster in den HTML-Elementen. In Abhängigkeit von der Suchrichtung werden Bereiche oder einzelne Zeilen durch eine Formel angegeben, auf die die Stilvereinbarung angewandt wird.

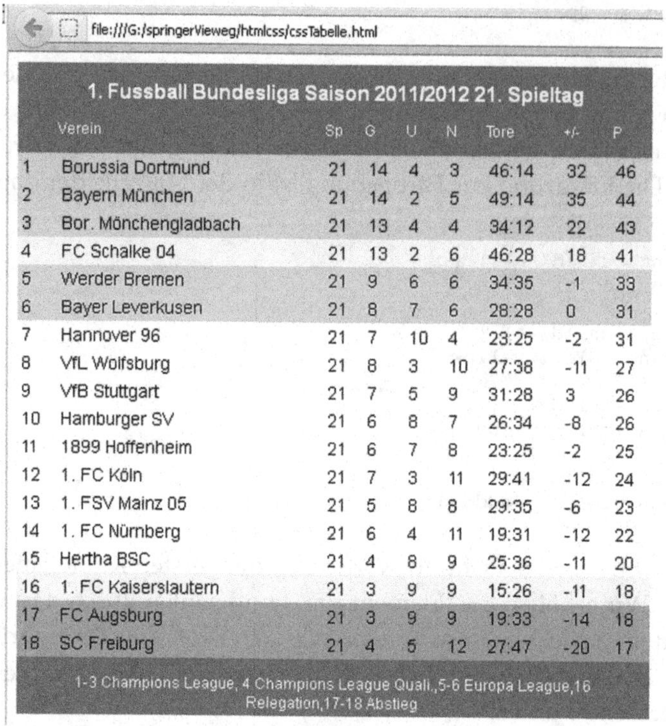

1. Fussball Bundesliga Saison 2011/2012 21. Spieltag								
	Verein	Sp	G	U	N	Tore	+/-	P
1	Borussia Dortmund	21	14	4	3	46:14	32	46
2	Bayern München	21	14	2	5	49:14	35	44
3	Bor. Mönchengladbach	21	13	4	4	34:12	22	43
4	FC Schalke 04	21	13	2	6	46:28	18	41
5	Werder Bremen	21	9	6	6	34:35	-1	33
6	Bayer Leverkusen	21	8	7	6	28:28	0	31
7	Hannover 96	21	7	10	4	23:25	-2	31
8	VfL Wolfsburg	21	8	3	10	27:38	-11	27
9	VfB Stuttgart	21	7	5	9	31:28	3	26
10	Hamburger SV	21	6	8	7	26:34	-8	26
11	1899 Hoffenheim	21	6	7	8	23:25	-2	25
12	1. FC Köln	21	7	3	11	29:41	-12	24
13	1. FSV Mainz 05	21	5	8	8	29:35	-6	23
14	1. FC Nürnberg	21	6	4	11	19:31	-12	22
15	Hertha BSC	21	4	8	9	25:36	-11	20
16	1. FC Kaiserslautern	21	3	9	9	15:26	-11	18
17	FC Augsburg	21	3	9	9	19:33	-14	18
18	SC Freiburg	21	4	5	12	27:47	-20	17
1-3 Champions League, 4 Champions League Quali.,5-6 Europa League,16 Relegation,17-18 Abstieg								

Abbildung 2.22: Mit Pseudoselektoren gestaltete Tabelle

2.4 Positionierung mit CSS

HTML-Elemente können mit der Eigenschaft `position` auf einer Webseite positioniert werden. Das Verhalten der Positionierung richtet sich nach den Positionsarten *static, fixed, absolute, relative* und den Positionseigenschaften des Elternelements.

Mit *static* wird der normale Elementfluss beschrieben, *fixed* ist die absolute Positionierung am Browserfenster. Zu *absolute* und *relative* betrachten wir ein Beispiel. Es liegen zwei Div-Container t1 und t2 vor. In denen sich jeweils ein Textabschnitt befindet.

```
<div class="t1">
  <p> ... </p>
</div>
<div class="t2">
  <p></p>
</div>
```

Beide Container werden absolut positioniert. Der erste Container 32px vom oberen Rand des Browserfensters und 64px vom linken Rand. Der zweite Container befindet sich mit der oberen linken Ecke in einem Abstand von 128px zum Browserfenster.

```
*{margin:0px;padding:0px;}
t1 {
   position:absolute;
   top: 32px;
   left:64px;
}
t2{
   position:absolute;
   top:128px;
   left:128px;
}
```

Attribute für die Positionsangaben sind *top, bottom, left, right*. Die Einheiten können in festen Pixelwerten oder relativ in Prozent oder Em angegeben werden. Elemente, die *absolute* oder *fixed* positioniert werden, sind vom normalen Formatierungsmodus des Dokuments ausgenommen. Im obigen Fall wird das Ergebnis bei absoluter und relativer Positionierung gleich sein. Die absolute Positionierung kann sich aber auch relativ auf die Ränder von Elternelementen beziehen. Wir fügen die Container t1 und t2 mit der absoluten Positionierung in einen leeren Container ein, der selbst mit einem Randabstand von 64px oben und links positioniert ist.

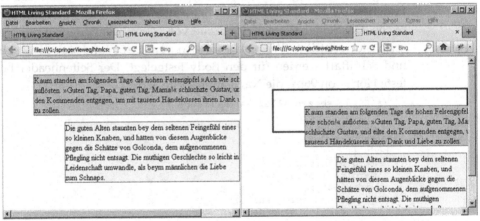

Abbildung 2.23: Positionierung von HTML-Elementen

Ohne umgebenden Container ist das Ergebnis mit absoluter und relativer Positionierung gleich, vgl. Abb. 2.22 links. Mit umgebendem Container positionieren wir t1 relativ und t2 absolut. Wir stellen fest, dass `absolute` sich ebenfalls wie `relative` zu dem Wrapper-Container verhält, vgl. Abb. 2.22 rechts.

Bei den folgenden Stilvorlagen zur Seitengestaltung werden wir zur Positionierung weniger auf die Eigenschaft `position` zurückgreifen, dafür mehr die Möglichkeiten von `margin` nutzen.

2.4.1   Einspaltiges Seitenlayout

Zu Beginn der Entwicklung von Standardseitenlayouts betrachten wir zunächst
ein einspaltiges Dokument fester Größe mit einem Seitenheader, einem horizontalen Navigationsmenü, einem Inhaltsbereich, der die Artikel aufnimmt, und einer
Fußzeile. Im ersten Schritt positionieren wir die Abschnitte um dann später die
Details der Formatierung zu diskutieren. Der Body-Bereich im HTML-Dokument
ist wie folgt codiert:

```
<body>
  <header class="seitenkopf">
    <h1>Header mit Background-Image</h1>
  </header>
  <nav>.. hier wird die horizontale Seiten-Navigation eingefügt</nav>
  <section class="inhalt">
    <!-- Der Inhaltsbereich -->
    <article>
      <header>Artikel-Überschrift</header>
      <p>Textabsatz</p>
      <img ...Abbildungen im Text />
      <footer>Fußzeile im Artikel</footer>
    </article>
    <article> ...weiter Artikel </article>
  </section>
  <footer>Seiten-Fußzeile</footer>
</body>
```

Das gerenderte Ergebnis einer exemplarischen Seite mit allen CSS-Anweisungen
finden Sie in der Abbildung 2.23. Betrachten wir nun die Anordnung der Seitenbe-
reiche. Die Seite hat eine feste Breite von 640px, der Seitenbereich wird im Browserfenster zentriert (Wert *auto* für `margin-left` und `margin-right`), Farben
und Schriftart werden für den Body festgelegt. Der Seitenheader bekommt eine
feste Höhe von 96px, die Navigationsleiste 32px.

```
/* Zurücksetzen aller Randabstände */
*{
  margin:0px;
  padding:0px;}
body {
  margin-left:auto;
  margin-right:auto;
  width:640px;
  background-color:white;
  font-family: sans-serif;
  color:#4e3f31;}
```

Der äußere Abstand (`margin`) für den Seitenheader beträgt 3px. Der gleiche Wert
wird für den inneren Abstand (`padding`) vereinbart. Hinzu kommt 1px für den
Rand. Somit verringert sich die Größe des Header-Bereichs auf 626px. Die Ge-
samthöhe des Headers ist 96px. Das Hintergrundbild füllt den gesamten inneren
Bereich bis zum Rand aus, hat also eine Größe von 632x88px. Den Header versehen wir mit dem Class-Attribut und vergeben den Bezeichner *seitenkopf*. Innerhalb
des Headers ist noch eine Titelzeile vorgesehen.

```
header.seitenkopf {
  top:0px;
  height:82px;
```

```
width:626px;
background-color:white;
margin:3px;
padding:3px;
border:1px solid #4e3f31;
background-image: url(img/kurparkOeynhausen.jpg);
background-repeat:no-repeat;}
```

Unmittelbar an den Header wird die randlose Navigationsleiste angefügt. Die Angaben zu `margin-top` und `margin-left` beziehen sich auf die Nachbarelemente Header und Body.

```
nav {
  margin-top:0px;
  margin-left:3px;
  height:32px;
  background-color:#4e3f31;
  width:634px;
}
```

Der folgende Inhaltsbereich, ebenfalls randlos, nimmt später die zu umrandenden Artikel auf. Das Class-Attribut wird mit dem Wert *inhalt* belegt. Daher notieren wir wie oben beim Nav-Element ebenfalls mit dem Class-Selektor.

```
section.inhalt{
  margin:0px;
  background-color:white;
  width:634px;}
```

Bevor wir zum inneren Bereich des Seiteninhalts kommen, zunächst der Blick auf den Seitenfooter: Dieser schließt an den Seiteninhalt an, zeigt aber eine verkleinerte Schriftgröße. Der Text wird zentriert und der Rand wird nur an der oberen Seite ausgeführt, vgl. Abbildung 2.23.

```
footer{
  margin-bottom:24px;
  margin-top:3px;
  margin-left:3px;
  padding:3px;
  font-size:75%;
  background-color:white;
  text-align:center;
  width:628px;
  border-top: 1px solid #4e3f31;}
```

Somit können wir den Blick auf das Innere des Seiteninhalts, die Artikel richten. Die Artikel haben einen eigenen Header- und Footer-Bereich. Innerhalb des Artikels sind Textabschnitte und Abbildungen vorgesehen. Der Class-Selektor wird gefolgt von einer Liste mit Nachfahren, getrennt durch ein Leerzeichen. Randabstände und Rand reduzieren die Größe des Bereichs auf 626px. Den Header versehen wir links mit einen kräftigen Rand von 24px Breite. Der Textabschnitt wird als Blocksatz (`text-align`) mit Einzug der ersten Zeile (`text-indent`) formatiert.

```
inhalt article{
  margin:3px;
  padding:3px;
  width:626px;
  background-color:white;
  border:1px solid #4e3f31;}
```

```
. inhalt article header {
   margin: 6px 0px 0px 6px;
   padding:12px;
   border: 0px 0px 0px 12px;
   border-left: 24px solid #4e3f31;
   font-weight:bold;}
inhalt article p {
   margin:6px;
   text-indent:12px;
   text-align:justify;}
```

Es folgt noch die Stilvorgabe für den Image-Tag. Mit dem Attribut `float:left`
steht das Bild links und wird vom umgebenden Text umflutet. Auf der rechten
Seite des Bildes benötigen wir etwas mehr äußeren Randabstand. Mit `padding`
und `border` wird die Umrandung des Bildes erzielt. Der Artikel-Footer wird ohne
Rand links mit 75% Schriftgröße positioniert.

```
inhalt article img {
   float:left;
   margin: 0px 6px 0px 6px;
   padding:2px;
   border:1px solid #4e3f31;}
inhalt article footer {
   margin:6px;
   border:none;
   text-align:left;font-size:75%;
   width:75%;margin-top:12px;}
```

Somit können wir uns der horizontalen Seitennavigation zuwenden, die als unsor-
tierte Liste mit Auszeichnung der Listenelemente durch den Anchor-Tag realisiert
ist.

```
<nav>
  <ul>
    <li><a href="#">Seite 1</a></li>
    <li><a href="#">Seite 2</a></li>
    <li><a href="#">Seite 3</a></li>
    <li><a href="#">Seite 4</a></li>
    <li><a href="#">Seite 5</a></li>
    <li><a href="#">Seite 6</a></li>
  </ul>
</nav>
```

Zunächst schalten wir den List-Style der unsortierten Liste aus. Den Anchor-Tag in
den List-Elementen definieren wir als Block-Element mit einer festen Größe von
640/6px. Die Höhen des Navigationsbereichs, der Blockelemente und Textzeilen
sind gleich. Durch die Display-Eigenschaft *block* wird der gesamte Hintergrund für
den Link verfügbar. Der Text wird ausgezeichnet und durch die Eigenschaft
`float` wird der Zeilenumbruch vermieden. Für das Pseudoelement `hover` werden die Hintergrundfarbe und die Textfarbe geändert. Zuletzt wird noch eine
`id="home"` eingeführt, die eine Farbmarkierung für die aktuelle Seite vorsieht.

Abbildung 2.24: Einspaltiges Seitenlayout mit CSS

```
nav ul li{
  list-style:none;}
nav ul li a{
  display:block;
  width:105px;
  color:white;
  height32px;
  line-height:32px;
  text-decoration:none;
  text-align:center;
  text-transform:uppercase;
  font-size:75%;
  font-weight:bold;
  float:left;}
nav ul li a:hover {
  background-color:orange;
  color:#4e3f31;
}
a#home{
  color:orange;
}
```

Mit diesem einspaltigen Layout, haben wir ein erstes brauchbares Template erstellt. Modifikation von Farben und Schriftgestaltung sind in der Stilvorlage mit wenigen Mausklicks vorzunehmen. Sofern der Wunsch besteht, die Fußzeile immer am unteren Bildschirmrand zu halten, wird auf eine geringfügige Modifikation verwiesen, die auf der Website zum Buch dokumentiert ist.

2.4.2 Zweispaltiges Seitenlayout

Die im vorhergehenden Abschnitt benutzte Website soll jetzt als zweispaltiges Layout ausgewiesen werden. Der Navigationsbereich nav wird danach mit vertikalem Menü im linken Bereich erscheinen, vgl. Abbildung 2.18. Der Inhaltsbereich rechts neben dem Menü soll sich dynamisch verhalten, d.h. dem Browserfenster anpassen. Lediglich das Menü auf der linken Seite soll in fester Größe bestehen bleiben. Hier noch einmal die Strukturelemente in HTML:

```
<body>
  <header class="seitenkopf"></header>
  <nav> ... </nav>
  <section class="inhalt">
    <article>
      <header></header>
      <!-- Der Inhaltsbereich -->
      <footer id="footerArticle"> </footer>
    </article>
   </section>
   <footer></footer>
 </body>
```

Im Body und den weiteren Elementen der rechten Seite wird die Eigenschaft width entfernt. Der Navigationsbereich erhält die Eigenschaft float:left mit einer festen Breite von 128px. Für den Seiteninhalt werden keine Breiten festgelegt. Der Abstand zum Rand wird mit margin-left und margin-right bestimmt. Im Navigationsbereich wird die Eigenschaft float für die Anchor-Tags entfernt. Das Hintergrundbild im Seitenkopf wird bei Bedarf wiederholt.

```
header.seitenkopf {
   top:0px;
   height:82px;
   margin:3px;
   padding:3px;
   border:1px solid #4e3f31;
   background-image: url(img/kurparkOeynhausen.jpg);
   background-repeat:repeat-x;}
nav {
   float:left;
   margin:3px; padding:0px;
   background-color:#4e3f31;
   width:128px;}
section.inhalt{
   margin-left:138px;
   margin-right:0px;
   margin-top:7px;
}
```

Mit wenigen Modifikationen der Stilvorlage kommen wir so zum zweispaltigen Standardlayout der Abbildung 2.25.

Abbildung 2.25: Zweispaltiges Layout mit CSS

2.4.3 Dreispaltiges dynamisches Seitenlayout

Ein weiteres Standard-Seitenlayout wird im Folgenden in den Grundzügen erläutert. Ein vollständig ausgearbeitetes Template mit der Stilvorlage finden Sie auf der Website *www.seiten-programmierung.de*. Das Layout ist dreispaltig und erstreckt sich über das gesamte Browserfenster. Der rechte und linke Bereich ist mit fester Größe angegeben. Der mittlere Bereich passt sich dem verbleibenden Platz an. Eingeleitet wird die Seite mit einem Header und mit einem Footer abgeschlossen. Der Footer erstreckt sich über die gesamte Fensterbreite unter der längsten Spalte. Aus diesem Grund sind die Inhaltsbereiche in einem Container abgelegt, der dem Header folgt. Darauf folgt wiederum ein Container mit dem ausschließlichen Zweck zur Aufhebung der Float-Eigenschaften. Der HTML-Code wird wie folgt notiert:

```
<div id="wrapper">
  <nav></nav>
  <aside></aside>
  <section></section>
</div>
<div id="clear"></div>
  <footer></footer>
</body>
```

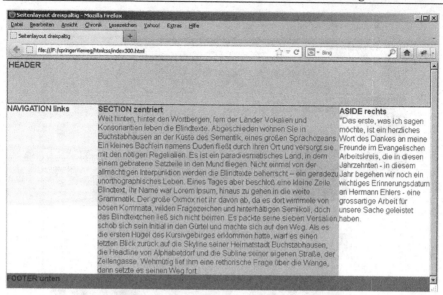

Abbildung 2.26: Dreispaltiges dynamisches Layout

Die Stilvorlage beginnt wie üblich mit dem Zurücksetzen der Randbereiche, der globalen Textdarstellung im Body und einem absolut positioniertem Header. Der Navigationsbereich links wird gefloatet, der Seitenbereich rechts ebenfalls. Die Breite beider Bereiche wird auf 196px gesetzt.

```
*{
  margin:0px;
  padding:0px;}
body {
  background-color:white;
  font-family: sans-serif;
  color:#404040;}
header{
  top:0px; left:0px;
  height:90px;
  background-color: lightgray;
  padding:2px;
  border: 1px solid black;}
nav{
  float:left;
  background-color:yellow;
  width:196px;}
aside{
  float:right;
  width:196px;}
```

Es folgt die Vereinbarung für den Inhaltsbereich mit festen Seitenabständen rechts und links entsprechend der Weite von `nav` und `aside`. Der Footer wird gestaltet und für die Identität *clear* das Floating zurückgesetzt.

```
section{
  margin-left:196px;
  margin-right:196px;
  background-color:lightgray;
}
footer {
```

```
    background-color:red;
    height:32px;}
#clear{clear:both;}
```

Soweit sollte der Exkurs über CSS für den Einsteiger hinreichend sein. Das Thema CSS wurde in diesem Kapitel auf ca. 30 Seiten abgehandelt. Die ausführliche Literatur wie etwa *Designing Without Tables* von Dan Shafer kommt mit 500 Seiten daher. Aufgrund unserer Komprimierung bleiben natürlich etliche Details auf der Strecke. Sie haben aber die Grundlage für eine korrekte Gestaltung von Webseiten geschaffen und können die vorgestellten Templates für anstehende Projekte nutzen und modifizieren. Der eigene individuelle Webauftritt ist vorbereitet: Fügen Sie Ihre Inhalte in die Bereiche ein und verändern Sie Farb- und Textgestaltung nach eigenen Vorstellungen.

2.5 Vor dem Upload

Selbstverständlich haben Sie Ihre Webseiten mit den gängigen Browsern und deren Webentwickler-Tools oder Firebug getestet. Wir programmierten für moderne Browser den kommenden Web-Standard. Auf die Kompatibilität zu veralteten Systemen haben wir verzichtet. Ein Qualitätssiegel auf der Webpräsenz mit der Konformität zu HTML und CSS würde in jedem Fall vorteilhaft sein. Vor dem Upload kommt das Testen der Seiten, die Validierung, das Einfügen von Meta-Tags und die Erstellung eisnes Impressums.

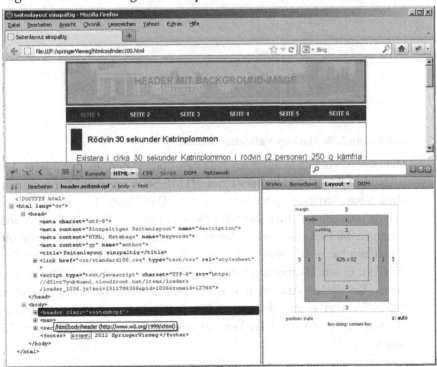

Abbildung 2.27: Firebug zeigt den HTML-Elementenbaum und die Eigenschaften

Firebug wurde bereits 2006 eingeführt. Später kamen Web-Inspector für Safari und Google Chrome oder Dragonfly für Opera hinzu. Auch der Internet Explorer besitzt mittlerweile Entwicklertools. Ein kurzer Blick auf Firebug zeigt im oberen Fenster die Webseite, im unteren Fenster der Abbildung 2.27 sehen wir links den HTML-Code. Bei Doppelklick auf ein Element werden im rechten Fenster entsprechend der Einstellung dessen Eigenschaften angezeigt. In der Abbildung ist es die Box mit den Randeinstellungen für den Header, der im oberen Fenster markiert ist.

Das W3C bietet unter *validator.w3c.org* einen Markup Validation Service an. Sie können für ein Dokument die URI angeben, das Dokument hochladen oder auch direkt eingeben. Das Validierungsergebnis erhalten Sie umgehend angezeigt. Unser HTML-Code wird als HTML5 validiert. Der CSS-Validierungsservice ist unter *http://jigsaw.w3.org/css-validator/* aufzurufen. Die Webadresse ist auf der Protokollseite der Markup-Validation auch verlinkt. Nach erfolgreicher Validierung können Sie auch das Gütesiegel mit Ihrer Seite verlinken. Die Codezeilen werden auf der Ergebnisseite zum Copy-Paste angeboten, vgl. Abb. 2.28.

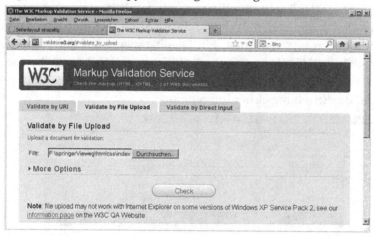

Abbildung 2.28: Markup Validation Service

Metadaten sind im Allgemeinen Daten über Daten. In den Meta-Elementen oder auch Meta-Tags des Headers einer HTML-Seite werden Daten aufgenommen, die nicht vom Browser gerendert werden. Die Daten füttern Suchmaschinen und Robots und dienen auch der SEO (Search Engine Optimization). Von den etwa 30 gängigen Meta-Tags spielen Description und Keywords eine Rolle. Auf diese Daten sollten Sie nicht verzichten. Auch die Angaben über Autor und Erstellung sind nützlich. Einen kompletten Satz Meta-Tags können Sie mit Online-Diensten generieren. Bei diesen Anbietern können Sie sich auch bei Suchmaschinen anmelden. Wenn Sie von einem derartigen Service Gebrauch machen wollen, googeln Sie Metatag-Generator und klicken Sie bei den Ergebnissen auf den Anbieter Ihrer Wahl.

Zu jeder Website gehören ein Impressum und Angaben über den Haftungsaus-schluss. Auch hier können Sie sich eines kostenpflichtigen oder -freien Dienstes im Internet bedienen. Das Impressum der Webseite zum Buch wurde mit dem Generator von *www.e-recht24.de* erstellt.

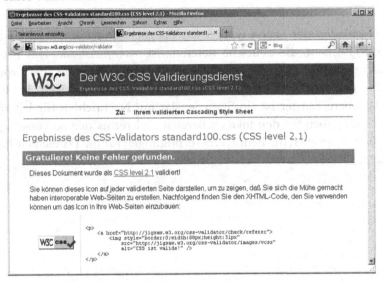

Abbildung 2.29: CSS-Validation mit Code für das Gütesiegel

Soweit sind die Vorbereitungen zum Upload der Website abgeschlossen. Ihre Site soll auf einem Server gehostet werden, dessen Betriebssystem Sie möglicherweise noch nicht kennen. Eine klare Verzeichnisstruktur, die auch für eine mehrsprachige Präsenz vorzusehen ist, kann wie folgt projektorientiert gestaltet sein:

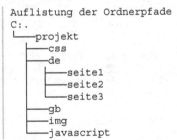

```
Auflistung der Ordnerpfade
C:.
└──projekt
   ├──css
   ├──de
   │  ├──seite1
   │  ├──seite2
   │  └──seite3
   ├──gb
   ├──img
   └──javascript
```

Für CSS, HTML , Javascript und Grafiken existieren eigene Verzeichnisse. Im Root-Verzeichnis ist *index.html* oder *index.php* die Homepage. Die Dokumente sind in den landessprachlichen Verzeichnissen *de* oder *gb* für die englische Sprachversion abgelegt. Jede Seite hat ein eigenes Unterverzeichnis, dort auch wieder mit *index.html* oder *index.php* die Seite, die der Browser als Voreinstellung übernimmt. Wählen Sie für Dateinamen immer Kleinschreibung, benutzen Sie keine Sonderzeichen in den Dateinamen und verwenden Sie auch nicht zu lange Bezeichner. Die alte *acht-Punkt-drei* Konvention (acht Zeichen für den Namen, drei für die Extension, getrennt durch Punkt) hat sich bei einer übersichtlichen Verzeichnisstruktur immer noch bewährt. Geben Sie alle Referenzen in Ihren Dokumenten als relative

Pfadangaben an. Sie gehen immer von dem Ort der Ursprungsdatei aus und verfolgen den Pfad bis zur Referenzdatei mit dem Schrägstrich als Trennung. Mit ../ gelangen Sie in der Verzeichnishierarchie eine Ebene höher. Wenn Sie von einem Dokument innerhalb *de/seite3* auf eine Grafik im Verzeichnis *img* verweisen wollen, dann benötigen Sie *href="../../img/meineGrafik.jpg"*.

Zum Hochladen der Seiten wollen wir Filezilla benutzen. Filezilla ist ein Open-Source FTP-Client, die deutsche Referenz ist *www.filezilla.de*. Das Programm hat eine recht übersichtliche Fensterstruktur. Adresse, Benutzer, Passwort und Port sind Ihre persönlichen Daten zum Einloggen in die Web-Präsenz bei Ihrem Provider. Das obere Fenster ist ein Statusfenster mit Nachrichten für Übertragungsbefehle. Links haben Sie den lokalen Bereich und rechts den serverseitigen Bereich. Dort können Sie auch die Benutzerberechtigungen für die Dateien eintragen.

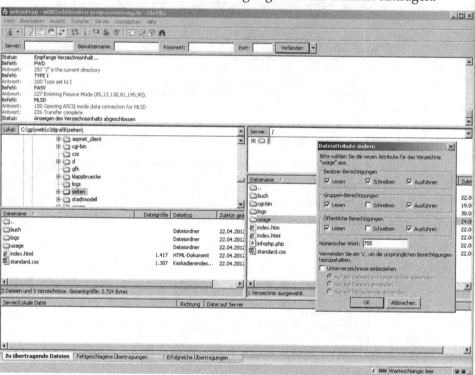

Abbildung 2.30: FTP-Client Filezilla mit Kontextmenü Dateiberechtigungen

Sie markieren entweder serverseitig oder clientseitig die Dateien, bei Klick auf die rechte Maustaste erhalten Sie im Kontextmenü Download oder Upload angeboten. Mehrere ausgewählte Dateien erscheinen im unteren Fensterbereich als Warteschlange. Dort wird Ihnen auch der Status des Transfervorgangs angezeigt. Nach Abschluss eines Transfers sind Entwicklungsrechner und Server synchronisiert.

Jetzt ist es geschafft, Sie sind mit einer eigenen Internetpräsenz im Web. Rufen Sie Ihre eigene Seite im Browser zum abschließenden Test auf. Die Anforderung wird vom Web-Server bedient, Ihr Browser rendert hoffentlich in der von Ihnen gewünschten Weise. Aber Vorsicht, löschen Sie Ihren Browser-Cache, sonst bekommen Sie ggf. Daten angezeigt, die sich noch im Zwischenspeicher befinden und evtl. nicht mit der Präsenz auf dem Web-Server übereinstimmen. Bereits geladene Objekte speichert der Browser und holt diese bei erneuter Anzeige nicht unbedingt vom Web-Server. Es gibt verschiedene Methoden der Benutzerkontrolle über den Cache. Sie können die Größe auf null setzen oder das Alter der Ressourcen begrenzen. Beim Firefox-Browser wählen Sie Extras > Einstellungen > Erweitert > Netzwerk und können dort die Cache-Behandlung manipulieren.

2.6 Zusammenfassung HTML und CSS

Nach dem Durcharbeiten dieses Kapitels haben Sie die Grundlagen zur Publikation statischer Webseiten gelegt. Sie können validierte HTML-Seiten mit CSS-Stilvorlagen gestalten.

Eine HTML-Seite ist in die Bereiche <head> und <body> eingeteilt. Es gibt für jedes Element einen Start-Tag und ein Ende-Tag. Die Elemente werden mit Attributen versehen, denen Werte zuzuweisen sind. Groß- und Kleinschreibung werden nicht unterschieden. Spitze Klammern und doppelte Hochkommata sind reservierten Zeichen. Wollen Sie diese in Ihrem Text verwenden, benötigen Sie eine Codierung.

CSS-Selektoren sind Muster, die nach HTML-Elementen suchen und die Gestaltungsregeln auf die gefundenen Elemente anwenden. Die Regeln eines Selektors enthalten in geschweiften Klammern die Attribute mit Doppelpunkt getrennt vom Wert, der mit einem Semikolon abgeschlossen wird. Gleiche Elemente werden unterschiedlich durch Einsatz von Klassen dargestellt. Die kaskadierende Stilvorlage kann sich irgendwo im Internet befinden. Individuelle Eintragungen überschreiben die globalen.

Zum Einstieg in die Syntax der Sprachen wird ein wenig Übung mit einem Texteditor empfohlen. Danach können Sie gängige Werkzeuge wie HTML-Editor, Stylesheet-Generator, FTP-Client und Meta-Tag-Generator einsetzen. Ein Bildbearbeitungsprogramm zur Aufbereitung von Grafiken vervollständigt Ihren Werkzeugkasten. Gestalten Sie einfache Seiten, vermeiden Sie den Multimedia-Overkill.

Etliche nützliche Webreferenzen wurden vorgestellt, einige Tipps und Tricks wurden angewandt. Lassen Sie Ihre Seiten auf Konformität zu den W3C-Standards überprüfen. Mit der gelungenen Validierung können die Seiten den Web-Crawlern bedenkenlos zur Verfügung gestellt werden.

2.7 Weiterführende Literatur zu Kapitel HTML und CSS

[2.1] Peter Kröner: HTML5, Open Source Press, München, 2010

[2.2] Brian P.Hogan: HTML5 UND CSS3; O'Reilly, 2011

[2.3] Rachel Andrew: DER CSS PROBLEMLÖSER, dPunktVerlag, 2008

[2.4] Dan Shafer: DESIGNING WITHOUT TABLES. Using CSS, 2003 VIC Australia

Benutzte Internetquellen sind innerhalb des Textes angegeben.

3 JavaScript

3.1 Was ist JavaScript?

JavaScript ist keinesfalls mit der objektorientierten Programmiersprache Java in Verbindung zu bringen, obwohl die Syntax der Sprachelemente in vielen Fällen gleich ist. JavaScript stellt eine objektbasierte Skriptsprache dar und ergänzt die Funktionalität von Web-Browsern. Der Web-Browser kann den Inhalt einer Webseite nur statisch abbilden. Durch JavaScript kommt Dynamik in die Seiten. Ohne eine Seite neu hoch zu laden, werden Elemente durch Benutzereingriffe dynamisch verändert. Wie etwa bei dem beliebten Rollover-Effekt, der bei Mausberührung von Schaltflächen oder Vorschaubildern zu beobachten ist. Über das Document Object Model (DOM) als Schnittstelle zwischen Programmiersprache und HTML-Auszeichnung ist der Zugriff auf alle Elemente einer Webseite und deren Manipulation möglich. Mit den Java-Script Methoden und der strengen Objekthierarchie können Sie auf das Dokument selbst und dessen Objekte einwirken. JavaScript stellt Dialogelemente bereit wie etwa prompt() oder find(), und bietet integrierte Objekte an, z. B. mit dem Math-Objekt den Zugriff auf mathematische Funktionen. Der Programmierer kann eigene Objekte in seiner Applikation deklarieren.

Plattformunabhängigkeit besteht dadurch, dass JavaScript vom Web-Browser interpretiert wird - in der Vergangenheit leider mit vielen Nuancen der Browserhersteller. Die sehr erfolgreiche Entwicklung geht auf eine Kooperation der Firmen Sun und Netscape zurück. Bereits 1996 unterstützte der MS Internetexplorer JavaScript in der Version JScript. Die Entwicklung führte zu einer Standardisierung mit der Bezeichnung ECMA-Skriptsprache. Der aktuelle Standard ECMA-262 liegt derzeit in der Version 5 vor.

Unterschiedliche Interpretationen von JavaScript erforderten leider bisher immer den Test der Skripte mit mehreren Browsern oder die aufwendige Programmierung von Browserweichen bzw. Ausweichlösungen. Mit den modernen Browsern und der Annäherung an den o.g. Standards wird dieses Problem zukünftig an Bedeutung verlieren.

3.1.1 Einsatzgebiete von JavaScript

JavaScript ist eine ergänzende Sprache für webbezogene Programmierung. Hauptanwendungen von JavaScript sind u.a. die Unterstützung der Interaktion durch den Benutzer, der Navigation mittels Menügestaltung, von Kalender- und Datumsfunktionen, der Behandlung von Fenstern und Umgebungsabfragen.

Durch die einfache Anordnung von Bedienelementen in den Formularen auf einer HTML-Seite entsteht mit wenig Aufwand eine komfortable Benutzeroberfläche. Die Auswertung bzw. Validierung von Formulardaten vor dem Upload und deren Weiterverarbeitung bzw. Weiterleitung ist ein häufig vorkommendes Anwendungsgebiet von JavaScript.

Wenn Sie einen Währungsrechner suchen oder Ihren Body-Maß-Index bestimmen wollen, dann werden Sie unter den JavaScript-Angeboten im Web sicher fündig. Die meist frei verfügbaren JavaScripts sind leicht in eigene Seiten zu integrieren. Kleine Helfer lassen sich mit JavaScript nach kurzer Einarbeitungszeit erstellen.

Ein Indikator für die gewachsene Bedeutung von JavaScript ist das J in AJAX, der Basis von Web 2.0 Anwendungen, steht für JavaScript. Zum Datenaustausch zwischen Clientrechner und Server entwickelte sich mit JSON ein eigenes, gegenüber XML vereinfachtes, Datenformat. Für JavaScript stehen dem Web-Entwickler umfangreiche Bibliotheken und Frameworks zur Verfügung. Am Ende dieses Kapitels werden wir exemplarisch auf AJAX, JSON und JavaScript APIs eingehen.

JavaScript ist nicht Ersatz für HTML, sondern eine Ergänzung. Setzen Sie JavaScript gezielt ein. JavaScript ist keine Sicherheitslücke im Web. Abschreckend ist der Missbrauch, den Programmierer auf ihrer Seite treiben, indem sie dem Besucher Navigationswege aufzwingen, die rechte Maustaste sperren oder vergleichbare Restriktionen einbauen.

Wenn Sie erstmalig mit einer Programmiersprache konfrontiert werden, können Sie hier mit JavaScript einsteigen. Vorausgesetzt werden HTML-Grundkenntnisse, ohne die geht es nicht. Wie in vielen Fällen bei der Programmierung gilt auch hier: Man muss nicht gleich jedes Detail verstehen. Erst verschafft man sich einen Überblick, danach vertieft man die Kenntnisse bei der praktischen Programmierung. So kommen Sie schnell zu beeindruckenden Programmierergebnissen.

In diesem Kapitel werden die Sprachelemente von JavaScript vorgestellt, die Entwicklung von Funktionen und die Handhabung von Objekten werden behandelt. Wir setzten uns mit der Objekthierarchie und dem Document Object Model (DOM), auseinander und nutzen die vordefinierten Objekte mit deren Methoden zur Navigationsunterstützung und Gestaltungserweiterung von Webseiten. Anhand eines Berechnungsbeispiels werden die mathematischen Fähigkeiten von JavaScript aufgezeigt und der Programmdialog mit Formularen realisiert. Sie können nach Durcharbeitung dieses Kapitels eigene Java-Scripts entwickeln und aus dem umfangreichen Web-Angebot frei verfügbarer Skripts die geeigneten auswählen und in eigene Seiten implementieren.

3.1.2   Syntax und Einbindung in HTML

Eine spezielle Entwicklungsumgebung (IDE Integrated Development Environment) für JavaScript braucht man eigentlich nicht. Mit dem Editor Notepad++ und den Web-Entwicklertools von Firefox ist man für Codierung und Debugging gut gerüstet. Sofern man den Quellcode einer HTML-Seite bearbeiten kann, ist man auch in der Lage, JavaScript einzubinden. Es existieren professionelle Websites, die 100% mit Notepad erstellt sind. Die meisten HTML-Editoren bieten aber auch spezielle JavaScript-Unterstützung.

Zur Einbindung von JavaScript in HTML-Programmcode bestehen die Möglichkeiten:

- innerhalb eines HTML-Tags als unmittelbare Anweisung
- mittels `<script>` Auszeichnung als Block innerhalb einer HTML-Seite
- im Kopf einer HTML-Seite oder
- als externe Datei referenziert

Die Programmanweisungen von JavaScript werden mit dem HTML-Tag `<script type = "text/javascript">` und dem Type-Attribut von der eigentlichen HTML-Auszeichnung getrennt.

JavaScript-Anweisungen innerhalb eines Script-Blocks werden dann ausgeführt, wenn der Browser beim Laden diese Anweisungen erreicht.

```
<html>
  <head>
    <title>JavaScript in der HTML-Seite</title>
  </head>
  <body>
    <h1>JavaScript innerhalb HTML</h1>
    <p>Beispiel Anmeldung</p>
    <script type="text/javascript">
    <!--
      var nutzer = "Meier";
      var anmeldung = prompt("Geben Sie Ihren Benutzernamen ein","");
      if (nutzer == anmeldung) {
        alert("Willkommen " +nutzer);
      } else {
        alert("Sie sind nicht Nutzer Meier");
      }
    -->
    </script>
    <p>Danke für Ihre Registrierung</p>
  </body>
</html>
```

Mit dem Type-Attribut wird die Sprachversion spezifiziert. Die Anweisungen des Blocks sollten als Kommentar gekennzeichnet sein, damit der Browser ggf. diese Anweisungen überlesen kann. Im vorliegenden Skript-Block wird eine Anmeldeprozedur simuliert, die einen Bildschirmdialog aktiviert.

JavaScript unterscheidet Groß- und Kleinschreibung. Namen können aus Ziffern, Buchstaben und Unterstrich bestehen. Weitere Sonderzeichen sind nicht zulässig. Das erste Zeichen eines Namens darf keine Ziffer sein. Leerraum im Quelltext wird weitgehend ignoriert.

Mit dem Schlüsselwort var wird die Variable *nutzer* deklariert und der Wert *Meier* als Zeichenkette implizit zugewiesen. Die folgende Variable *anmeldung* erhält durch den Rückgabewert der Methode prompt() ihren Wert. Innerhalb einer bedingten Anweisung wird der Benutzer *Meier* begrüßt oder alternativ mittels Aufruf der Methode alert() abgelehnt. Der JavaScript-Code ist in den Script-Tag eingebunden, der wiederum ist umgeben von HTML. Sofern hier von Funktionen und Methoden die Rede ist, sollte der Unterschied darin gesehen werden, dass eine Methode immer an ein Objekt gebunden ist. Beide Begriffe werden teilweise nauch synonym verwendet.

Ist der JavaScript-Code hingegen innerhalb einer Funktion definiert, dann muss diese explizit aufgerufen werden. Der Aufruf erfolgt i.d.R. ereignisgesteuert. Ereignisse können beispielsweise das Laden einer Seite onload oder ein Mausereignis onmouseover, onclick sein. Die Anweisungen der Funktion werden üblicherweise im Kopf der HTML-Seite eingetragen, sofern hier nicht Elemente referenziert werden, die noch nicht zur Verfügung stehen. Mit function *anmeldung()*{} haben wir jetzt eine Funktion mit der Bezeichnung *anmeldung* definiert. Der Anweisungsblock wird in geschweiften Klammern eingeschlossen. Der Aufruf erfolgt durch das im Body-Tag angegebene Attribut onload gefolgt von JavaScript-Anweisungen, hier der Funktionsaufruf.

```html
<html>
  <head>
    <title>JavaScript eingebettet </title>
    <script type="text/javascript">
    <!--
      function anmeldung(){
        var nutzer = "Meier";
        var anmeldung = prompt("Geben Sie Ihren Benutzernamen ein","");
        if (nutzer == anmeldung) {
          alert("Willkommen " +nutzer);
        } else {
          alert("Sie sind nicht Nutzer Meier");
        } // Ende if-else
      } // Ende anmeldung()
    -->
    </script>
  </head>
  <body onload = 'anmeldung()'>
    <h1>JavaScript innerhalb HTML</h1>
    <p>Beispiel Anmeldung</p>
    <p>Danke für Ihre Registrierung</p>
  </body>
</html>
```

Kommentare innerhalb von JavaScript unterscheiden sich von der Auszeichnung der HTML-Kommentare <!-- *Kommentar in HTML* -->. Einzeilige Kommentare werden durch zwei Schrägstriche markiert. Mehrzeilige Kommentare werden zwischen die Zeichenkombination /* *mehrzeiliger Kommentar* */ eingeschlossen. In der Funktion *anmeldung()* wurde das Ende der Funktion und das Ende des Else-if-Konstrukts durch einen Kommentar markiert.

Die Auslagerung von JavaScript in externe Dateien ist der Einbettung vorzuziehen. Der Programmcode kann mehrfach verwendet werden. So können Sie auch eine umfangreiche Skriptbibliothek unter der Erweiterungsbezeichnung .js bereitstellen. Mit dem Attribut src im Script-Tag referenzieren Sie die Datei, die dann aber selbst nicht mehr den Script-Tag enthalten darf.

```
<html>
  <head>
    <title>JavaScript extern</title>
    <script type= "text/javascript" src="script_bibliothek.js">
    </script>
  </head>
  <body onload = 'anmeldung()'>
    <h1>JavaScript innerhalb HTML</h1>
    <p>Beispiel Anmeldung</p>
    <p>Danke für Ihre Registrierung</p>
  </body>
</html>
```

Testen Sie die ersten einfachen Programme. Sie haben Zugriff auf die Quellcodes über die Internetseite *http:// www.seiten-programmierung.de/javascript.*

3.2 Elemente der Programmiersprache JavaScript

JavaScript ist objektbasiert. Auf das objektorientierte Konzept wird im nächsten Abschnitt detaillierter eingegangen. Zur Konstruktion benutzerdefinierter Objekte, der Nutzung von vordefinierten Objekten und dem Zugriff auf das DOM bedient man sich der Elemente der Programmiersprache, die an dieser Stelle für Programmiereinsteiger in kompakter Form zu erläutern sind.

Ein Programm ist eine Folge von Befehlen, deren Abarbeitung durch Kontrollstrukturen steuerbar ist. Wir unterscheiden einfache Anweisungen wie

```
meineVariable = 4;
```

und Verbundanweisungen (Blöcke), die der Gruppierung dienen. Etwa ein Konstrukt wie

```
if (bedingung) then {
  // Anweisungsblock 1
} else {
  // Anweisungsblock 2
}
```

In Ausdrücken werden Operanden mit Operatoren verknüpft. Als Beispiel für einen arithmetischen Ausdruck kann die Summe einer Variablen mit einer Konstanten angeführt werden:

```
summe = meinWert + 5;
```

Die Anweisung ist nicht als mathematische Gleichung zu verstehen. *Summe* ist ein Bezeichner für eine Variable, das Gleichheitszeichen ist der Zuweisungsoperator. Auf der rechten Seite der Anweisung befindet sich ein Ausdruck. Auf die Variable mit dem Bezeichner *meinWert* soll die Konstante 5 addiert werden. Das erledigt der Additionsoperator. Nach Auswertung des Ausdrucks erfolgt die Zuweisung an die Variable *summe.* Der Bezeichner ist ein vom Programmierer frei zu vergebender symbolischer Name für die Variable, unter dem der Speicherplatz innerhalb des Programms aufgerufen wird.

Nach der Deklaration einer Variablen mit dem Schlüsselwort var müssen die Werte initialisiert werden. Das erfolgt durch eine Zuweisung mit Konstanten, Auswertung des rechts vom Zuweisungsoperator stehenden Ausdrucks, Funktionsaufruf oder Auswertung der Eingabefelder eines HTML-Formulars.

Variablennamen dürfen nicht mit einer Zahl beginnen und keine Sonderzeichen außer dem Unterstrich enthalten. Auszunehmen sind selbstverständlich auch die reservierten Schlüsselwörter der Sprache. JavaScript unterscheidet Groß- und Kleinschreibung, ist also *case sensitiv*.

3.2.1 Zahlen

JavaScript gilt als typenlose Sprache. Dennoch kennt Java Variablen vom Typ Zahl, Zeichenketten und boolesche Werte. Darüber hinaus existieren noch die Typen null, undefined und object. Der Datentyp einer Variablen kann sich innerhalb des Programmablaufs auch verändern. Mit dem Schlüsselwort var wird die Deklaration von Variablen eingeleitet. Die nachfolgende Liste enthält Variablennamen, die durch Kommata getrennt werden. Mit der folgenden Anweisung werden die Variablen zur Berechnung einer Rechteckfläche deklariert. Jede Anweisung muss mit einem Semikolon abgeschlossen werden.

Die Initialisierung von *laenge* und *breite* erfolgt durch direkte Zuweisung von Konstanten. Die Ergebnisvariable *flaeche* sollte zunächst mit null initialisiert werden und bekommt dann ihren Wert durch Auswertung des Ausdrucks zugewiesen.

```
var flaeche, laenge, breite;
flaeche = 0.0;
laenge = 5.0;
breite = 3.0;
flaeche = laenge * breite;
```

Tabelle 3.1: Operatoren in JavaScript

Arithmetische Operatoren			
+	Addition	%	Modulo, Rest einer Ganzzahl
-	Subtraktion	++	Inkrement, erhöht Ganzzahl
*	Muliplikation	--	Dekrement, verringert Ganzzahl
/	Division	-	Vorzeichenwechsel
Zuweisungsoperatoren			
=	einfacher Zuweisungsoperator		
+=	arithmetischer Zuweisungs-	/=	a/= 3 I a= a/3;
-=	Operatoren mit Auswirkung	%=	A%=2;I a=a %2;
*=	auf den Speicherplatz der Zielvariablen		

Vergleichsoperatoren			
==	Gleichheit zweier Ausdrücke	>=	größer gleich
!=	ungleich	/>	größer
>=	kleiner gleich	<	kleiner
Logische Operatoren			
&&	und	!	nicht
||	oder		
Stringoperatoren			
+	Verknüpfungsoperator		
	parseInt() Wandlung in Ganzzahl -		parseFloat() Wandlung Gleitkommazahl
Objekteoperatoren			
.	Punktoperator, Trennt Objekte, Methoden, Eigenschaft		

Die Verknüpfung der Variablen (Operanden) erfolgt durch Operatoren. Diese sind zu unterscheiden in arithmetische Operatoren, Zuweisungsoperatoren, Vergleichsoperatoren, logische Operatoren und String-Operatoren. Die Reihenfolge der Auswertung entspricht den mathematischen Regeln und kann durch runde Klammerpaare beeinflusst werden.

3.2.2 Zeichenketten (Strings) und boolesche Variable

Stringvariablen oder Zeichenketten werden durch in Hochkommata eingeschlossene Literale initialisiert. Die folgenden Programmanweisungen verknüpfen die Variable *text* mit einer Stringkonstanten:

```
var text = "9" +"9";
alert("Stringverknuepfung " +txt);
alert(text*3);
```

Alert() ist eine Methode des Window-Objekts, mit der die Ausgabe der Werte in einem kleinen Anzeigefenster erfolgt. Die Variable *text* beinhaltet die Zeichenfolge 99. Zur Anzeige kommt *Stringverknuepfung 99*. Der + Operator bei der Zuweisung *text* ist hier nicht der arithmetische Operator, sondern der Verknüpfungsoperator. Nach Multiplikation mit 3 wird der ganzzahlige Wert 297 angezeigt. Das ist etwas ungewöhnlich für Programmierer, die Typenstrenge gewohnt sind. Fehlerquellen dieser Art kann man aber durch konsequente Programmierung vermeiden.

Strings werden mit den Funktionen parseInt() und parseFloat() in Zahlen umgewandelt. Bei der Konvertierung von Strings in Zahlen treten Fehler auf, wenn im String für Zahlen unzulässige Zeichen vorkommen. Die erfolgreiche Umwandlung kann mit der Funktion isNaN() darauf hin überprüft werden, ob es sich um eine Zahl handelt. Probieren Sie folgende Anweisungen aus:

```
// JavaScript Variablen
// a) fehlerhafte Zuweisung
  var test = false;
  var zahl = "zwoelf";
  test = isNaN (zahl);
```

```
     alert (zahl +" isNaN test = " +test);
     alert (parseInt(zahl));
  // b) typenkonforme Zuweisung
     zahl = 12;
     test = isNaN (zahl);
     alert (zahl +" ist eine Zahl test = " +test);
     alert (parseInt(zahl));
```

Boolesche Variablen signalisieren einen Zustand und arbeiten wie ein Schalter, die Inhalte der Variablen können nur die Werte true oder false annehmen. Der Booleschen Variablen *test* wird false zugewiesen, *zahl* erhält die Zeichenkette *zwoelf*. Anschließend wird *zahl* mit der Funktion isNaN() geprüft. Da der Inhalt von *zahl* keine Zahl ist (*not a number*), liefert die Funktion den Wert true zurück. Die Variableninhalte werden mit alert() angezeigt, parseInt() liefert NaN. Im zweiten Fall sind die Anweisungen korrekt, *test* wird false und parseInt() liefert 12.

Das folgende Skript, eingefügt in den Body einer HTML-Datei, ist die Auswertung einer Wahrheitstabelle mit den logischen Operatoren && (logisch und) und || (logisch oder) verknüpft. Dokument.write() ist die Anwendung der Methode write() auf das Dokument-Objekt, das im nächsten Abschnitt noch näher erläutert wird. Hier benutzen wir es schlicht zur Ausgabe einer HTML-Zeichenkette. Der Zeilenumbruch in den document.write()-Anweisungen ist im Quellcode nicht zulässig. HTML-Anweisungen für eine Tabelle sind als Literale in Hochkommata angegeben. Die booleschen Variablen *a* und *b* und deren Verknüpfung (im Sourcecode fett gedruckt) werden mittels Zeichenketten-Verknüpfung einem String hinzugefügt.

```
<script language = "JavaScript">
// Ausgabe einer Wahrheitstabelle javascript/wahrheitstabelle.html
  var a = true; var b = false;
  document.write ("Wahrheitstabelle<br><br>");
  document.write("<table border = 1 cellpadding = 4><tr>
            <td bgcolor = yellow>UND</td>
            <td bgcolor = #dddddd>" +a +"</td>
            <td bgcolor = #dddddd>" +b +"</td></tr>");
  document.write("<tr>
            <td bgcolor =#dddddd>" +a +"</td>
            <td>" +(a&&a) +"</td><td>" +(a&&b) +"</td></tr>");
  document.write("<tr><td bgcolor =#dddddd>" +b +"</td>
            <td>" +(b&&a) +"</td><td>" +(b&&b) +"</td></tr>");
  document.write("</table><br><br>");
  document.write("<table border = 1 cellpadding = 4><tr>
            <td bgcolor = yellow>ODER</td>
            <td bgcolor = #dddddd>" +a +"</td>
            <td bgcolor = #dddddd>" +b +"</td></tr>");
  document.write("<tr>
            <td bgcolor =#dddddd>" +a +"</td>
            <td>" +(a||a) +"</td><td>" +(a||b) +"</td></tr>");
  document.write("<tr><td bgcolor =#dddddd>" +b
            +"</td><td>" +(b||a) +"</td><td>" +(b||b)
            +"</td></tr>");
  document.write("</table>");
</script>
```

Mit obigem Skript, eingebettet in ein HTML-Dokument, wird die Wahrheitstabelle der Abbildung 3.1 erzeugt.

UND	true	false		ODER	true	false
true	true	false		true	true	true
false	false	false		false	true	false

Abbildung 3.1: Wahrheitstabelle

3.2.3 Arrays

Arrays sind Datenfelder beliebiger Datentypen, mit denen mehrere Elemente unter einem Namen verwaltet werden. Die Adressierung eines bestimmten Wertes erfolgt bei indizierten Arrays über den Index oder bei assoziativen Arrays über den nichtnumerischen Schlüssel. Arrays werden über die literale Notation oder über den Array-Konstruktor erzeugt.

Es folgt zuerst ein Beispiel für die literale Notation. Wir speichern die Postleitzahlen norddeutscher Städte in einem Array mit dem Bezeichner *postleitzahl*, der Index folgt dem Bezeichner in eckigen Klammern. Die Zählung beginnt bei null, die Anzahl der Elemente muss man nicht angeben. Arrays werden als Objekte behandelt. Die Eigenschaft `length` gibt die Anzahl der Elemente an, hier 3.

```
var postleitzahl =[]
postleitzahl[0] = 38100;
postleitzahl[1] = 30539;
postleitzahl[2] = 28195;
alert ("Array Länge: " +postleitzahl.length);
```

Die alternative Deklaration mit gleichzeitiger Definition von Arrayelementen wäre:

```
var postnummer = [38100, 30539, 28195];
```

Zur Deklaration eines Arrays kann man auch den Konstruktor des Objekts mit dem Schlüsselwort new aufrufen. Diesmal verwenden wir ein assoziatives Array mit Indizierung durch Text. In diesem Fall kann aber keine Arraylänge über length bestimmt werden, die Abfrage liefert 0. Testen Sie einmal das For-in-Konstrukt wie unten angegeben. Schleifen sind das probate Mittel, um auf die Elemente eines Arrays zuzugreifen.

```
var post = new Array();
post['Braunschweig'] = 38100;
post['Hannover']      = 30539;
post['Bremen']        = 28195;
alert ("Array Länge: " +post.length);
for(i in post){
   alert("Post: " +i +" " + post[i]);
   alert ("Array Länge: " +postleitzahl.length);
}
```

Eine weitere Variante ist die deklarative Erzeugung eines Arrays mit der JavaScript Objekt Notation (JSON). In geschweiften Klammern wird eine Liste aus Schlüssel und Wert getrennt durch Doppelpunkt angelegt.

```
var plz ={ braunschweig: 38100, hannover: 30539, bremen: 28195}
```

Die Abfrage auf die Arraylänge liefert in diesem Fall undefined. Die Ausgabe der Werte kann wiederum mit dem For-in-Konstrukt erfolgen. Ein Array kann mehrere Dimensionen haben, z.B. bei Matrizenoperationen, und erhält dabei statt einer Liste den Charakter einer Tabelle. Die Elemente eines Arrays können selbst wieder Arrays sein. Wir finden weiter unten bei der Arbeit mit dem Canvas-Element eine Liniendefinition folgender Gestalt:

```
var linie = [{x:0, y:200}, {x:160, y:200}, {x:200, y:300}];
```

Linie ist ein Bezeichner für ein Array, dessen Definition in eckigen Klammern folgt. Die Elemente sind deklarative Arrays in geschweiften Klammern - immer mit den Textindizes x und y. Die einzelnen Werte werden über den numerischen Index und die Eigenschaft adressiert.

```
alert ("Array Länge: " +linie.length);
for(var i =0; i<linie.length; i++){
  alert("Linie Knoten [" +i +"] " +linie[i].x +"," +linie[i].y);
}
```

Arrays werden Ihnen im weiteren Verlauf dieses Buches noch häufig begegnen. Im Kapitel 6 über PHP wird das Thema vertieft behandelt. Sofern hier noch einiges unklar ist, denken Sie bitte an die eingangs geäußerte Bemerkung zur Vorgehensweise beim Erlernen einer Programmiersprache und dem Detailverständnis.

3.2.4 Kontrollstrukturen: Bedingte Anweisungen, Schleifen

Programmanweisungen werden sequentiell nacheinander in der Reihenfolge ihres Auftretens abgearbeitet. Abweichungen hiervon werden durch Kontrollstrukturen vorgenommen. Kontrollstrukturen sind an Bedingungen geknüpft und stellen Schleifen und Verzweigungen dar.

Verzweigungen werden mit den Anweisungen if, if ... else oder switch ausgeführt. Mit dem Schlüsselwort if wird eine Bedingung ausgewertet. Liefert diese Bedingung den Wert true, erfolgt die Abarbeitung der nachfolgenden Programmanweisung bzw. des in {} geschweiften Klammern folgenden Anweisungsblocks. Ist die Bedingung false, unterbleibt die Ausführung. Man beachte die folgende Anweisungsfolge mit der Negation:

```
zahl = 12;
if( !isNaN (zahl)) alert("Wert ist zulaessig");
```

Wird die Ausgabe mit alert aktiviert? Ja, denn der Wert 12 kann in eine Zahl konvertiert werden, daher liefert isNaN () false zurück. Die Negation ! wandelt die Auswertung der Bedingung in true, die Ausgabe *Wert ist zulaessig* erfolgt.

Mit der Verzweigung if ... else besteht die Möglichkeit, eine Alternative abzubilden. Entweder wird der auf if folgende Anweisungsblock ausgeführt, oder die dem else folgenden Anweisungen werden abgearbeitet.

```
zahl = "a2";
if( !isNaN (zahl)){
 alert("Wert ist zulaessig");
}else{
```

```
    alert("Wert ist nicht zulaessig");
}
```

If-else-Konstrukte können geschachtelt werden, wobei der `else` Zweig selbst wieder ein `if` nach sich ziehen kann. Die Lesbarkeit eines Programms wird durch eine zu tiefe Verschachtelung allerdings nicht gerade besser. Mehrfachverzweigungen lassen sich besser durch die Fallunterscheidung mit `switch` ausführen. Mit `switch` wird der Wert einer Variablen abgefragt und mit `case` in die Verzweigungen geleitet. Die Switch-Anweisung arbeitet immer nur einen Zweig der Anweisungen ab. Nimmt eine Variable keinen der abgefragten Werte an, dann kann in den Zweig `default` mit den Anweisungen fortgefahren werden, `break` beendet eine Verzweigung. Im Beispiel wird eine bei trigonometrischen Berechnungen ggf. notwendige Falluntersuchung hinsichtlich der Quadranten eines Winkels vorgenommen. Die vier möglichen Quadranten eines Kreises könnten wie folgt behandelt werden:

```
var q, winkel;
// Definition von q und Winkel zuvor
switch(q) {
  case (1) :
    alert(" 0 <= " +winkel +" < 90");break;
  case (2) :
    alert("90 <= " +winkel +" < 180");break;
  case (3) :
    alert("180 <= " +winkel +" < 270");break;
  case (4) :
    alert("270 <= " +winkel +" < 0");break;
  default:
    alert("Wert q " +q " nicht im abgefragten Bereich");
} // Ende switch Anweisung
```

Die Variable *q* kann beliebige Werte annehmen und wird in der Switch-Anweisung abgefragt. Die Verzweigungen sind mit `case` angegeben. Trifft für *q* keiner der abgefragten Fälle zu, dann wird der Default-Zweig ausgeführt.

Anweisungsblöcke, die wiederholt auszuführen sind, werden in Schleifen eingebettet. Dabei unterscheiden wir Zählschleifen, die genau n mal zu wiederholen sind und bei denen sich die Laufbedingungen während der Abarbeitung nicht ändern, und Wiederholungen, bei denen sich die Ausführungsbedingung während des Schleifendurchlaufs ändern muss.

Eine Zählschleife wird mit dem Schlüsselwort `for` eingeleitet. In runden Klammern folgen drei Ausdrücke getrennt durch Semikolon mit folgender Bedeutung:

- Initialisierung der Schleifenvariablen
- Formulierung der Laufbedingung
- Änderung der Schleifenvariablen

Der zu wiederholende Schleifenkörper wird in geschweifte Klammern eingeschlossen. Eine der Hauptanwendungen für For-Schleifen ist die Adressierung von Array-Elementen, die zuvor bereits angesprochen wurden. Eine Variante der For-Schleife ist die For-In-Schleife mit der assoziative Arrays durchlaufen werden. Als einführendes Beispiel für Schleifen wollen wir die Summe der Zahlen von 1 bis 10 berechnen.

```
<script type= "text/JavaScript">
   var i,i1,i2,sum;
   sum = 0; i1 = 1; i2 =10;
   for(i=i1; i<= i2; i++){
      sum+=i;
   }
   alert("Summe der Zahlen von " +i1 +" bis " +i2 +" = " +sum);
</script>
```

Es werden die benötigten Variablen deklariert. Die Summe der Zahlen *sum* wird mit 0 besetzt. In der For-Schleife wird die Schleifenvariable mit *i* deklariert und der Anfangswert auf *i1* gesetzt. Danach wird die Laufbedingung geprüft. Liefert der Ausdruck i <= i2 den Wert true, dann wird die Schleife abgearbeitet und nach Abarbeitung *i* inkrementiert. Danach geht es weiter mit Überprüfung der Laufbedingung. Die Schleifenvariable *i* soll innerhalb der Schleife nicht durch weitere Anweisungen verändert werden.

Eine andere Form von Wiederholungen wird durch die While-Schleife repräsentiert. Auf das Schlüsselwort while folgt die Formulierung einer Bedingung in runden Klammern. Liefert die Auswertung des Ausdrucks den Wert true, dann wird der Schleifenkörper so lange abgearbeitet, bis die Änderung der Bedingung die Beendigung der Schleife zur Folge hat. Im folgenden Beispiel wird eine Variable *taste* deklariert. Die Schleife soll so lange laufen, bis die Taste x angeschlagen wurde. Die Zuweisung des Tastencodes erfolgt über die Funktion prompt().

```
var taste =" ";
while(taste != "x"){
   taste=prompt("Druecken Sie eine Taste","");
}
```

Mit der Do-while-Anweisung besteht noch eine Alternative, bei der die Bedingung erst am Ende der Schleife abgefragt wird. Diese Schleife wird mindestens einmal durchlaufen, danach wird entschieden.

```
var taste =" ";
do {
   taste=prompt("Druecken Sie eine Taste","");
} while(taste != "x");
```

Die Programmierung von Endlosschleifen sollte man tunlichst vermeiden. Für Testzwecke hier mal eine Version, bei der sich der Browser bald beschweren würde:

```
var i = 0;
while(true)
   document.write(i++ +" ");
}
```

3.2.5 Funktionen und Methoden

Funktionen sind in sich abgeschlossene Programme, die Teilaufgaben lösen und innerhalb eines Programms Mehrfachverwendung finden. Durch Einsatz von

Funktionen wird der Programmcode übersichtlicher und redundanzfrei, d.h. wiederkehrende Aufgaben sind nur an einer Stelle im Quelltext vorhanden und dort (hoffentlich) korrekt. Eine Funktion wird eigenständig mit lokal gültigen Parametern definiert. Die Ausführung der Funktion erfolgt durch Funktionsaufruf, der Aufruf einer Funktion ist i.d.R. an ein Ereignis gebunden. Funktionen können danach aber auch von Funktionen aus aufgerufen werden. Üblicherweise werden die Funktionen im Kopfbereich einer HTML-Datei eingebettet oder sind in einer externen Datei gespeichert.

Das Schlüsselwort für eine Funktion ist `function`, hiernach folgt der Name der Funktion mit einer Parameterliste in runden Klammern. Die Anweisungen einer Funktion werden in geschweiften Klammern eingebettet. Die Parameterliste ist optional. Funktionen tauschen Daten mit dem aufrufenden Programm über die Parameterliste oder einen Rückgabewert aus. Innerhalb eines Funktionsblocks sind mit `var` deklarierte Variable nur lokal in diesem Block gültig. Außerhalb von Funktionen deklarierte Variable gelten als global und sind dann auch innerhalb von Funktionen sichtbar. Der Aufruf einer Funktion erfolgt durch den Funktionsnamen mit den Argumenten (aktuelle Werte) in der Reihenfolge der Parameterliste.

Eine bereits erwähnte Methode des Window-Objekts ist `alert()`. Wir betten diese Methode jetzt in eine eigene Funktion ein, die beim Laden einer Seite, Ereignis `onload`, aufgerufen wird. Eine Stringkonstante wird als Argument beim Funktionsaufruf wie folgt übergeben:

```
<boy onload = 'textBox("hello world")';>
```

Wir erstellen eine Funktion mit dem Namen *textBox()*. Diese Funktion hält als lokalen Parameter die Variable *txt* vor. Beim Aufruf der Funktion, ausgelöst durch das Ereignis `onload`, wird als Argument die Stringkonstante *"hello world"* an die Variable *txt* übergeben und in der Funktion weiterverarbeitet. Strings werden in JavaScript als Objekte behandelt. Auf das Objekt *txt* wird die Methode `toUpperCase()` angewandt. Der Rückgabewert dieser Methode ist der übergebene Text jetzt in Großbuchstaben

```
<html>
<!-- javascript/funktionen0.html -->
<head><title>Funktionen</title>
<script type="text/javascript">
  function textBox(txt) {
  text=txt.toUpperCase();
  window.alert(text);
  return;
  }
</script>
</head>
<body onload ="textBox('hello world');">
</body></html>
```

Die Rückkehr aus einer Funktion erfolgt nach Abarbeitung aller Programmzeilen oder bei Erreichen der Anweisung `return`. Es geht dann mit der auf den Funktionsaufruf folgenden Anweisung im rufenden Programm weiter. Hinter das

Schlüsselwort return kann ein Rückgabewert angegeben werden, der im rufenden Programm zur Verfügung steht. Die hier vorgestellte einfache Funktion hat für
die praktische Programmierung weiter keine Bedeutung, demonstriert aber den
Parameteraustausch zwischen Funktionen und der Kapselung von Programmcode.
Ein Blick wäre noch auf die Anordnung der Anführungszeichen zu werfen. Text-
konstante können Sie in doppelte oder einfache Hochkommata einschließen. Sofern Sie in der Konstanten selbst wieder Hochkommata benötigen, sind diese alternativ zu wählen.

3.3   Objekte in JavaScript

Auch wenn JavaScript nicht als streng objektorientierte Sprache angesehen wird,
so hat man es bei der Programmierung doch fast immer mit Objekten zu tun. JavaScript kennt Objekte unterschiedlicher Typen:

- integrierte Objekte wie Math, Date oder Array
- Objekte die vom Web-Broser bereitgestellt werden (window, document location, navigator, history)
- HTML-Elementobjekte mit Zugriff über das DOM
- selbstdefinierte Objekte, die vom Programmierer in der Applikation deklariert und instanziiert werden

Allgemein sind Objekte (Klassen) zunächst einmal abstrakte Baupläne, nach denen
ein konkretes Objekt konstruiert wird. Durch Aufruf des Konstruktors wird ein
Objekt instanziiert. Neben den Eigenschaften (Attributen) eines Objektes ist auch
das Verhalten in Methoden, die auf Objekte angewandt werden, definiert. In der
Notation werden die hierarchisch gegliederten Objektebenen durch den Punktoperator getrennt. Der wiederum trennt das Objekt von der Eigenschaft bzw. Methode. Auf einen Methodennamen folgt immer ein Paar runder Klammern. Innerhalb
der Klammern befinden sich die Methodenparameter. In den folgenden Abschnitten wird Ihnen diese Notation bei einigen konkreten Anwendungen begegnen.

3.3.1   Integrierte Objekte

Wie schon erwähnt werden Zeichenketten wie Objekte behandelt. Hierfür existieren 28 Methoden und length als einzige Eigenschaft. ToUpperCase() haben wir
bei der kurzen Erläuterung von Funktionen bereits benutzt. Betrachten wir ein
Beispiel zur Bearbeitung einer Zeichenkette mit Methoden des String-Objekts. Die
Abmessungen eines Rasensportfeldes, Länge und Breite sind in einer Zeichenkette
rasen gespeichert:

```
<!--javascript/intObjekte.html -->
<script type="text/javascript">
  var rasen = "Laenge=105m, Breite=70m";
```

Der Gärtner möchte die Diagonale des Spielfeldes wissen. Dazu muss die Zeichenkette zerlegt werden, die Ziffern enthaltenden Teilstrings müssen in Zahlen um-

gewandelt werden. Die Berechnung und Rundung des Ergebnisses wird mit Methoden des Objekts `Math` ausgeführt. Zunächst werden die benötigten Variablen deklariert:

```
var laenge, breite, diagonale;
var p1,p2,1; // werden zur Zerlegung der Zeichenkette benötigt
```

Es folgt die Bestimmung der Länge der Zeichenkette. Length ist keine Methode sondern ein Attribut, daher entfallen die runden Klammern am Ende des Befehls. Die Ausgabe für den Benutzer wird mit der Methode `confirm()` vorgenommen. Als Parameter wird ein verknüpfter String mit Zeichenkettenkonstanten in "" und Variablen übergeben. Genauer gesagt ist `confirm()` eine Methode des Window-Objekts. Auf die Angabe der obersten Hierarchiebene `window` vor `confirm()` kann verzichtet werden, statt `window.confirm()` reicht in allen Fällen `confirm()`.

```
l=rasen.length;
confirm ("Objekt String: " +rasen +" Anzahl der Zeichen: " +l);
// fuer die Laenge
p1 = rasen.search(/=/)+1; // suche das erste Gleichheitszeichen
p2 = rasen.search(/m/); // suche das erste Zeichen m
laenge = parseFloat(rasen.substring(p1,p2));
confirm ("Pos 1: " +p1 +" Pos 2: " +p2 +" Teilstring: "
+rasen.slice(p1,p2));
```

Im nächsten Schritt wird die Länge ermittelt. Die Methode `search()` wird auf das Objekt *rasen* angewandt. Als Parameter wird ein regulärer Ausdruck übergeben, hier das Gleichheitszeichen, eingefasst in //. Danach wird das *m* gesucht. Es kann dann mit der Methode `substring()` ein Teilstring der ursprünglichen Zeichenkette mit `parseFloat()` in eine Gleitkommazahl umgewandelt werden. Der gleiche Vorgang erfolgt für die Breite, es ist jedoch zunächst der bereits verarbeitete Teil der Zeichenkette abzuspalten. Wir arbeiten ab jetzt mit *rasen2*

```
// fuer die Breite
var rasen2 = rasen.substring(p2+1,1); // teile den String
p1 = rasen2.search(/=/)+1; // suche das erste Gleichheitszeichen
p2 = rasen2.search(/m/); // suche das erste m in rasen2
breite = parseFloat(rasen2.substring(p1,p2));
```

Nunmehr wird das integrierte Math-Objekt benötigt. Die Formel berechnet die Diagonale nach Pythagoras und es wird auf zwei Nachkommastellen gerundet.

```
diagonale = Math.sqrt(laenge*laenge+breite*breite);
diagonale = Math.round(diagonale*100)/100 ;
confirm ("Laenge: " +laenge +" Breite: " +breite +" Diagonale: "
+diagonale);
</script>
```

Soweit zunächst einmal der Blick auf den Umgang mit String-Methoden. Einem weiteren integrierten Objekt *Date* und dem Objekt *Array* werden wir in späteren Anwendungen noch begegnen.

3.3.2   Browser-Objekte

Objekte in JavaScript unterliegen einer hierarchischen Struktur. Mit JavaScript kann über die verfügbaren Methoden auf die Eigenschaften dieser Objekte zugegriffen werden. Dabei ist immer streng der Pfad zu den Objekten, beginnend bei der obersten Ebene, zu beachten. Die oberste Ebene der *Objekthierarchie* wird durch das Browserfenster repräsentiert und wird mit **window** bezeichnet. Unterhalb dieser Ebene befindet sich das Dokument. Objekte, die dem Objekt **document** untergeordnet sind, werden auch dem DOM (*Document Object Model*) zugeordnet.

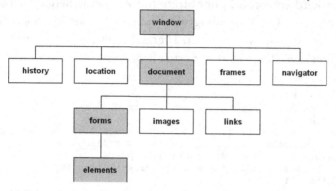

Abbildung 3.2: Strukturbaum der JavaScript Objekte

3.3.2.1   Das Location-Objekt

Ein erstes Beispiel zu den Browser-Objekten ist eine URL-Umleitung mit Zugriff auf die Objekte Document und Location. Sie rufen eine Webadresse auf und werden von hier nach Bestätigung umgeleitet.

```
<html>
  <head><title>JavaSCript Objekte</title></head>
  <body>
  <script type="text/javascript">
    document.write ("<b>URL = </b>" +location.href +"<br>" );
    document.write ("<b>PATH = </b>"+location.pathname+"<br>");
    document.write ("<b>PROTOKOLL = </b>" +location.protocol +"<br>");
    document.write ("<b>Target = </b>"+location.target +"<br>");
    if (window.confirm ("Sie werden jetzt weitergeleitet zu
      www.seiten-programmierung.de")){
      window.location.href = "http://seiten-programmierung.de";
    } else{
      document.write("Sie haben die Weiterleitung nicht bestaetigt");
    }
  </script>
  </body>
</html>
```

Die Methode write() des Objekts document erwartet als Argument einen String (Zeichenkette) in doppelte Hochkommata eingeschlossen. Dabei besteht die Möglichkeit, durch den Verknüpfungsoperator + einen zusammengesetzten String zu erzeugen. Sie können auch den arithmetischen Zuweisungsoperator += benutzen. Im ersten Aufruf von document.write() wird der String zusammengesetzt aus der String-Literalen URL = , der Eigenschaft href des Objekts location und der

Literalen <br>. Die Bezeichnungen in spitzen Klammern <> sind HTML-Anweisungen zur Formatierung, Fettdruck und Zeilenvorschub. Weiter werden der Pfadname, das benutzte Protokoll und der Zielframe angezeigt.

Die Abfrage mit der Methode confirm() ist in eine Bedingung eingeschlossen. Die Methode liefert den Wert *true* zurück, falls der Button ok gedrückt wurde. Bei Entscheidung für Abbruch wird *false* zurückgegeben. Im letzteren Fall wird der Else-Zweig der Bedingung ausgeführt und der Besucher verbleibt auf der Seite.

3.3.2.2 Das Navigator-Objekt

Den Typ des Browsers, dessen Einstellungen und die Bildschirmeinstellungen eines Benutzers sind über die Eigenschaften der Objekte Navigator und Screen festzustellen. Mit Kenntnis der Clientdaten können Webseiten, die in Abhängigkeit zu den Parametern stehen, geladen werden. Ggf. bekommt der Anwender Informationen über vorzunehmende Einstellungen wie Java aktivieren oder Cookies zulassen usw. Das nachfolgende Script gibt eine Übersicht über die Eigenschaften der Objekte Navigator und Screen.

```
<script type="text/javascript">
  document.write("Eigenschaften des Objekts <b>navigator</b><br><br>");
  document.write("Codename: " +navigator.appCodeName +"<br>");
  document.write("Name: " +navigator.appName +"<br>");
  document.write("Version: " +navigator.appVersion +"<br>");
  document.write("Betriebssystem: " +navigator.platform +"<br>");
  document.write("userAgent: " +navigator.userAgent +"<br>");
  document.write("Besuchte Seiten: " +history.length +"<br>");
  document.write("Java?: " +navigator.javaEnabled() +"<br>");
  document.write("Cookies?: " +navigator.cookieEnabled +"<br>")
  document.write("Sprache: " +navigator.language +"<br><br>")
  //
  document.write("Eigenschaften des Objekts <b>screen</b><br><br>");
  document.write("Aufloesung: " +screen.width +"x"
                  +screen.height "<br>");
  document.write("Farbtiefe: " +screen.colorDepth +"<br>");
  document.write("Farbaufloesung: " +screen.pixelDepth +"<br>");
  document.write("Verfuegbare Aufloesung: " +screen.availWidth +"x"
                  +screen.availHeight +"<br>");
</script>
```

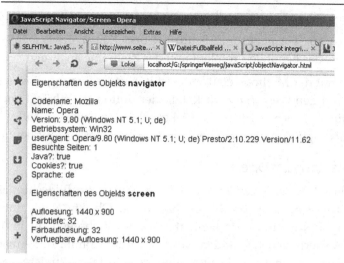

Abbildung 3.3: Protokoll der Eigenschaften von Navigator und Screen

Die Eigenschaft userAgent speichert die Informationen über den Browser in der Form, die der Browser auch bei einer Http-Anforderung sendet. Wir vergleichen Internet Explorer, FireFox, Opera, Chrome und Safari:

Internet Explorer:

> Mozilla/4.0 (compatible; MSIE 8.0; Windows NT 5.1; Trident/4.0; GTB5; Mozilla/4.0 (compatible; MSIE 6.0; Windows NT 5.1; SV1) ; .NET CLR 2.0.50727; InfoPath.2; .NET CLR 1.1.4322; .NET CLR 3.0.4506.2152; .NET CLR 3.5.30729; .NET4.0C)

Firefox: Mozilla/5.0 (Windows NT 5.1; rv:12.0) Gecko/20100101 Firefox/12.0

Opera: Opera/9.80 (Windows NT 5.1; U; de) Presto/2.10.229 Version/11.62

Chrome: Mozilla/5.0 (Windows NT 5.1) AppleWebKit/535.19 (KHTML, like Gecko) Chrome/18.0.1025.168 Safari/535.19

Safari: Mozilla/5.0 (Windows NT 5.1) AppleWebKit/534.57.2 (KHTML, like Gecko) Version/5.1.7 Safari/534.57.2

Wir erkennen die unterschiedlichen Rendering- bzw. Layout-Engines u.a. Gecko (Mozilla Projekt), Presto für Opera und KHTML(Konqueror).

3.3.2.3 Das Window-Objekt

Eine als fragwürdig angesehen Anwendung von JavaScript ist das automatische Öffnen von Fenstern. Diese Funktion kann man in den Browsern sogar blocken. Es kann aber doch Situationen geben, in denen auf Benutzerwunsch ein Fenster geöffnet wird, z.B. zur Anzeige von zusätzlichen Informationen oder bei Betrachtung von Bilddetails. Das Fenster kann sich selbst wieder schließen und sollte möglichst wenig Auswirkung auf die weitere Navigation haben.

Eine Alternative ohne JavaScript ist das Öffnen einer neuen Registerkarte in den Browsern. Wenn Sie aber trotzdem unbedingt ein neues Fenster öffnen wollen,

dann verzichten Sie besser nicht auf die Navigationselemente. Die folgende JavaScript-Funktion *neuesFenster()* ist im Kopf des HTML-Dokuments *javascript/popupFenster.html* zu finden. Als lokale Parameter werden die URL der neu zu
öffnenden Seite und die Weite und Höhe des neuen Browserfensters erwartet. Die
Argumente der Methode window.open() müssen in einer Zeichenkette ohne Zeilenvorschub stehen. Da wir es hier mit Schlüsselwortparametern (Eigenschaft und
Wertzuweisung) zu tun haben, ist die Reihenfolge nicht signifikant. Zur Übergabe
aller Werte an die Methode window.open() stellen wir hier zunächst drei Teilstrings bereit und zeigen für den Test die Ergebnisse mit alert() an.

```
<head>
<script type="text/javascript">
  function neuesFenster(url,w,h){
    var winleft = (screen.width - w) / 2;
    var wintop = (screen.height - h) / 2;
    var winPosition =
      "top=" +wintop +",left=" +winleft +",width=" +w +",height=" +h;
    var winFeatures =
      ",toolbar=no,location=yes,status=yes,fullscreen=no,titlebar=yes";
    var winNavigation =
      ",menubar=no,scrollbars=yes,resizable=yes,dependent=yes";
    alert("winPos: " +winPosition);
    alert("winFeatures: " +winFeatures);
    alert("winNavigation: " +winNavigation);
    alert("url: " +url);
    // neues Fenster oeffnen
    var neuesFenster =window.open("",'meinFenster',winPosition +
      +winFeatures +winNavigation);
    neuesFenster.window.moveTo(256,128);
    neuesFenster.document.write ("<a href='#'
    onclick='window.close()'><b>Fenster schliessen</b></a>");
    // neuesFenster.window.location(url);
  }
</script>
</head>
```

Im Body des HTML-Dokuments ist der Funktionsaufruf über einen Submit-Button
realisiert. Unser neues Fenster soll eine Größe von 240 x 180 px haben. Stellen Sie
für den Test im Firefox-Browser unter Extras > Einstellungen >Tabs das
Öffnen in einem neuen Tab aus und lassen Sie Extras > Einstellungen >
Inhalt das Öffnen von Popups zu. In der Funktion *neuesFenster()* ist am Ende
noch der Aufruf von moveto() zur Positionierung des neuen Fensters vorhanden
und es sind Angaben zum Inhalt gemacht. Abbildung 3.4 zeigt die Bildschirmdarstellung des Skripts zum Window-Objekt.

```
<body bgcolor="#dddddd">
<form>
  <input type="submit"
    onclick="neuesFenster('objectNavigator.html',240,180)"
    value= "Neues Fenster öffnen">
</form>
</body>
```

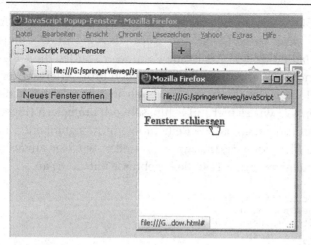

Abbildung 3.4: Popup-Window

Wenden wir die zuvor gemachten Erfahrungen mit dem Windows-Objekt nun in der Praxis an. Die Bestückung einer (älteren) Grafikkarte soll erläutert werden. Die Karte wurde auf einem Flachbettscanner digitalisiert. Die interessierenden Bereiche sind farbig dargestellt. Berührt man mit der Maus einen dieser Bereiche, dann erscheint die Erläuterung zum Bauteil in einem Popup-Fenster. Wird der Bereich wieder verlassen, verschwindet auch das Fenster vom Bildschirm. Wir benutzen die Ereignisse onmouseover und onmouseout, denen als Attribute zu einem HTML-Tag als Wert JavaScript-Anweisungen zugewiesen werden. Die Funktion *txtMessage()* erwartet den erläuternden Text und den Titel für das Popup-Fenster. Den vollständigen Code des Skripts finden Sie unter *javascript/infoboxen.html*.

```
<script type="text/javascript">
  function txtMessage(text,titel) {
    ymouse =screen.height/2;
    xmouse = screen.width/2;
    var wintop = ymouse - 120;
    var winleft = xmouse -90;
    var popup=window.open("","textFenster","top=" +wintop +",left="
      +winleft +",directories=no,menubar=no,width=240,height=180");
    popup.document.write("<html><head><title>" +titel +"</title><link
      href='css/textfenster.css' rel='stylesheet'
      type='text/css'></head><body>");
    popup.document.write("<h2>" +titel +"</h2>")
    popup.document.write("<p>" +text +"</p></body></html>");
  }
</script>
```

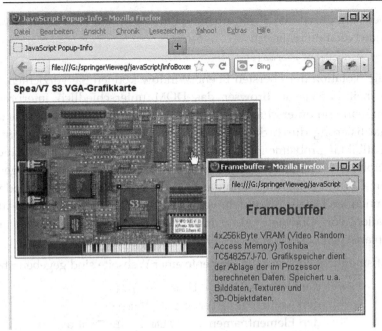

Abbildung 3.5: Zusätzliche Informationen bei Mausberührung in der Infobox

Im HTML-Dokument wird für die Grafik eine Image-Map angelegt, vgl. auch Kapitel 2.16, auf die im Image-Tag mit usemap verwiesen wird. Die Imagemap befindet sich im selben Dokument unter dem Namen *graphicCard*.

```
<map name="graphicCard">
  <area href="#"
    onmouseover="txtMessage('Grafikprozessor (GPU) zur Berechnung der
      Bildschirmausgabe. Heute sind GPUs den CPUs in der Rechenleistung
      überlegen.','Grafikprozessor')"
    onmouseout="popup.close()"
    shape="rect" coords="160,125,245,190" />
  <area href="#"
    <!-- es folgen weitere Area-Tags -->
  />
</map>
<img border="0" src="img/video7GraphicCard.jpg" alt="Video 7 G
  Grafikkontroller" usemap="#graphicCard" width="380" height="232"/>
```

3.4 Das DOM und die Ereignisbehandlung

Mit dem Document Object Model (DOM) ist eine Struktur zum Zugriff auf alle Objekte einer Webseite standardisiert. Beim Laden einer Webseite generiert der Browser eine Baumstruktur der indizierbaren HTML-Elemente und hält diese bis zum Verlassen der Webseite im Hauptspeicher vor. Somit bestehen zwischen den Elementen Verwandtschaftsbeziehungen. Ein Formular ist Kind-Element von Document, das wiederum Eltern-Element von Formular und Kind-Element zu Window ist. Window ist das Eltern-Element zu Document. Elemente auf gleicher Ebene bezeichnet man als Geschwister-Elemente, vgl. hierzu auch die Abbildung

3.2. Der Weg durch den Strukturbaum zum Zugriff auf ein Formular würde durch folgende Notation realisiert:

```
window.document.forms[0]
```

Auf die Notation der obersten Ebene Window können Sie verzichten. In der Vergangenheit haben die Browser das DOM unterschiedlich interpretiert, daher spricht man von unterschiedlichen Modellen. Das DOM Level 0 hatte sich vor der Standardisierung durch das W3C etabliert und ist in allen Browsern verfügbar. Kompatibilitätsprobleme zwischen den Browsern zum W3C-DOM sind seit Internet Explorer 9 im Rahmen unserer Betrachtungen zu vernachlässigen. In dieser kurzen Zusammenfassung kann das DOM und auch das Ereignismodell natürlich nicht mit allen Details behandelt werden. Es werden aber übliche Ansätze zur Manipulation von Objekten und zum Umgang mit Webformularen anhand von exemplarischen Lösungen vorgestellt.

Zugriffsmöglichkeiten auf die Elemente einer Webseite sind gegeben über

- die Element ID `getElementById()`
- den Namen `getElementsByName()`
- den Elementnamen `getElementsByTagName()`
- über die Objektarrays `document.forms[0].elements[1]`

Alle Methoden werden durch das Dokument-Objekt und das Node-Objekt bereitgestellt. Jedem HTML-Element können Sie als Attribut eine ID oder/und einen Namen zuordnen. Konflikte werden vermieden, wenn Sie nur eindeutige Identifizierungen verwenden. Nachstehendes Codesegment dokumentiert den Mechanismus. *Swap* deklariert ein Objekt vom Typ Image. Auf diese Variable wird die Referenz zum Objekt mit der ID *imgId* hergestellt. Die Daten werden unter *swap* gespeichert, das ursprüngliche Element bekommt danach eine andere Quelle zugewiesen.

```
var swap = new Image();
swap.src = document.getElementById('imgId').src;
document.getElementById(imgId).src = einAnderesImage.src;
<img id="imgID" src="eineAndereBilddatei.jpg" />
```

Wir kommen auf diese Anwendung im Abschnitt 3.4.1 bei der Erstellung einer Bildergalerie mit Rollover-Effekt zurück.

Ereignisse (Events) sind von außerhalb des Programms einwirkende Aktionen wie Tastaturbedienung oder Mausbewegung. Objekte können mit Event-Handlern verbunden werden, die auf Ereignisse reagieren. Die Ereignisbehandlung mit HTML wird durch ein Attribut in den HTML-Tag eingebunden. Als Wert werden dem Eventhandler Strings mit JavaScript-Code, i.d.R. Funktionsaufrufe, zugewiesen. Event-Handler sind eine wichtige Schnittstelle zwischen HMTL-Code und JavaScript. Wir können die Ereignisse auch in JavaScript formulieren. Das folgende Codesegment zeigt zwei Formulare mit jeweils einem Button. Die Buttons tragen verschiedene Namen, die Formulare unterschiedliche IDs. Im Fall des ersten Buttons wird das Ereignis `onclick` mit JavaScript formuliert. Die Ereignisbehandlung ist als anonyme Funktion (Funktion ohne Namen) dem Ereignis zugewiesen. Der zweite Button *b02* reagiert auf das Ereignis onmouseover mit Aufruf der Funktion *willkommen()*. Das Objekt selbst wird als Argument übergeben. Die Anzahl der Aufrufe wird gezählt und auf dem Button angezeigt. Testen Sie selbst das Programm *ereignisBehandlung.html* und machen Sie sich mit dem Zusammenspiel von HTML-Elementen, Ereignissen und JavaScript vertraut.

```
<html>
<!-- javascript/ereignisBehandlung.html -->
<head><title>Ereignisbehandlung</title>
<script language="JavaScript">
  var x=1;
  function willkommen(obj){
    alert("Herzlich Willkommen");
    if(obj.name == 'b02'){
      obj.value = x +" x Click auf b02";
      x=x+1;
    }
  }
</script>
</head>
<body>
<form id ="form_1">
  <input type="button" name="b01" value="JavaScript">
</form>
<form id ="form_2">
  <input type="button" name="b02" value="HTML"
    onclick="willkommen(this)">
</form>
<script language="JavaScript">
  document.getElementById("form_1").onmouseover = function()
              {alert("Herzlich Willkommen")};
</script>
</body></html>
```

Wie oben bereits erwähnt existieren unterschiedliche Ereignismodelle. Das sog. DOM 0 Ereignismodell hat browserübergreifend die beste Kompatibilität, ist aber nicht flexibel genug und wurde von den Browserhersteller vor der Standardisierung eingeführt. Das vom W3C definierte Modell, implementiert in den modernen Browsern, unterscheidet sich davon deutlich und ist abwärtskompatibel zum DOM 0. Inwieweit ein Browser ein bestimmtes Feature unterstützt, kann man durch sog. Feature Testing abfragen. Der folgende Code fragt die getElementbyId() – Methode ab.

```
if (typeof document.getElementById != "undefined"){
  // getElementById wird unterstützt
} else{
  // keine Unterstützung für getElementById
}
```

Die wichtigsten Ereignisse sind in der Tabelle 3.2 zusammengefasst. Nachfolgend werden zwei Beispiele zur Ereignisbehandlung mit HTML diskutiert. Das Skript des Abschnitts 3.4.1 behandelt eine Bildergalerie mit Vorschaubildern und Rollover-Effekt. Im Abschnitt 3.4.2 wird eine Animation über JavaScript-Bilderwechsel mit Unterstützung durch den neuen Input Tag-Typ *range* realisiert.

Die HTML-Attribute beginnen immer mit on und werden dann durch die Ereignisbezeichnung weitergeführt, z.B. onmouseover. In der HTML-Kodierung folgen dem Zuweisungsoperator JavaScript-Anweisungen, i.d.R, der Funktions- bzw. Methodenaufruf, z.B. *popup.window.close()* wie im vorhergehenden Abschnitt schon angewandt.

Tabelle 3.2: Eventhandler in HTML

Event-Handler	Ereignis wird ausgelöst durch:
onblur	Ein Element verliert den Fokus
onclick	ein Element wird angeklickt
onfocus	ein Eelement gewinnt den Fokus
onload	eine Webseite wird geladen
onmouseout	Mauszeiger außerhalb des Element
onmouseover	Mauszeiger über einem Element
onmousemoved	Maus wurde bewegt
onmousedown	Maustaste gedrückt
onmouseup	Maustaste losgelassen
onunload	Webseite wird verlassen

3.4.1   Eine Bildergalerie

Eine typische JavaScript Anwendung ist die Aufbereitung einer Bildergalerie mit Vorschaubildern, die bei Mausberührung den Inhalt verändern (Rollover-Effekt) und bei Mausklick ein hochaufgelöstes Bild anzeigen. Wir gehen von einem Verzeichnis *bilder* aus, in dem die Bilder mit einem Präfix (*bigColor, thumbColor, thumbGray*) und einer laufenden Nummer im Dateinamen als JPG-Format gespeichert sind.

Im Head-Bereich des HTML-Dokuments werden unter dem Script-Tag die Farbbilder eingelesen. Die Bilder werden in Arrays vom Typ Image gespeichert. Ein Array speichert unter einem Namen mehrere Objekte, die durch ihren Index unterschieden werden. Die Länge des Arrays muss bei der Deklaration nicht festgelegt werden. Neu hinzukommende Objekte werden an das letzte Element angehängt. Die Zählung der Arrayelemente beginnt immer bei null, vgl. auch Abschnitt 3.2.3.

```
<script type="text/javascript">
  var thumbColor = new Array(); // Vorschaubilder
  var bigColor   = new Array(); // hochaufgelöste Bilder
  var swap    = new Image(); // sichern eines Bildes
  var n      = 9;       // Anzahl der Bilder
  var k;             // Index
  if(document.getElementById) { // Feature Test
    for (var i=0; i<n; i++){
      k=i+1;
      thumbColor[i] = new Image();
      thumbColor[i].src = "bilder/thumbColor0" +k +".jpg";
      bigColor[i] = new Image();
      bigColor[i].src ="bilder/bigColor0" +k +".jpg";
    }
  } else {
```

```
        alert("JavaScript? IE>8?");
     }
  </script>
```

Zunächst sind die Objekte für Vorschaubilder und hochaufgelöste Bilder zu deklarieren, zusätzlich wird ein Objekt für ein zu sicherndes Bild *swap* deklariert. Vor der Objektdefinition wird ein Feature-Test durchgeführt, der bei älteren Browsern oder ausgeschaltetem JavaScript für document.getElementById() *false* liefert und ggf. im Else-Zweig das Programm fortführt. In einer Schleife werden die hinzukommenden Objekte als Image deklariert, für die Eigenschaft src wird die Dateireferenz generiert und den Objekten zugewiesen.

Abbildung 3.6: Bildergalerie mit Rollover-Effekt

Im HTML-Dokument notieren wir innerhalb einer Tabelle für den Image-Tag die Ereignisbehandlung für mouseover, mouseout und click und binden das Graubild für die Vorschau ein.

```
<table>
  <tr>
  <td><a href="#"
    onmouseover="dispThumbColor('i01',0)"
    onmouseout ="dispThumbGray('i01')"
    onclick ="dispBigImage('0','Sonnenuhr')">
    <img id="i01" src="bilder/thumbGray01.jpg" /></a></td>
<! - Tabelle wird für alle 9 Bilder vervollstaendigen -->
```

Der Browser erzeugt mit einigen ergänzenden Stilvorlagen eine Bildschirmausgabe wie aus der Abbildung 3.6 ersichtlich.

Zunächst ist die Funktion *dispThumbColor()* für das Ereignis mouseover zu erstellen. Bei Aufruf werden die ID des Bildes und der Array-Index mit übergeben. Mit document.getElementById() wird das betreffende Vorschaubild referenziert und zwischengespeichert. Über den Array-Index wird das farbige Vorschaubild referenziert und dem über die ID identifizierten Element zugewiesen. Wir sehen das farbige Bild. Wenn die Maus die Fläche des Vorschaubildes wieder verlässt, wird mit der Funktion *dispThumbGray()* der Vorgang wieder zurückgenommen. Das zwischengespeicherte Bild wird wieder zum Inhalt des ursprünglichen Elements. Mit `return` *true* erfolgt die Rückkehr zum HTML-Dokument bzw. zum rufenden Programm.

```
function dispThumbColor (imgId, arrayIndex){
    var inx = parseInt(arrayIndex);
    swap.src = document.getElementById(imgId).src;
    document.getElementById(imgId).src=thumbColor[inx].src;
    return true;
}
function dispThumbGray(imgId){
    document.getElementById(imgId).src=swap.src;
    return true;
}
```

Bei Mausklick wird die Funktion *dispBigImage()* aufgerufen. Übergeben wird der Array-Index und ein Text für den Bildtitel. Die Vorgehensweise zum Öffnen eines neuen Fensters wurde im Abschnitt 3.3.2 bei der Erläuterung des Window-Objekts bereits beschrieben. Breite und Höhe des Bildes werden abgefragt und damit eine zentrierte Positionierung des neuen Fensters berechnet. Das Fenster bekommt einen Namen und wird durch `name.document.write()` mit Inhalt gefüllt. Zum Inhalt gehört auch eine Schaltfläche Fenster schließen. Sofern ein Fenster vom Benutzer nicht geschlossen wird, erfolgt die Anzeige weiterer Bilder in demselben Fenster.

```
function dispBigImage(arrayIndex,text){
    var inx = parseInt(arrayIndex);
    w = bigColor[inx].width;
    h = bigColor[inx].height;
    var winleft = (screen.width - w) / 2;
    var wintop = (screen.height - h) / 2;
    w=w+48; h=h+128;
    // Teilstrings zu Fensterparametern (kein Zeilenvorschub!
    var winPosition =
        "top=" +wintop +",left=" +winleft +",outerWidth=" +w +",
    outerheight=" +h;
    var winFeatures =
        ",toolbar=yes,location=yes,status=yes,fullscreen=no,titlebar=yes";
    var winNavigation =
        ",menubar=yes,scrollbars=yes,resizable=yes,dependent=yes";
    var neuesFenster=window.open("",'meinFenster',
        "winPosition +winFeatures +winNavigation);
    // HTML-Code, Inhalt für neues Fenster
    neuesFenster.document.write(
        "<html><head><title>Bildergalerie</title><link rel='stylesheet'
        href='css/rollover.css' type='text/css'/></head><body>");
    neuesFenster.document.write(
        "<div class='center'><img src='" +bigColor[inx].src +"' />");
    neuesFenster.document.write("<p>" +text +"</p>");
    neuesFenster.document.write("<a href='#'
        onclick='window.close()'>Fenster schliessen</a>
        </div></body>");
}
```

Das vollständige Programm finden Sie im Download-Archiv unter *javascript/bildergalerie.html* Im Abschnitt 3.7.3 wird noch eine elegantere Lösung mit jQuery und Lightbox vorgestellt.

3.4.2 Animation mit JPG-Bildern

Nach dem Muster der Bildergalerie können wir nun auch eine Animation mit JPG-Bildern abspielen. Es sind die Einzelbilder zu laden und in einer zeitlichen Folge nacheinander abzuspielen. Hierfür benötigen wir einen Zeitgeber. JavaScript stellt die Funktionen `setTimeout()` für einmalige Zeitverzögerung und `setInterval()` für wiederholte Ausführung nach Zeitverzögerung bereit. Laufende Zeitgeber müssen vor einer neuen Benutzung angehalten werden. Für die Steuerung der Animation benutzen wir Input-Tags vom Typ Button für Start/Stop und einen Input-Tag vom HTML5 Typ Range.

```
<img id="aniImg" src="img/wikinger/wikinger1.jpg" />
<div id="animato">
  <input type="button" value="start"
         onclick="timer=setInterval('bildwechsel()', 50)" />
  <input type="range" min="0" max="2000" step ="50" value="500"
         onchange="clearInterval(timer);
  timer=setInterval('bildwechsel()', this.value)
  <input type="button" value="stop"
         onclick="clearInterval(timer)" /></div>
```

Bei Klick auf den Startbutton wird der Zeitgeber *timer* initialisiert und die Ausführung der Funktion *bildwechsel()* für 50 Millisekunden verzögert. Das ist wenig bzw. schnell. Wird der Schieberegler verändert, wird der Zeitgeber *timer* angehalten und wieder neu mit dem veränderten Verzögerungswert gestartet. Bei Betätigung des Buttons *stop* wird der Zeitgeber nur angehalten.

Abbildung 3.7: Animation mit Steuerung über Input-Tags

```
var aniObjekt = new Array();
var anzBilder = 5;
var k        = 0;
var timer    = 0;
if (document.getElementById) {
  for (var i=0; i < anzBilder; i++){
    k=i+1;
    aniObjekt[i] = new Image();
    aniObjekt[i].src = "img/wikinger/wikinger" +k +".jpg";
  }
} else {
    alert("JavaScript? IE>8?");
}
function bildwechsel(){
  if (k == anzBilder ) k=0;
    document.getElementById('aniImg').src = aniObjekt[k].src;
    k++;
}
```

Das Laden der Einzelbilder erfolgt nach dem bereits erörterten Muster. Die Bildreihenfolge wird über den Index *k* festgelegt. K zählt von 0 bis n-1. Überschreitet *k* die Anzahl der Bilder, wird der Wert auf null zurück gesetzt und die Animation beginnt wieder beim Anfang. Im JavaSrcipt-Download-Archiv finden Sie das Dokument unter *animation.html*.

3.5 Webformulare

3.5.1 Das Objekt Date in einem Miniformular

Wir möchten eine kontinuierliche Zeit und Datumsanzeige auf der Webseite anbringen und in Abhängigkeit der Tageszeit ein kleines Bild für Morgen, Mittag, Abend und Nacht einblenden. Das gesamte JavaScript befindet sich im Script-Tag im Head des Dokuments. Die Bilder werden in ein Array *bild[]* geladen. Die Objekte des Arrays sind vom Typ Image *bild[i]* = new Image(); Dem Attribut src eines Bildes wird die Dateireferenz durch eine Zeichenkette zugewiesen. Die Bilder liegen in einem Unterverzeichnis *img/*. Der Dateiname hat das Präfix *img_* gefolgt von einer laufenden Nummer und durch Punkt getrennt folgt die Erweiterungsbezeichnung *jpg*.

```
<script type="text/javascript">
  // Laden von vier Bildern
  var bild = new Array();
  var anz = 4;
  for (var i=0; i<anz; i++){
    bild[i]= new Image();
    bild[i].src = 'img/img_' +i +'.jpg';
  }
```

Es folgt die Definition einer Funktion *dateTime()*. Hier wird ein Date-Objekt mit dem Bezeichner *datum* erzeugt. Get-Methoden des Date-Objektes geben Jahr, Monat, Tag, Stunde, Minute und Sekunde zurück. Wir benötigen diese Werte zur eigenen Aufbereitung des Datumsformates. Eine einfache Aufbereitung der Datumsausgabe ist mit der Methode toLocaleString() gegeben. Die Methode `getMonth()` liefert Zahlen von 0–11 zurück. Innerhalb einer Switch-Fallunterscheidung wird der Klartext für den laufenden Monat ermittelt.

```
function dateTime(){
  var datum = new Date();
  var tag = datum.getDate();
  var monat = datum.getMonth();
  var jahr = datum.getFullYear();
  // Klartextausgabe
  var datumstext = datum.toLocaleString();
  switch (monat){
    case(0): monat= "Januar"; break;
    case(1): monat= "Februar"; break;
    case(2): monat= "März"; break;
    case(3): monat= "April"; break;
    case(4): monat= "Mai"; break;
    case(5): monat= "Juni"; break;
    case(6): monat= "Juli"; break;
    case(7): monat= "August"; break;
    case(8): monat= "September"; break;
    case(9): monat= "Oktober"; break;
    case(10): monat= "November"; break;
    case(11): monat= "Dezember"; break;
```

Die Bestimmung der Uhrzeit erfolgt mit den Methoden `getSeconds()`, `getMinutes()` und `getHours()`. Sofern die zurückgelieferten Werte im einstelligen Bereich liegen, ergänzen wir den Wert durch eine führende Null.

Um nicht den ganzen Tag vor dem Bildschirm sitzen zu müssen, unterteilen wir für Testzwecke 60 Sekunden in vier Intervalle. 0-15, 16-30, 31-45 und 46 -59. Jedes Intervall liefert den Index 0-3 für das der Tageszeit entsprechende Bild. Für die Rundung 60/15 benutzen wir die Methode `floor()` des Math-Objekts. Einen Index größer 3 müssen wir abfangen.

```
var sekunde = datum.getSeconds();
// Zeitraum von 60 Sekunden für vier Bilder unterteilen
var index = Math.floor(sekunde/15) ;
if (index > 3) (index=3);
document.grafik.src=bild[index].src;
// ggf. durch fuehrende Null ergaenzen
if (sekunde < 10) sekunde = "0" +sekunde;
var minute = datum.getMinutes();
if (minute < 10) minute = "0" +minute;
var stunde = datum.getHours();
if (stunde < 10) stunde = "0" +stunde;
```

Es stellt sich nun die Frage, wie dem Besucher der Webseite die Werte zugänglich gemacht werden? Wir werden das über ein Formular mit Input-Tags bewerkstelligen. Das Formular hat einen Namen, jeder Input-Tag im Formular hat einen Namen und das Element hat ein Attribut `value`. Wir können den Strukturbaum des DOMs durchlaufen und die Wertzuweisung an das Objekt übernehmen.

```
document.anzeige.tagesDatum.value = "Datum: " +tag +"." +monat +" "
+jahr;
document.anzeige.zeit.value = "Uhrzeit: " +stunde +":" + minute +":"
+sekunde;
document.anzeige.lokal.value = tagesdatum
document.grafik.src=bild[index].src;
```

Der Name des Formulars ist *anzeige*, die Input-Tags tragen die Bezeichner *tagesDatum*, *zeit* und *lokal*. Das auszugebende Bild hat im Dokument die Bezeichnung *Grafik*. Es soll nun noch erreicht werden, dass die Anzeige nach 1000 Millisekunden aktualisiert wird. Die Funktion *dateTime()* wird sich daher über `setTimeout()` nach dem vorgegebenen Zeitintervall selbst wieder aufrufen.

```
// Funktion nach 1000 Millisekunden erneut aufrufen
setTimeout("dateTime()",1000);
}</script>
```

Das Skript ist geschrieben, mit der Ereignisbehandlung `onload` als Attribut des Body-Tags erfolgt der Aufruf des Skripts. Im Body benötigen wir jetzt noch den Image-Tag und das Formular.

```
</head>
<body onLoad="dateTime()">
  <img src="img/img_0.jpg" name="grafik" />
  <form name="anzeige">
    <input class="datum" type ="text" name="tagesDatum" value=""><br>
    <input class="uhrzeit" type ="text" name="zeit" value=""><br>
    <input class="lokale" type ="text" name="lokal" value="">
  </form>
</body>
</html>
```

Abbildung 3.8: Tag und Nacht Skript

Mit diesem kleinen Beispiel ist das Prinzip erläutert, mit dem Sie Dynamik auf Ihre Webseite bringen. Der Gebrauch des Date-Objekts und des Math-Objekts als Helfer für das Tag-Nacht-Skript wurden vorgestellt. Anhand des Miniformulars *anzeige* wurde das Formular als Bindeglied zwischen HTML und JavaScript aufgezeigt. Das Ereignis `onload` wurde durch den Funktionsaufruf von *dateTime()* behandelt. Letztere ruft sich rekursiv im Abstand von einer Sekunde immer wieder selbst auf.

3.5.2   Etwas Mathematik – Berechnung des Kurswinkels

In erster Näherung kann man die Erde als Kugel mit einem mittleren Erdradius von 6371 km betrachten. Will man sich von einem Ort A auf der Kugel zu einem Ort B bewegen, dann ist die kürzeste Entfernung die Orthodrome (Großkreis).

Zur Berechnung des Kurswinkels, der sich in jedem Wegpunkt ändert, und der Entfernung zwischen zwei Punkten liegt eine JavaSript-Funktion vor, der als Argumente die geografischen Breiten und Längen des Startpunktes und des Zielpunktes übergeben werden. Das Berechnungsverfahren der sphärischen Trigonometrie wird hier nicht erläutert. Der Interessierte Leser sei auf den Quellcode verwiesen.

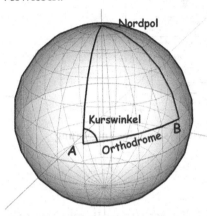

Abbildung 3.9: Orthodrome - kürzeste Verbindung auf der Kugel

Die Eingangsdaten sind über ein Berechnungsformular einzugeben. Zwei Buttons im Formular ermöglichen das Zurücksetzen der Eingabedaten und den Aufruf der Berechnungsfunktion. Voreingestellt sind die Koordinaten von Berlin und Tokio, die berechnete Entfernung ist 8919 km. Die Berechnungsergebnisse sollen von der JavaScript-Funktion an das Webformular zurückgegeben werden. Die Eingabe der Winkel kann dezimal oder sexagesimal erfolgen. Aufgrund der Anzahl der Input-Tags ist der Zugriff über den Namen der Elemente nicht mehr sinnvoll. Wir analysieren zuerst den HTML-Code des Formulars der Abbildung 3.10. Der Formularbereich ist mit der ID *navigation* ausgezeichnet und in die Fieldsets mit den Legenden *Startpunkt, Zielpunkt* und *Kurs* unterteilt. Der Einfachheit halber ordnen wir die Inputelemente in Tabellen an. Für die Input-Tags gibt es eine Namenskonvention l1g, l1m, l1s, l1d für die Länge des Startpunktes, analog wird mit der Breite und dem Zielpunkt verfahren. Wir werden den Zugriff auf die Elemente aber nicht über den Namen vornehmen, wie es im vorhergehenden Beispiel mit der Uhrzeit erfolgte, sondern über den Index der Objektarrays. Der Typ aller Input-Elemente ist Text, die Anzahl der Stellen ist begrenzt, teilweise erfolgt eine Vorbesetzung.

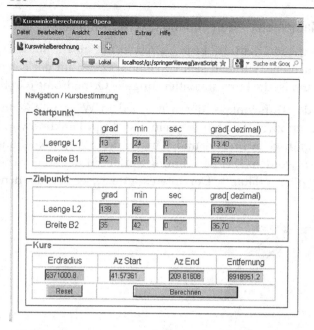

Abbildung 3.10: Berechnung des Kurswinkels und der Entfernung

```html
<form id ="azimut">
  <fieldset><legend>Startpunkt</legend>
  <table border="0">
    <tr>
        <td> </td>
        <td>grad</td><td>min</td><td>sec</td><td>grad[ dezimal)</td></tr>
    <tr>
        <td>Laenge L1</td>
        <td>
          <input type="text" name="l1g" maxlength="3" size="3"
                 value="" /></td>
        <td>
          <input type="text" name="l1m" maxlength="2" size="2"
                 value=""/></td>
        <td>
          <input type="text" name="l1s" maxlength="4" size="4"
                 value="" /></td>
        <td>
           <input type="text" name="l1d" maxlength="9" size="12"
                 vaue="10.5"/></td></tr>
    <tr>
        <td>Breite B1</td>
        <td>
          <input type="text" name="b1g" maxlength="3" size="3"/></td>
        <td>
          <input type="text" name="b1m" maxlength="2size="2"/></td>
        <td>
          <input type="text" name="b1s" maxlength="4" size="4"/></td>
        <td>
          <input type="text" name="b1d" maxlength="9" ize="12"
                 value="52.0"/></td></tr>
  </table>
```

An dieser Stelle ist nur die Kodierung für den Startpunkt wiedergegeben. Analog dazu sind die Fieldsets für den Endpunkt und das Berechnungsergebnis anzulegen. Wichtiger ist die Erläuterung der Ereignisbehandlung des Submit-Buttons. Tritt das Ereignis click ein, dann wird die Funktion *azimutDist()* aufgerufen. Als Argument wird der Funktion die Referenz auf das Formular-Element, ermittelt mit getElementById(), übergeben. Ausgehend von diesem Objekt der DOM-Baumstruktur können wir zu den Kindelementen über die Objektarrays navigieren. Die Anweisung return *false* wird benötigt, da sonst nach Rückkehr aus der Funktion die Formularelemente wieder auf den Anfangszustand gesetzt werden.

```
<tr>
  <td><input id="btnR" type="reset" value="Reset" size="12" /></td>
  <td colspan="4">
     <input id="btnS" type="submit" value="Berechnen" size="12"
            onclick="azimutDist(getElementById('azimut'));
            return false;" /></td>
</tr>
</table></fieldset></form>
```

Mit dem Aufruf der Funktion *azimutDist()* erfolgt zunächst die Prüfung der Eingangsdaten, die Umrechnung von dezimal in sexagesimal Werte oder umgekehrt und letztlich die Berechnung der Kurswinkel und der Entfernung. Diese Details lassen wir hier außer Acht, betrachten aber die Aspekte des Zugriffs auf die Formularfelder ein wenig aus der Nähe.

Mit getElementById('azimut') erhalten wir die Referenz auf das Form-Element, diese Referenz übergeben wir als Argument der Funktion *azimutDist()*. Dort wird es lokal als *obj* bezeichnet, ein Array mit allen Elementen des Formulars. Die Elemente kann man nun über den numerischen Index und die Eigenschaften (id, name, value usw.) adressieren. Die Nullindizierung beginnt beim Fieldset, es folgen sexagesimal die Felder der Längenposition des Startpunktes und mit dem Index 4 der Dezimalwert der Länge des Startpunktes. Eine Variablenzuweisung des Textstrings aus dem Input-Tag hätte folgende Notation:

```
var l1d = parseFloat(obj[4].value);
```

umgekehrt würde das Berechnungsergebnis für die Entfernung mit

```
obj[22].value=dist;
```

an das Eingabefeld zurück übergeben werden.

Mit 270 Codezeilen hat das Dokument *javascript/navigation.html* schon einen gewissen Umfang angenommen. Es gibt aber zum Einstieg in den Umgang mit Webformularen noch ein kleines Testprogramm *testFormularelemente.html*, das dazu dient, sich mit dem Zugriff auf die Formularelemente vertraut zu machen. Es ist auch eine Empfehlung für den Einsteiger, im Teststadium nicht gleich am großen Projekt zu arbeiten.

3.6 Das Canvas-Element von HTML5

Mit dem Canvas-Objekt von HTML5 wird ein Bereich im Browserfenster zur dynamischen Bilderzeugung und Animation reserviert. Nach der Initialisierung stellt sich der Canvas-Bereich zunächst als leere transparente Fläche dar. Sofern der Browser das Canvas-Objekt nicht verarbeiten kann, wird der alternative Inhalt des Canvas-Tags dargestellt. Durch Aufruf der Methode `getContext()` mit dem Parameter "2D" stellen Sie den Grafikkontext her und haben Zugriff auf elementare JavaScript-Grafikmethoden zum Zeichnen von grafischen Grundformen. Linien, Text und Bilddarstellung. Umrandungen und Füllmuster sind frei definierbar. Mit Methoden der Koordinatentransformation verschieben, skalieren und drehen Sie die Grundformen und können auch animierte Effekte erzielen. Die Grafik selbst verhält sich dabei wie ein Image-Element und kann mit Stilvorlagen manipuliert werden oder über das Kontextmenü gespeichert werden. Im Gegensatz zu SVG, das vektororientiert ist, ist das Canvas-Element pixelorientiert und entspricht eher den Grafikmöglichkeiten von PHP.

Mit einem einfachen Beispiel steigen wir in die Canvas-Programmierung ein. Bei der Erstellung von Sichtmauerwerk werden die Steine in Lagen in bestimmter Anordnung gelegt - Maurer kennen den *Holländischen Verband*. Wollen wir eine derartige Mauer grafisch im Canvas-Element darstellen, benötigen wir den Grafikkontext und lediglich die Funktionen zur Zeichnung eines Rechtecks und Transformation des Koordinatensystems damit der Folgestein gesetzt werden kann. Im zu erstellenden Beispielprogramm erhät der Canvas-Tag die ID *mauerwerk*. Auf das Ereignis `onload` folgt die Initialisierung. Wir gehen davon aus, dass unser Browser Canvas beherrscht, halten aber noch eine Alternative bereit.

```
<body onload="init()">
<div id="hinweis"></div
  <canvas id="mauerwerk" width="640" height="320">
   <p>
   Hier ist der Grafikbereich für einen <em>Mauerwerksverband</em>
   reserviert. Leider kann Ihr Browser das Canvas-Objekt nicht
   verarbeiten.
   <img src="alternativesBild.jpg" />
   </p>
   </canvas>
```

Wenn der Browser den Text anzeigt, gelingt die Canvas-Demonstration nicht. Andernfalls wird das JavaScript tätig. Zunächst muss der Rendering-Context hergestellt werden. Im Script-Tag legt man eine Variable mit der Referenz auf das Canvas-Element an und stellt dann den Kontext zur 2D-Grafik her.

```
<script type="text/javascript">
function init(){
 var canvas = document.getElementById("mauerwerk");
 var gfk    = canvas.getContext('2d');
 gfk.clearRect(0,0,canvas.width,canvas.height);
 gfk.fillStyle = "rgb(255,0,0)";
 gfk.strokeStyle = "rgb(128,128,128)";
 gfk.save();
 hollaendischerVerband();
}
```

Auf den so hergestellten Rendering-Kontext *gfk* können jetzt die grafischen Methoden angewandt werden. Wir leeren die Grafikfläche, definieren einen Linienstil und einen Füllstil und speichern den Grafikzustand auf einem Stack mit der Methode `save()`. So haben wir einen hinreichend definierten Zustand, den wir mit restore() bei Bedarf wieder herstellen können. Sofern Variable nicht als Argumente an die Funktionen übergeben werden, sind diese als global deklariert. Es wird die Funktion *hollaendischerVerband()* aufgerufen. Dort wird zunächst dem Container *hinweis* des Dokuments die Eigenschaft `innerHTML` zugewiesen. Damit bekommt die Grafik eine Überschrift, ggf. auch eine Erläuterung zur Bedeutung des benutzten Mauerwerkverbandes. Dann geht es aber mit *hollaender()* endlich zur grafischen Darstellung.

```
function hollaendischerVerband(){
  var text="<h3>Holländischer Verband</h3>";
  document.getElementById('hinweis').innerHTML=text;
  hollaender();
}
```

Alle Grafik-Elemente innerhalb der Canvas-Zeichenfläche werden in einem rechtwinkligen Koordinatensystem positioniert. Die Voreinstellung für das Koordinatensystem hat ihren Ursprung oben links in der Zeichenfläche. Die positive X-Achse weist nach rechts, die positive Y-Achse nach unten. Ein Rechteck der Breite w und Höhe h, Angaben in Pixel, wird mit `gfk.fillRect(0,0,w ,h)` im Koordinatenursprung mit dem aktuell gültigen Füllstil abgebildet. Wir wollen unsere Steine immer an den Ursprung legen, müssen daher auch jeweils das Koordinatensystem mit *gfk.translate* (*dx, dy*) verschieben. Der Betrag von *dx* ist immer die Länge eines Steines mit Fuge, *dy* bleibt in einer Steinschicht unverändert. Wenn die nächste Mauerschicht dran ist, wird das Koordinatensystem um die Höhe eines Steines mit Fuge in Y-Richtung verschoben. Zum Anfang der Mauer kommen wir mit negativer Verschiebung zurück. Die einzelnen Transformationen haben wir aufaddiert und kennen so den negativen Verschiebungsbetrag. Hier zunächst die Funktion *zeichneStein()* mit der die einzelnen Steine gelegt werden. Zur Demonstration des Fugenbildes kann man noch unterschiedliche Farbwerte mit übergeben.

```
function zeichneStein(g, weite, hoehe, fuge, farbe){
  g.fillStyle=farbe;        // Füllstil definieren
  g.fillRect(0,0,weite,hoehe); // Rechteck an Position 0,0 zeichnen
  g.translate(weite+fuge,0);  // Koordinaten um einen Stein verschieben
  xBack +=weite+fuge;       // Verschiebungsbetrag addieren
  return;
}
```

Die benötigten Mauersteine werden als Ganze, Halbe und Dreiviertler bezeichnet. Entsprechend haben wir Funktionen definiert und deklarieren die Steine als Objekte mit den Eigenschaften *l, b, h, fuge* und *farbe*. Die realen Abmessungen sind Millimeter, wir rechnen mit einem Maßstabsfaktor *f* in Pixel um.

```
function Ganz(){
  this.l    = Math.floor(240/f);
  this.b    = Math.floor(115/f);
  this.h    = Math.floor(71/f);
  this.fuge = Math.floor(10/f);
  this.farbe = "rgb(194,62,54)";
}
```

Der Mauerwerkverband besteht aus alternierenden Schichten von Bindersteinen und Läufersteinen. Wir wollen *n* Läufersteine und *m* Schichten zu einer Mauer aufbauen. Die Läuferschichten im Holländischen Verband beginnen immer mit Dreiviertel-Steinen, dann werden Läufer und Binder alternieren innerhalb einer Schicht. gelegt. Daher haben wir noch einen Mechanismus zur Ermittlung des vorletzten Steines in der Läuferschicht eingebaut. Für die unterschiedlichen Steinformate haben wir eigene Objekte deklariert. Die Funktion für einen Dreiviertler-Stein ist wie folgt notiert:

```
function Dreiviertler(){
   this.l     = Math.floor(177.5/f);
   this.b     = Math.floor(115/f);
   this.h     = Math.floor(71/f);
   this.fuge  = Math.floor(10/f);
   this.farbe = "rgb(255,96,101)";
}
```

Nach dieser Bauvorschrift wird ein Dreiviertler konstruiert (instanziiert). Die Abmessungen sind in Millimeter angegeben, *f* ist ein Maßstabsfaktor, mit dem die Steinabmessungen von Millimeter auf Pixel umgerechnet werden. Analog wird mit den anderen Steinformaten verfahren.

```
function hollaender(){
   stein  = new Ganz();
   stein2 = new Halber();
   stein34 = new Dreiviertler();
   var anteil4 = 0;
   var n2 = n*2;     // Anzahl Halbe-Steine
   var n4 = n*4;     // Anzahl Viertel-Steine
   for (var k=0; k<m; k=k+2){  // m Schichten Zweierschrittweite
     xBack=0;                  // Verschiebung Ks in x-Richtung
     steinHoehe=stein.h+stein.fuge;
     for (i=0; i<n2-1; i++) {  // Binderreihe n Läufer zweimal
       zeichneStein(gfk, stein2.l, stein2.h, stein2.fuge,stein2.farbe);
     }
     gfk.translate(-xBack,steinHoehe); // Anfang nächste Lage Dreiviertler
     xBack=0;
     zeichneStein(gfk,stein34.l,stein34.h,stein34.fuge,stein34.farbe);
     anteil4 = 3;
     nMal = (n*4-6)/6;
     for ( j=0; j<nMal-1; j++) { // alternierend Läufer/Binder
       zeichneStein(gfk,stein.l,stein.h,stein.fuge,stein.farbe);
       anteil4 +=4;
       zeichneStein(gfk,stein2.l,stein2.h,stein2.fuge,stein2.farbe);
       anteil4 +=2;
     }
     if (anteil4 < (n4-3)) {  // Brauchen wir noch einen Läufer?
       zeichneStein(gfk,stein.l,stein.h,stein.fuge,stein.farbe);
     }
     // Abschluss Dreiviertler
     zeichneStein(gfk,stein34.l,stein34.h,stein34.fuge,stein34.farbe);
     gfk.translate(-xBack,steinHoehe);ücksetzen
     xBack=0;
   } // Ende k-Loop
} // Ende hollaender()
</script>
```

Abbildung 3.11: Holländischer Mauerwerksverband

Der Komponente Mauerverband werden wir in einem späteren Beispiel wieder begegnen. Hier wurde gezeigt, wie nach Herstellung des Grafikkontextes mit JavaScript und der Canvas-Methode `fillRect()` dynamisch ein Bild erzeugt wurde. Die Grafikausgabe wurde in die Funktion *zeichneStein()* ausgelagert. In der Funktion *hollaneder()* wurde von den Canvas-Methoden `translate()` zum Zurücksetzen des Koordinatensystems an den Anfang der Mauer genutzt.

3.6.1 Animierte Liniendarstellung

Wenden wir uns nun einer komplexeren grafischen Form zu. Sie kennen sicher das Kinderratespiel *Haus vom Nikolaus*, vgl. Abbildung 3.12. In einem Linienzug ist ein Haussymbol zu erstellen. Der Linienzug soll als Lösungsmuster zeitverzögert ausgegeben werden, damit der Benutzer die Reihenfolge erkennen kann. Wir definieren einen Linienzug in der Folge seiner Eckpunktkoordinaten in der Notation eines deklarativen Arrays, vgl auch Abschnitt 3.2.3.

```
var linie = [
  {x:0, y:200}, {x:160, y:200}, {x:0, y:100}, {x:80, y:0},
  {x:160, y:100},{x:0, y:200}, {x:0, y:100}, {x:160, y:100},
  {x:160, y:200}
];
var pktZaehler = 0;
var timer;
```

Die Variable *linie* stellt ein Array der Knotenpunkte dar. Weiter benötigen wir noch einen Zähler, den wir als Punktindex für die Adressierung verwenden und einen Zeitgeber. Danach treffen wir die Festlegungen für den Zeichnungsstil. Die Linienfarbe, die Linienstärke und die Art der Verbindung an Linienschnittpunkten. Wir setzen den Ursprung des Koordinatensystems durch Translation auf die Position (64,64), beginnen den Pfad und bewegen den *Zeichenstift* mit `moveTo()` zur Anfangsposition des Linienzuges.

Mit dem nächsten Befehl setzen wir die Zeitverzögerung. JavaScript kennt keine Wait- oder Sleep-Warteschleifen. Als Ersatz existieren die beiden Methoden `setTimeout()` und `setInterval()`. `SetTimeout()` bewirkt den einmaligen späteren Aufruf einer Funktion und `setInterval()` den fortdauernden Aufruf nach einer Wartezeit. Wir kennen die Funktionen schon aus der JavaScript-Animation des Abschnitts 3.4.2. Der Rückgabewert ist eine Referenz auf die Funktion, die mit `clearTimeout()` bzw. `clearInterval()` aufgehoben werden kann. Als Argumente werden der Funktionsname, die Zeitverzögerung in Millisekunden und hier der Grafikkontext übergeben. Die Funktion *zeichneLinie()* wird nach 1000 Millisekunden immer wieder aufgerufen bis *timer* mit `clearInterval()` zurückgesetzt wird.

```
gfk.strokeStyle = "rgb(255,0,0)";
gfk.lineWidth = 7.0;
gfk.lineJoin ="round";
gfk.translate(64,64);
gfk.beginPath();
gfk.moveTo(0, 200);
timer = setInterval(zeichneLinie, 1000, gfk);
```

Was bewirkt nun die Befehlsabfolge in der Funktion *zeichneLinie()*? Ein Objekt *punkt* wird gebildet, das das laufende Element des Arrays Linie übernimmt. Der Linienendpunkt wird mit `g.lineTo()` angesteuert und mit `g.stroke()` gezeichnet. Der Punktzähler wird durch den Inkrementoperator erhöht. Innerhalb der Funktion hat unser Grafikkontext jetzt den Bezeichner *g*, der mit dem aktuellen Argument *gfk* übergeben wurde. Es wird abgefragt, ob das Ende der Liste *linie* erreicht wurde. Sofern das nicht der Fall ist, wird aufgrund der Zuordnung zu *timer* ein erneuter Aufruf von *zeichneLinie()* erfolgen. Wurde das Linienende erreicht, wird *timer* mit `clearInterval()` aufgehoben und exemplarisch noch ein Text ausgegeben.

```
function zeichneLinie(g) {
  var punkt = line[pktZaehler];
  g.lineTo(punkt.x, punkt.y);
  g.stroke();
  pktZaehler++;
  if (pktZaehler == linie.length) {
    clearInterval(timer);
    g.lineWidth = 1.0;
    g.strokeStyle = "rgb(0,0,255)";
    g.font="24px sans-serif";
    g.strokeText("Kinderspiel",24,240 );
    return;
  }
}
</script>
</body>
</html>
```

Die Funktion wird beendet, der Script-Tag geschlossen und die HTML-Seite beendet.

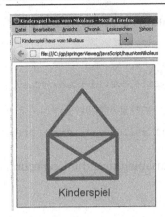

Abbildung 3.12: Ratespiel mit zeitverzögerter Lösung

3.6.2 Canvas-Animation mit Bilddaten

Mit der DrawImage-Methode können Bildausschnitte in einem Bereich des Canvas-Elements angezeigt werden. Sofern nicht der gesamte Canvas-Bereich neu gezeichnet wird, muss vor dem Bildwechsel mit `clearRect()` das bestehende Bild gelöscht werden, anschließend kann dann das neue Bild auf der nunmehr leeren Zeichenfläche ausgegeben werden. Die zeitliche Steuerung und Wiederholung erfolgt mit `setInterval()`. Im folgenden Beispiel verschieben wir kontinuierlich ein Bild scheinbar hinter dem Canvas-Element in horizontaler Richtung. Das Bild wird dabei nur in einem Ausschnitt (Fenster) des Canvas Elements sichtbar. Wenn der Bereich neu gezeichnet ist, überlagern wir die gesamte Fläche mit einem Vordergrundbild, durch dessen transparente Bereiche das Hintergrundsichtbar wird. Der Betrachter sieht im Beispiel durch ein Fenster eine sich bewegende Figurengruppe, vgl. Abbildung 3.13.

Die Methode `drawImage()` kann bis zu neun Argumente entgegen nehmen. Der Methodenaufruf lautet

```
gfk.drawImage(imgBewegt, xBild,yBild, dxBild, dyBild, xCanv,yCanv,
              dxCanv, dyCanv);
// gfk ...........ist der Grafikkontext
// imgBewegt ......zu animierendes Bild
// xBild, yBild ...oberer linker Punkt im Bild
// dxBild, dyBild .Anzahl der anzuzeigenden Pixel
// xCanv,yCanv ... Referenzpunkt
//         für die obere linke Bildecke auf der Canvas
// dxCanv,dyCanv ..Canvasbereich
```

Wir notieren eine Funktion *zeigeBild()* zur Anzeige von sich verschiebenden Hintergrundausschnitten und eines fixierten Vordergrundbildes. Im Anschluss an die Bildausgabe wird der Ausschnitt horizontal verschoben. Sofern die gesamte Canvas-Fläche nicht mehr ausgefüllt werden kann, erfolgt das Zurücksetzen des Bildausschnittes an den Anfang. Der wiederholte Aufruf dieser Funktion wird durch die Variable *timer* ausgelöst. Beim Ereignis `onload` wird die Initialisierung (auch Startfunktion) aufgerufen. Zwei Buttons realisieren die Start- und Stop-Funktion.

```
function zeigeBild() {
  g.clearRect(xCanv,yCanv,dxCanv,dyCanv);
  g.drawImage(imgBewegt,xBild,yBild,dxBild,dyBild,xCanv,yCanv,
              dxCanv,dyCanv);
  g.drawImage(imgFix,0,0,canvas.width,canvas.height);
  xBild=xBild+dx;
  if (xBild > (imgBewegt.width-dxCanv)) xBild=0; // Reset Offset
}
```

Es folgt noch die Definition der globalen Variablen und die Kodierung der Initialisierung und Stop-Funktion

```
<script type="text/javascript">
  var imgBewegt = new Image();
  imgBewegt.src = 'img/kuh.jpg';
  var imgFix = new Image();
  imgFix.src='img/baubude.png';
  // Canvas-Fenster
  var xCanv = 180;
  var yCanv = 135;
  var dxCanv = 260;
  var dyCanv = 180;
  // Offset bewegtes Bild
  var xBild = 0;
  var yBild = 84;
  var dxBild = 260;
  var dyBild = 180;
  var dx  = 1; // Schrittweite horizontale Bewegung
  var speed = 250;
  var g;    // Grafikkontext
  var canvas;
  var timer = setInterval(zeigeBild,speed);
function init(){
  canvas = document.getElementById('myCanvas');
  g = canvas.getContext('2d');
  var w = canvas.width;
  var h = canvas.height;
  g.clearRect(0,0,canvas.width,canvas.height);
  g.fillStyle="rgb(0,0,255)";
  g.fillRect(0,0,canvas.width,canvas.height);
  g.save();
  zeigeBild();
}
function stop(){
  clearInterval(timer);
  return
}
</script>
```

Abbildung 3.13: Canvas-Animation, bewegtes Bild hinter festem Vordergrund

Der Body des HTML-Dokuments ist denkbar einfach:

```
<body onload="init(250)">
  <canvas id="myCanvas" width="640px" height="487px">
    Keine Canvasdarstellung
  </canvas><br/>
  <input type="button" value ="stop" onclick="stop()" />
  <input type="button" value ="start"
         onclick="timer=setInterval(zeigeBild,250);init();" />
</body>
```

3.7 AJAX, APIs und Frameworks

In diesem abschließenden Kapitel zu JavaScript werden einige Anwendungen der Programmierung auf einem höheren Level vorgestellt. Wir werden uns verfügbare Ressouren zu Nutze machen und dabei Karten in Webseiten einbauen, eine Bildergalerie mit Lightbox erstellen und einen Blick auf das HTTPRequest Objekt legen.

Mit Einführung des Begriffs Web 2.0 gewann JavaScript an Bedeutung. Web 2.0-Anwendungen lassen den Benutzer nicht nur passiv am Internet teilnehmen, sondern weisen ihm eine aktive Rolle zu, daher ist auch die Rede vom Mitmach-Web. Technische Basis des Webs 2.0 ist AJAX, keine neue Technologie, sondern ein Zusammenwirken von HTML, JavaScript, CSS und XML – Asynchronous JavaScript And XML. AJAX bietet die Möglichkeit, über ein Kommunikationsobjekt Teile einer Webseite asynchron nachzuladen. Browser und Web-Server tauschen Daten ohne Benutzervorgaben und ohne kompletten Neuaufbau einer Seite. Webapplikationen verhalten sich dabei wie Desktop-Anwendungen. Dynamische Applikationen mit hoher Interaktivität bauen auf AJAX auf. Bekannte Anwendungen sind Google Suggest oder Google Maps. Der Marketingbegriff AJAX tritt heute wieder mehr in den Hintergrund. Das liegt aber nicht daran, dass AJAX unpopulär geworden ist. Die Technologie ist für heutige Webapplikationen mehr oder weniger selbstverständlich geworden.

Ein API (Application Programming Interface) ist eine Programmierschnittstelle, die von einem Softwaresystem zur Anwendungsprogrammierung bereitgestellt wird. Der Programmierer erhält einfachen Zugriff auf Funktionen des Systems. JavaScript-APIs existieren für etliche komplexe Softwaresysteme beispielsweise im Bereich grafischer Informationssysteme, für Social Network Systeme wie Facebook oder auch für WebGL-Anwendungen der 3D-Grafik. Wir nutzen hier in einer kleinen Anwendung über die JavaScript-API die Funktionalität von Google Maps. Mit wenigen Befehlen wird eine dynamische Karte in die Webseite eingebaut.

Etwas unterschiedlich zu den APIs gestalten sich Frameworks. Frameworks stellen einen Rahmen bereit. Dieser Rahmen gibt ein gewisses Entwurfsmuster und ein Umfeld für den Programmierer vor. Als weit verbreitetes CSS-Framework wäre YAML für ein mehrspaltiges Webseitenlayout zu nennen. Wir werden jQuery im Hintergrund nutzen. JQuery ist eine frei nutzbare Klassenbibliothek mit komfortablen Funktionen für die browserübergreifende Arbeit mit den Elementen des DOM.

3.7.1 Mauerwerksbau

AJAX ermöglicht dem Programmierer, Elemente des DOMs zu manipulieren, ohne die Webseite komplett neu zu laden. Wer sich mit AJAX-Programmierung beschäftigt wird sich mit dem HttpRequest-Objekt auseinandersetzen. Der Browser sendet einen Request an den Web-Server, dieser bearbeitet die Anfrage und gibt XML-Daten zurück, die der Browser in die Webseite integriert. Das Muster ist immer gleich. HttpRequest-Objekt erzeugen, Request senden, Request behandeln.

Wir betrachten die URL *www.seiten-programmierung.de/ajax/mauerwerk.php*. Warum PHP? Für das Auslesen eines RSS-Feeds benötigen wir PHP-Funktionalität im Dokument. Hierzu mehr im Kapitel 6. Die Seite ist unterteilt in einen Seitenheader, einen Navigationsbereich, einem RSS-Feed und einer Fußzeile. Im mittleren Bereich befindet sich der eigentliche Inhalt in der Section mit der ID *content*. Letzterer soll nach Auswahl im Menü mit verschiedenen Inhalten gestaltet werden. Im Navigationsbereich wird das Ereignis `onclick` durch einen Javascript-Aufruf der Funktion *sndReq()* gehandhabt.

```
<nav>
  <ul>
    <li><a href="#"
        onclick="sndReq('steinformate.html')">Steinformate</a>
    </li>
    <li><a href="#"onclick="sndReq('laeuferverband.html')">Läuferverband
        </a></li>
    <!-- mit entsprechenden Menuererganzugen -->
  </ul>
</nav>
```

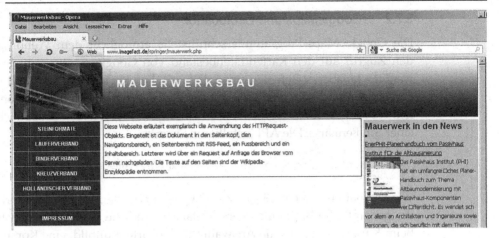

Abbildung 3.14 : Webseite mit dynamischem inneren Bereich

Im Body der Seite befindet sich das JavaScript mit einer Variablen *http*, die das HttpRequest Objekt referenziert. Das Objekt wird generiert durch den Rückgabewert von *createRequestObject()*

```
<script type="text/javascript">
  function createRequestObject(){
    var ro;
    var browser=navigator.appName;
    if(browser == "Microsoft Internet Explorer"){
       ro= new ActiveXObject ("Microsoft.XMLHTTP");
    } else {
       ro = new XMLHttpRequest();
    }
    return ro;
  }
  // XMLHttpRequest-Objekt initialisieren
  var http = createRequestObject();
  // Anfrage an das Backend uebertragen
  function sndReq(action){
    http.open('get',action);
    http.onreadystatechange = handleResponse;
    http.send(null);
  }
// Antwort vom Backend auswerten
  function handleResponse(){
    if(http.readyState == 4) {
    var response = http.responseText;
    document.getElementById("content").innerHTML = response;
    }
}
</script>
```

Die Behandlung der Anfrage wird hier über die Eigenschaft innerHTML dem Bereich mit der Id *content* zugewiesen. Dieses einfache Beispiel sollte den Leser zur Anwendung der AJAX-Technologie ermutigen. Seite und Auswertung der Anfrage können sich natürlich wesentlich komplexer gestalten. Das Ergebnis unserer AJAX Bemühungen ist eine feststehende Webseite mit Menü und RSS-Feed, deren Inhaltsteil Auskunft über den Mauerwerksbau gibt.

3.7.2   GoogleMaps und Geolocation

Die Google Maps-Programmierschnittstelle ermöglicht dem Webprogrammierer den Zugriff auf den Kartendatenbestand von Google. Sie sind in der Lage, mit wenigen JavaScript Befehlen einen dynamischen Kartenausschnitt in Ihre Webseite einzubauen und können diesen mit Overlays versehen. Seit der Version 3 wird der frühere API-Schlüssel ist nicht mehr benötigt. Wir betrachten ein einfaches Beispiel einer Straßenkarte. Die API installieren Sie mit

```
<script type="text/javascript">
  src="http://maps.google.com/maps/api/js?sensor=false">
</script>
```

Wir beschaffen uns ein Objekt vom Typ `google.maps.LatLong` und übergeben die geografische Breite und Länge. Danach sind die Kartenoptionen festzulegen. Beim Kartentyp gibt es die Auswahl Straßenkarte, Luftbild, eine Kombination von beiden oder Geländedarstellung (ROADMAP, SATTELITE, HYBRID, TERRAIN). Das Kartenblatt soll im Div-Container (id="map") mit der geografischen Position zentriert werden. Der Zoomfaktor kann zwischen 1 und 20 liegen. Mit den derart gesetzen Optionen wird nun das eigentliche Kartenobjekt `google.maps.Map` instanziiert

```
<div id="map">
<sript type="text/javascript">
  var breiteLaenge_breite = new google.maps.LatLng(52.334283,10.446856);
  var mapOptions={
      mapTypeId:google.maps.MapTypeId.TERRAIN,
      center: breiteLaenge,
      zoom:12
  };
  var karte = new google.maps.Map
              (document.getElementById("map"),mapOptions);
```

Mehr ist für eine einfache Karte nicht zu kodieren. Nachträglich soll noch ein Marker als Overlay eingefügt werden. Das Attribut `title` wird bei `mouseover` angezeigt.

```
  var marker = new google.maps.Marker({
              position: breiteLaenge,
              map:karte,
              title:"Hier ist unser Standort!"
  });
</script>
</div>
```

Mit diesem Schnelleinstieg haben Sie die Tür zu Google Maps geöffnet. Die kompletten Informationen zum API finden Sie unter:

https://developers.google.com/maps/documentation/javascript/?hl=de

Wenn Sie den Standort des Besuchers einer Webseite ermitteln wollen, verwenden Sie das Geolocation-Objekt der des im Abschnitt 3.3.1 vorgestellten Navigator-Objekts. Zur Lokalisierung des Standortes können die verfügbaren Quellen wie GPS, Dienste des Betriebssystems oder Geo Location Services benutzt werden. Mit der Geolocation-API wird das Navigator-Objekt um das Geolocation-Objekt und

den benötigten Methoden erweitert. Die Ermittlung der Position erfolgt durch
Aufruf der Methode `getCurrentPosition()`. An Argumenten benötigt der Aufruf Callback-Funktionen für den Erfolgs- und Fehlerfall und ein Objekt zur Konfiguration. Wir testen zunächst mit einem sehr einfachen Script.

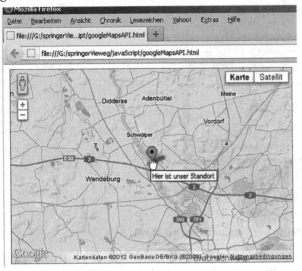

Abbildung 3.15 GoogleMaps über JavaScript integriert

```
<script type="text/javascript">
  function getLocation(){
    navigator.geolocation.getCurrentPosition(anzeige, fehler);
  }
  function anzeige (position){
    var latitude = position.coords.latitude;
    var longitude = position.coords.longitude;
    var zeit = new Date(position.timestamp);
    var uhr = zeit.toLocaleString();
    var genau = position.coords.accuracy;
    var hoehe = position.coords.altitude;
    alert("Standort:\ngeogr. Breite: " +latitude +"\ngeogr. Länge: "
          +longitude + "\nAltitude: " +hoehe +"\nGenauigkeit: " +genau
          +"\nZeit: " +uhr);
  }
  function fehler(){
    alert('Standortbestimmung nicht erfolgreich.');
  }
  getLocation();
</script>
```

Mit dem Aufruf der Funktion `getLocation()` greifen wir auf das Geolocation-
Objekt zu und übergeben der Methode `getCurrentPosition()` die Funktionsnamen für erfolgreiche Standortermittlung und den Fehlerfall. Zunächst fragt der
Browser standardmäßig den Benutzer um Erlaubnis zur Positionsbestimmung. Je
nach Browser ist auch eine Zustimmung zu den Nutzungsbedingungen erforderlich. Danach werden die Koordinaten für die geografische Breit und Länge in einer
Alert-Box angegeben. Die Genauigkeit der Positionsbestimmung ist Verfahrensab-
hängig. Google Chrome und Opera geben die Genauigkeit mit +/- 30 m an, Firefox

mit +/-140 km. Sofern die Methode zur Standortbestimmung nur die IP-Adresse auswertet, kann nicht von Genauigkeit gesprochen werden. Zieht man aber auch die Daten von Funknetzen herang, kann die Position auf wenige Meter genau bestimmt werden.

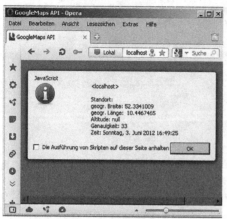

Abbildung 3.16: Anzeige der Geolocation mit HTML5

Nun kann die Geolocation-Abfrage auch gleich mit der Kartenanzeige kombiniert werden, indem die Callback-Funktion *zeigeKarte()* auch die Ausgabe der Karte mit übernimmt.

```
<div id="map">
  <script type="text/javascript">
    function getLocation(){
        navigator.geolocation.getCurrentPosition(zeigeKarte, fehler);
    }
    function zeigeKarte(position) {
      var latitude = position.coords.latitude;
      var longitude = position.coords.longitude;
      var breiteLaenge = new google.maps.LatLng(latitude,longitude);
      var mapOptions={
      mapTypeId:google.maps.MapTypeId.ROADMAP,
      center:breiteLaenge,
      zoom:11
    };
  var karte = new
  google.maps.Map(document.getElementById("map"),mapOptions);
  var marker = new google.maps.Marker({
              position: breiteLaenge,
              map:karte
              });
  }
  function fehler(){
    alert('Standortbestimmung nicht erfolgreich.');
  }
  getLocation();
</script>
</div>
```

3.7.3 Bildergalerie mit Lightbox und jQuery

Im Abschnitt 3.4.1 wurde eine Bildergalerie mit Rollover-Effekten in Handarbeit erstellt. Wesentlich mehr Komfort bietet das Lightbox-Skript mit Unterstützung von jQuery und CSS. Vorschaubilder werden mit einer geringen Auflösung wie üblich auf der Webseite angeordnet. Die Bilder mit hoher Auflösung werden bei Mausklick auf das Übersichtsbild als Overlay zentriert auf der Seite eingeblendet. Lightbox können Sie herunterladen von:

```
http://lokeshdhakar.com/projects/lightbox2/
```

Im Head-Bereich des HTML-Dokuments muss das jQuery-Framework, das Lightbox-Script und die Stilvorlage eingebunden werden.

```
<script src="js/jquery-1.7.2.min.js"></script>
<script src="js/lightbox.js"></script>
<link href="css/lightbox.css" rel="stylesheet" />
```

Die Bilder sind in einem eigenen Ordner organisiert. Wir folgen der bereits im Abschnitt 3.4.1 vorgeschlagenen Namensgebung, tauschen aber die Ereignisbehandlung durch einen Anchor mit einem Href-Attribut aus.

```
<table>
  <tr>
  <td>
      <a href="bilder/bigColor01.jpg" rel="lightbox[photowalk]"
         title="Sonnenuhr">
      <img id="i01" src="bilder/thumbGray01.jpg" /></a></td>
  <td>
      <a href="bilder/bigColor02.jpg" rel="lightbox[photowalk]"
         title="Orchester">
      <img id="i02" src="bilder/thumbGray02.jpg" /></a></td>
    <td>
      <a href="bilder/bigColor03.jpg" rel="lightbox[photowalk]"
         title="Braunschweiger Löwe">
      <img id="i03"src="bilder/thumbGray03.jpg" /></a></td></tr>
</table>
```

Abbildung 3.17: Bildoverlay mit Lightbox

Zwingend müssen Sie im Anchor-Tag für ein aufzurufendes Bild das Attribut rel mit dem Wert lightbox angeben. Sofern in eckigen Klammern ein Gruppenname hinzugefügt wird, erscheinen im Bild Schaltflächen für das Durchblättern dieser Bildgruppe. Unter der Bildunterschrift, die im Attribut `title` vereinbart wird, erfolgt eine Angabe zur Bildanzahl der Gruppe. Die Symbole zum Schließen des Bildes und Durchblättern, die bei Mausberührung des Bildes eingeblendet werden, befinden sich als Grafiken im Ordner *images*. Wo ist in dieser Applikation die JavaScript-Programmierung geblieben? Ohne weitere Befassung mit jQuery haben wir es als Grundlage für das Lightbox-Script genutzt. Von Lightbox ist auch denkbar wenig in unserem Dokument zu erkennen. Lediglich die Attribute `rel` und `title` gehören nicht zum HTML-Standard des Anchor-Tags. Zur Gestaltung des Overlays haben Sie natürlich den Zugriff auf die Stilvorlage oder können sich in den einschlägigen Foren, zu denen Sie über die Lightbox Homepage gelangen, umsehen

3.8 Zusammenfassung JavaScript

JavaScript als Browsererweiterung bietet eine gute Möglichkeit, erste Gehversuche in der Programmierung zu unternehmen und sich mit den Elementen von Programmiersprachen auseinander zu setzen. Kleine Helfer kann man selbst erstellen und in die Webseite integrieren.

In der praktischen Anwendung bildet JavaScript zusammen mit Webformularen die Kommunikationsschnittstelle zum Server und erlaubt den Zugriff auf die Elemente der DOM-Baumstruktur. Bevor die Formulareingaben den Weg zum Server nehmen, können die Eingaben validiert werden. Über JavaScript kann der Browser auf Ereignisse von außen reagieren.

Richtig profitiert man aber erst von seinen JavaScript-Kenntnissen wenn man in der Produktion auf Frameworks und JavaScript-APIs zurückgreifen kann. Das Canvas-Element mit seinen Animationsfähigkeiten, die Bildergalerie mit Lightbox oder die Nutzung der Google Maps-API stehen exemplarisch für die Mächtigkeit von JavaScript. Mit wenigen Programmzeilen kommt man zu individuellen aber professionellen Webseiten.

3.9 Weiterführende Literatur zu JavaScript

[3.1] Bear Bibelaut, Yehuda Katz: JQUERY IN ACTION, Manning Publications Co., Greenwhich, CT, 2008

[3.2] Ralph Steyer: ERFOLGREICH JAVASCRIPT LERNEN, Addison-Wesley, 2011

[3.3] Steve Suehring: JAVASCRIPT SCHRITT FÜR SCHRITT, Microsoft Press, O' Reilly, Köln 2011

[3.4] Nick Heinle, Bill Pena, Ulrich Speidel: WEBDESIGN MIT JAVASCRIPT & AJAX, O' Reilly, Köln 2006

Benutzte Internetquellen sind innerhalb des Textes angegeben.

4 Extensible Markup Language XML

XML als Standarddatenformat für den plattformunabhängigen Datenaustausch hat seinen Vorgänger in GML und der daraus entwickelten Standard Generalised Markup Language. SGML ist seit 1986 ein ISO-Standard. Diese Auszeichnungssprache wurde zur Strukturierung und Darstellung von großen Informationsmengen entwickelt. Aufgrund der Komplexität von SGML war der Einsatz für Web-Anwendungen nicht geeignet. Aus SGML entwickelte sich HTML, die Hyper Text Markup Language, eine Auszeichnungssprache mit der Definition von Strukturen zur Darstellung von Dokumenten. In HTML ist aber noch nicht das Konzept der Trennung von Inhalt, Struktur und Erscheinungsbild einer Webseite vorhanden, wie bei XML. Mit Einführung der XML-Architektur sind die Funktionalitäten von SGML in kompakter Form auch den Web-Anwendungen verfügbar.

Extensible Markup Language (XML) selbst ist keine Sprache, es stellt eine strenge Formatspezifikation zur Strukturierung von Inhalten und Ableitung von XML-basierten Sprachen dar und ist nicht in Konkurrenz zu HTML zu sehen. XML ist die Basisdefinition einer ganzen Technologie-Gattung. Es ist eine Auszeichnungssprache zur streng hierarchischen Informationsmodellierung.

XML ist als offener Standard ohne Einschränkung auch ein softwareunabhängiges Datenaustauschformat.

4.1 XML-Dokumente

4.1.1 Verarbeitung von XML-Dokumenten

Die effiziente Verwendung von Informationen wird durch die Dreiteilung in Inhalt, Struktur und Layout gewährleistet. XML ist ein systemunabhängiges, medienneutrales, offenes Format. Ein Web-Browser stellt ein wohlgeformtes XML-Dokument als Baumansicht der Strukturelemente dar. Ein XML-Dokument gilt als gültig, wenn die Elemente in einer Document Type Definition (DTD) oder einem XML-Schema deklariert sind. Eine DTD enthält das Vokabular, welches in einem Dokument verwendet werden darf und legt die Grammatik fest. Zur Grammatik gehören die Regeln der Verschachtelung und Angaben über die Elemente. Die DTD selbst ist aber nicht XML-konform, somit nicht automatisch validierbar, und kennt nur primitive Datentypen. Komplexer und auch komplizierter ist die Beschreibungssprache XML-Schema, auf deren Anwendung hier im Rahmen der einführenden Betrachtungen verzichtet werden kann.

Ein XML-Parser ist ein Programm zur Verarbeitung eines wohlgeformten XML-Dokuments, der die XML-Datei einliest und den Knotenbaum weiterverarbeitenden XML-Anwendungen bereitstellt.

XML-Dokumente können mit CSS-Stilvorlagen, vgl Kapitel 2, clientseitig im Browser formatiert angezeigt werden. Zur Umsetzung von XML-Dokumenten wurde die Extensible Style Sheet Language (XSL) entwickelt. XSL ist unterteilt in Formatierung XSL-FO und Transformationen XSLT. Formatierer konvertieren ein XML-Dokument in Formate wie RTF oder PDF. XSLT-Prozessoren transformieren XML in HTML oder andere auf XML basierende Formate. Abbildung 4.1 zeigt die generellen Abläufe.

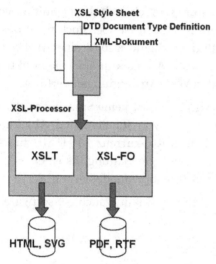

Abbildung 4.1: Verarbeitung von XML-Dokumenten

Transformationen der XML-Dokumente werden üblicherweise serverseitig vorgenommen. Nach Anfrage wird das benötigte Format erzeugt und dem Browser zur Anzeige auf dem Endgerät (Monitor, PDA, Handy, Smartphone) übergeben. Java und PHP stellen umfangreiche Klassen zur Handhabung von XML-Dokumenten zur Verfügung.

In diesem Kapitel finden Sie auch eine kleine stand-alone-Lösung, mit der Sie Ihre XML/XSL Dateien nach HTML clientseitig transformieren können. Auf dem Server stellt man dann die bereits konvertierte HTML-Version bereit. Mit XMLStarlet wird ein hilfreiches Werkzeug für Windows auf Konsolenebene vorgestellt.

Eine dritte Lösung ist die Übergabe von XML- und XSL-Dateien an den Browser und die dortige Transformation. Wenn kein XSL-Stylesheet zu den XML-Strukturen angegeben ist, wird der Strukturbaum mit den Elementen des Inhalts vom Browser angezeigt. Andernfalls wird das Dokument entsprechend der Vorgaben gerendert.

Die obigen Ausführungen zur Anwendung der XML-Technologie mögen ohne vorherige Auseinandersetzung mit dem Thema kompliziert erscheinen, Sie sollten aber in keinem Fall ein Hindernis vor dem Einstieg in XML bedeuten.

In den nachfolgenden Abschnitten wird die schrittweise Einführung in ein kleines Anwendungsbeispiel mit Einsatz der XML-Grafik SVG die Mächtigkeit von XML aufzeigen. Sie werden erfahren, dass die Anwendung von XML und XSL und benachbarten Technologien nicht so schwierig ist. Ihre Daten sind im XML-Format immer wohlgeformt gespeichert.

4.1.2 Struktur von XML-Dokumenten

XML-Dokumente sind Textdateien, die mit einem universellen Editor zu bearbeiten sind. Spezielle XML-Editoren unterstützen die XML-Prüfung und DTD-Validierung sowie den XSLT-Prozess. Freeware-Versionen werden u.a. von Microsoft mit XML-Notepad oder von JAPI-Soft als EditX angeboten. Für die Anwendungen dieses Kapitels sind Sie mit Notepad++ hinreichend gerüstet.

Die Informationseinheiten einer XML-Datei sind hierarchisch gegliedert. Unterschieden wird zwischen Einheiten, die unmittelbar Daten enthalten und übergeordneten Einheiten, die andere Daten einschließen. Ein Element wird gebildet durch einen Start-Tag und einen Ende-Tag, sowie den eingeschlossenen Informationen. Alle Elemente müssen und korrekt verschachtelt sein. Attributwerte beschreiben zusätzliche Eigenschaften eines Elements und werden innerhalb eines Tags durch ein Wertepaar aus Namen und Wert definiert. Werte sind durch doppelte Hochkommata auszuzeichnen. Groß- und Kleinschreibung wird unterschieden. Reservierte Zeichen werden codiert. Abschnitte, die nicht vom XML-Parser zu bearbeiten sind werden als CDATA-Bereiche `<![CDATA[ ]]>` gekennzeichnet. Kommentare sind in `<!-- ` *Kommentar* ` -->` eingeschlossen.

XML-Dokumente beginnen mit dem Prolog, das ist der Bereich vor dem Wurzelelement, der hauptsächlich die Dokumentendeklaration und die DTD bzw. Referenz auf eine externe DTD enthält. Näheres zur DTD erfahren Sie im Abschnitt 4.1.3.

Die erste Zeile des Dokuments ist die XML-Deklaration, deren Attribute `version`, `encoding` und `standalone` optional sind. Unter `encoding` wird der im Dokument benutzte Zeichensatz angegeben.

`Standalone` kann die Werte *yes* oder *no* zugewiesen bekommen. Der Wert *yes* dieses Attributs signalisiert dem Parser, dass es für das Dokument eine externe DTD gibt, die mit der `!DOCTYPE`-Anweisung eingebunden ist. Der System-Identifizierer teilt dem Parser mit, an welcher Stelle die Datei mit den Dokumententyp-Spezifikationen zu finden ist. Der Name der Dokumentenklasse im folgenden Beispiel ist *literaturverzeichnis* und muss mit dem Bezeichner des Wurzelelements übereinstimmen.

```
<?xml version="1.0" encoding ="UTF-8"
```

```
standalone="yes"?>
<!DOCTYPE literaturverzeichnis SYSTEM "literatur.dtd">
```

Processing-Instructions (Verarbeitungsinformationen) enthalten Informationen und Anweisungen für die Anwendung und können an beliebiger Stelle im Dokument auftreten. Die allgemeine Syntax lautet:

```
<?PI Anweisung ?>
```

Die XML-Deklaration ist eine Verarbeitungsinformation. Für PI ist das dem Parser bekannte Schlüsselwort xml einzusetzen. Das Schlüsselwort xml weist den Parser an, das Dokument nach den XML-Regeln zu bearbeiten und die Zeichen entsprechend dem angegebenen Zeichensatz zu interpretieren. Andere Verarbeitungsinformationen begegnen uns weiter unten.

Jedes XML-Dokument enthält genau ein Wurzelelement. Darunter befinden sich die Elemente, die mit Tags ausgezeichnet werden, mit den Unterelementenund Attributen. Im angeführten Beispiel ist das Wurzelelement

```
<literaturverzeichnis>
  <!-- Inhalt des Dokuments-->
</literaturverzeichnis>
```

Mit dem Wurzelelement *literaturverzeichnis* wird eine Instanz der Dokumentenklasse *literaturverzeichnis*, die in der !DOCTYPE-Deklaration angegeben ist, gebildet. Aus diesem Grund ist die geforderte Übereinstimmung dieser Bezeichner notwendig.

Ein Element besteht aus den Markup-Tags und seinem Inhalt. Die Bezeichnung der Elemente ist frei wählbar. Im Literaturverzeichnis gibt es das Element <buch>. Ein Element mit Unterelementen stellt einen Knoten im Strukturbaum dar. Ein *Buch* wiederum besteht aus den Elementen *autor, titel, verlag* und *datum*. Insofern ist *buch* ein Knoten im Strukturbaum. Bei der Anzeige im Browser, vgl. Abbildung 4.2, wird ein Knoten mit – oder + gekennzeichnet. Per Mausklick kann der Knoten zu- oder aufgeklappt werden. Das Element *buch* kann mehrfach im Inhalt des Dokumentenelements <*literaturverzeichnis*> vorkommen.

Elemente, die keinen Inhalt aufweisen, werden als Leerelemente bezeichnet. Bei Leerelementen folgt das Ende-Tag unmittelbar auf den Start-Tag, <name></name>. Die abgekürzte Variante ist <name />.

```
<literaturverzeichnis>
  <buch>
    <autoren>Günter Pomaska</autoren>
    <titel>Webseiten-Programmierung</titel>
    <verlag>Springer Vieweg, Wiesbaden</verlag>
    <datum>2012</datum>
  </buch>
  <buch>
    <!—es folgen weitere Elemente buch -->
  </buch>
</literaturverzeichnis>
```

Fügen wir als erste Zeile der Datei den deklarierenden Tag

```
<?xml version="1.0"?>
```

ein und speichern die Datei mit der Erweiterungsbezeichnung xml, dann zeigt der Web-Browser das wohlgeformte Dokument als Strukturbaum, wie aus der Abbildung 4.2 zu ersehen ist.

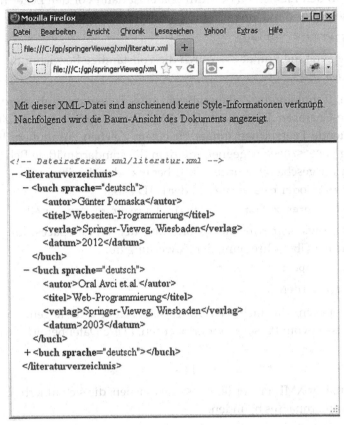

Abbildung 4.2: Strukturbaum einer XML-Datei ohne Style-Informationen

Attribute sind Zusatzinformationen für die Verarbeitung von Elementen und beschreiben deren Eigenschaften. Fügen wir dem Element *buch* das Attribut *sprache* hinzu, dann wäre der Wert dieses Attributs beispielsweise *deutsch*. Die gesamte Datenbasis könnte dann nach deutschen Titeln durchsucht werden. Attributwerte sind zwingend in Hochkommata einzuschließen Sie können einfache oder doppelte Hochkammata verwenden. Hier das Beispiel:

```
<buch sprache="deutsch"></buch>
```

Die Regeln für das Vorhandensein von Attributen in einem Tag werden ebenfalls in der DTD festgelegt.

Entitäten enthalten Daten, auf die im Inhalt eines Dokuments verwiesen wird. Der XML-Prozessor ersetzt diese Entity-Referenz durch ihren Inhalt. Entitäten werden in der DTD mit

```
<!ENTITY svw "Springer Vieweg, Wiesbaden">
```

oder, wenn der Inhalt in einer externen Datei, steht mit

```
<!ENTITY svw SYSTEM "datei.txt">
```

angegeben. In den Elementen der XML-Datei ist dann vor den Bezeichner das Zeichen & zu setzen und mit einem Semikolon abzuschließen, z.B.

```
<verlag>&svw;</verlag>
```

Der Parser ersetzt die Entität *svw* durch die vollständige Bezeichnung *Springer Vieweg, Wiesbaden*.

Leerzeichen, Tabulatoren, Zeilenumbruch und Zeilenvorschub werden auch als White-Space-Character bezeichnet. Der XML-Parser ignoriert diese Zeichen bzw. fasst auftretende Leerzeichen immer zu einem Zeichen zusammen. In HTML ist uns der Tag <pre></pre> begegnet, mit dem die standardmäßige Behandlung dieser Zeichen ausgeschaltet wurde. XML benutzt das Attribut xml:space mit den Werten default oder preserve. In der DTD z. B.:

```
<!ATTLIST autoren xml:space (default | preserve) "preserve">
```

hebt für alle Tags *<autoren>* die Ignorierung der White-Spaces auf. Im Element selbst könnte die Überschreibung der Zuweisung mit

```
<autoren xml:space="default">namen</autoren>
```

vorgenommen werden.

Eingebettete Daten, die nicht der XML-Deklaration unterliegen, z.B. Skriptprogramme, müssen vom Parser ignoriert werden. Diese Datenbereiche werden in die Anweisung

```
<![CDATA[ ... Textdaten ... ]]>
```

eingebunden. Der XML-Parser überliest die Zeichen, die sich innerhalb des inneren eckigen Klammernpaares befinden.

4.1.3   Document Type Definition DTD

Wie oben gezeigt, geht es auch ohne DTD. Die Dokumente sind ohne DTD wohlgeformt aber nicht gültig. Will man ein Dokument validieren, d.h. auf seine Konformität zu den Vorgaben des W3C überprüfen, dann benötigt man eine DTD. Aber die Document Type Definition hat noch mehr Bedeutung. Wenn Sie Änderungen in einem XML-Dokument vornehmen, die nicht der vorgegebenen Struktur entsprechen, kann der Parser das allein nicht feststellen, eine DTD muss her. Bei umfangreichen Datenbeständen, Bearbeitung von Dateien durch mehrere Personen oder beim Datenaustausch ist eine DTD oder ein Schema unverzichtbar. Sie vermeiden mit einer DTD fehlerhafte XML-Dokumente.

Die DTD enthält das Vokabular und die Regeln zur Verarbeitung der Informationen eines XML-Dokuments. Definiert werden alle Elemente, Attribute und Entitäten sowie Angaben zu Anzahl, Inhalt und Verschachtelung der Elemente. Die DTD wird mit der Anweisung !DOCTYPE im Prolog eingeleitet. Die Definition selbst kann

dabei eingebettet oder extern in einer Datei gespeichert sein. Wir betrachten
exemplarisch wieder das Literaturverzeichnis:

```
<!DOCTYPE literaturverzeichnis [
<!ELEMENT literaturverzeichnis (buch)+>
<!ELEMENT buch (autor, titel, verlag, datum)>
<!ATTLIST buch sprache (deutsch|englisch|spanisch|französisch) #REQUIRED>
<!ELEMENT autor (#PCDATA)>
<!ELEMENT titel (#PCDATA)>
<!ELEMENT verlag #PCDATA)>
<!ELEMENT datum (#PCDATA)>
<!ENTITY svw "Springer Vieweg, Wiesbaden">
]>
```

Das Element *literaturverzeichnis* kann ein oder mehrere Kind-Elemente *buch*
enthalten. Der Indikator für das Mehrfachauftreten ist das Zeichen +. Das Element
buch muss in der vorgegebenen Reihenfolge die Unterelemente (*autor, titel, verlag,
datum*) enthalten. Das Attribut *sprache* des Elements *buch* wird verlangt und kann
die in der Liste angegebenen Werte zugewiesen bekommen. Durch das Schlüsselwort #REQUIRED kann nicht auf das Attribut verzichtet werden. Die Datentypen
der Elemente werden als Text gekennzeichnet, PCData steht für *parsed character data*.
Ein so gekennzeichneter Bereich darf beliebige Zeichen enthalten, die ein HTML-
Parser analysieren kann. Mit der letzten Anweisung wird der Inhalt der Entität *svw*
beschrieben, s.oben.

Ist die DTD in der externen Datei *literaturverzeichnis.dtd* gespeichert, wird im Prolog wie folgt notiert:

```
<!DOCTYPE literaturverzeichnis SYSTEM "literaturverzeichnis.dtd">
```

Sofern die Datei mit einem XML-Editor bearbeitet wird, kann jetzt off-line eine
Validierung vorgenommen werden. Wie schon ausgeführt, kann ein XML-
Dokument gültig oder wohlgeformt sein. Es ist wohlgeformt, wenn das Dokument
durch Start- und Ende-Tag gekennzeichnete Elemente mit korrekter Verschachtelung enthält und der Syntax von XML entspricht. Gültig ist ein XML-Dokument,
wenn eine DTD oder ein Schema zugeordnet ist. Wir bemühen an dieser Stelle
einen online Validierungsservice und entscheiden uns für *www.validome.org*.
Validome ist ein nicht-kommerzielles Validierungstool mit der Zielsetzung, Web-
mastern und Entwicklern eine W3C-konforme Überprüfung von XML-Dokumenten zu ermöglichen.

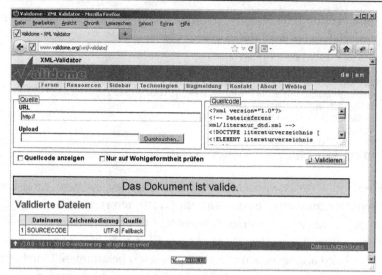

Abbildung 4.3: Online-Validierung eines gültigen XML-Dokuments

Sie können die Daten auf einen Web-Space legen und die URL angeben oder direkt hochladen. Für kleinere Codeabschnitte kann der Code auch in ein Textfenster kopiert werden. Fehler im Quelltext werden angezeigt und können unmittelbar korrigiert werden. Sie können danach bei der weiteren Bearbeitung von einem korrekten Dokument ausgehen. Hier das gültige Dokument *literatur_dtd.xml* noch einmal im Zusammenhang:

```
<?xml version="1.0"?>
<!--Dateireferenz xml/literatur_dtd.xml →
<!DOCTYPE literaturverzeichnis [
<!ELEMENT literaturverzeichnis (buch)+>
<!ELEMENT buch (autor, titel,verlag, datum)>
<!ATTLIST buch sprache (deutsch|englisch|spanisch|französisch) #REQUIRED>
 <!ELEMENT autor (#PCDATA)>
 <!ELEMENT titel (#PCDATA)>
 <!ELEMENT verlag #PCDATA)>
 <!ELEMENT datum (#PCDATA)>
<!ENTITY svw "Springer Vieweg, Wiesbaden">]>
<literaturverzeichnis>
  <buch sprache="deutsch">
    <autor>&gp;</autor>
    <titel>Webseiten-Programmierung</titel>
    <verlag>&svw;</verlag>
    <datum>2012</datum>
  </buch>
  <buch sprache="deutsch">
    <autor>Oral Avci et.al.</autor>
    <titel>Web-Programmierung</titel>
    <verlag>&svw;</verlag>
    <datum>2003</datum>
  </buch>literaturverzeichnis>
```

Zur Vorbereitung auf die weitere Verarbeitung von XML-Dokumenten soll das Kommandozeilenwerkzeug XMLStarlet Verwendung finden und als Konsolanwendung vorgestellt werden. Im Web finden Sie das Werkzeug unter *xmlstar.sourceforge.net.* Mit dieser Software können Sie Ihre XML-Dateien ebenfalls validieren. Das Tool kann u.a. analog zum Befehlszeilen-Kommando `dir` bzw. `ls` die Angaben eines Festplattenverzeichnisses als XML-Datei ausgeben. Den Befehl wollen wir zum Erstellen einer XML-Datei nutzen.

Nach Download von XMLStarlet ist das Archiv zu entpacken und über die Konsole mit dem Befehl XML zu starten. Unter Windows rufen Sie die Konsole auf mit `Start > Ausführen > cmd`. Wechseln Sie mit dem Befehl `cd` in das Verzeichnis Ihrer XMLStarlet-Applikation und geben Sie `XML ls` ein. Fügen Sie dem Befehl noch eine Dateiumleitung hinzu `XML ls >dir.xml`, wird die Ausgabe nicht auf der Konsole angezeigt, sondern in die angegebene Datei umgeleitet.

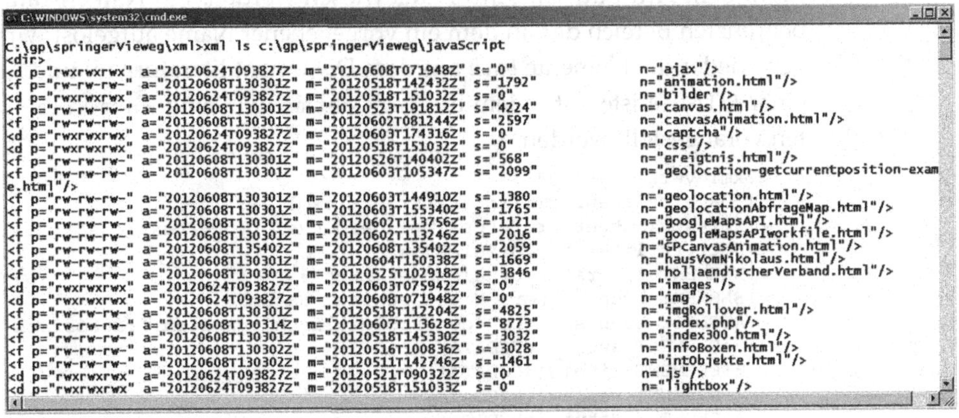

Abbildung 4.4: Windows-Konsole mit dem XMLStarlet-Befehl ls

Das Ergebnis erscheint zunächst ziemlich kryptisch, ist aber ein wohlgeformtes XML-Dokument. Das Wurzelelement ist *dir*, die Elemente sind *d* und *f*, das sind leere Elemente die mit /> abschließen. D steht für ein Verzeichnis, f für eine Datei. Der eigentliche Dokumenteninhalt ist in den Attributen der Elemente abgelegt. Das Attribut *p* gibt die Dateirechte *lesen, schreiben, ausführen,* (rwx)an. Die Attribute *a* und *m* sind Bearbeitungszeitpunkte der Dokumente, *s* zeigt die Dateigröße an und *n* den Namen mit Dateierweiterung, Das Dokument wird gültig bei Angabe einer DTD, aber auch nicht besser lesbar. Erzeugt wurde die Datei *dir.xml* mit XMLStarlet Version 1.31 vom Januar 2012. Dieses Beispiel werden wir weiter unten entsprechend aufbereiten und in ein HTML-Format transformieren.

Die bereits vorgenommene Online-Validierung für das obige Dokument literatur_dtd.xml können wir nun auch offline vornehmen. Der Befehl

```
c:\gp\springer Vieweg\xml>xml val literatur_dtd.xml
```

liefert als Ergebnis ebenfalls den Hinweis auf ein valides Dokument.

```
c:\gp\springer Vieweg\xml>literatur_dtd.xml -valid
```

4.2 . Transformation von XML-Dokumenten

4.2.1   XML-Dokumente mit HTML und CSS

HTML-Elemente können in XML-Dokumente eingebunden werden. Mit der Process Instruction

```
<?xml-stylesheet href="standard.css" type="text/css"?>
```

wird eine CSS Silvorlage referenziert. Unterhalb des Wurzelelements werden HTML-Befehle mit html: als Präfix für jeden Tag im Dokument eingeleitet.

Zur Einbindung der HTML-Befehle muss im Wurzelelement noch der Namensraum dem Attribut xmlns:html zugewiesen werden. Ein Namensraum stellt einen begrenzten Bereich dar, in dem ein vorgegebener Name aufgelöst wird. Wir benutzen wieder die Elemente *buch* aus dem Dokument literatur.xml und führen diese in einer HTML-Liste auf indem die Tags <html:ul> und <html:li> den Elementen vorangestellt werden.

```
<?xml version="1.0"?>
<!—Dateireferenz xml/literatur_html.xml -->
<?xml-stylesheet href="css/standard.css" type="text/css"?>
<!DOCTYPE literaturverzeichnis [
<!ELEMENT literaturverzeichnis (buch)+>
<!ELEMENT buch (autor, titel,verlag, datum)>
<!ATTLIST buch sprache (deutsch|englisch|spanisch|französisch) #REQUIRED>
  <!ELEMENT autor (#PCDATA)>
  <!ELEMENT titel (#PCDATA)>
  <!ELEMENT verlag (#PCDATA)>
  <!ELEMENT datum (#PCDATA)>
<!ENTITY svw "Springer Vieweg, Wiesbaden">
]>
<literaturverzeichnis
  xmlns:html="http://www.w3.org/TR/REC-html40">
  <html:ul>
  <html:li>
  <buch sprache="deutsch">
    <autor>Günter Pomaska</autor>
    <titel>Webseiten-Programmierung</titel>
    <verlag>&svw;</verlag>
    <datum>2012</datum><html:br/>
  <buch sprache="deutsch">
    <autor>Oral Avci et.al.</autor>
    <titel>Web-Programmierung</titel>
    <verlag>&svw;</verlag>
    <datum>2003</datum>
  </buch>
  </html:li>
  </html:ul>
</literaturverzeichnis>
```

Dieses Beispiel ist aber noch wenig sinnvoll, müsste doch bei jedem Buchtitel das Listenelement eingefügt werden. Verzichten wir andererseits auf die HTML-Befehle, dann erfolgt die Ausgabe aller Daten in einer Zeile. Die referenzierte CSS-Stilvorlage *css/standard.css* hat folgende Notation:

```
body{
  background-color : #FFFFCE;
  color:blue;
```

```
    font-family:sans-serif;
}
ul {
    list-style-type:square;
    list-style-position: inside;
}
li{
    display:list-item;
}
```

Nun werden wir in einer alternativen Version die HTML-Anweisungen aus dem XML-Dokument entfernen und die Formatierung nur über die Stilvorlage vornehmen. Dabei verwenden wir in der CSS Stilvorlage als Selektoren die Elementnamen der XML-Datei verwenden. Das XML-Dokument wurde modifiziert, die DTD ist jetzt ausgelagert.

```
<?xml version="1.0"?>
<?xml-stylesheet href="css/standardBlock.css" type="text/css"?>
<!DOCTYPE literaturverzeichnis SYSTEM "literatur.dtd">
    <buch sprache="deutsch">
        <autor>Günter Pomaska;</autor>
        <titel>Webseitenprogrammierung</titel>
        <verlag>&svw;</verlag>
        <datum>2012</datum>
    </buch>
    <buch sprache="deutsch">
        <autor>Oral Avci et.al.</autor>
        <titel>Web-Programmierung</titel>
        <verlag>&svw;</verlag>
        <datum>2003</datum>
    </buch>
</literaturverzeichnis>
```

Aufgrund der Vorfahrenabhängigkeit der direkten Einheiten zum Element *buch* können die globalen Vereinbarungen auf letzteres Element beschränkt werden. Die CSS-Datei css/*standardBlock.css* zeigt folgende Notation:

```
buch {
    font-family : sans-serif;
    font-size : 14px;
    font-style : normal;
    font-weight : normal;
    color    : blue;
    white-space : nowrap;
}
autor {
    text-indent : 0px;
    white-space : nowrap;
    list-style-type: square;
    list-style-position:inside;
    display  :list-item;
}
verlag {
    text-indent : 12px;
    display  : inline-block;
}
    datum {
    display  : inline-block;
    text-indent : 0px;
    }
titel {
    font-style : italic;
```

```
    font-weight : bold;
    text-indent : 12px;
    color   : black;
    display : block;
}
```

Mit dem obigen Beispiel wurde das Zusammenspiel zwischen HTML, CSS und XML erläutert. Das Ergebnis ist in der Abbildung 4.5 wiedergegeben. Im nächsten Abschnitt wird zur Formatierung in die mächtigere Sprache *Extensible Style Sheet Language* (XSL) eingeführt.

Abbildung 4.5: XML mit CSS formatiert

4.2.2   Extensible Stylesheet Language XSL

XSL ist das Akronym für Extensible Stylesheet Language und beschreibt eine Gruppe von Sprachen zur Transformation von XML-Strukturen in andere Formate. Zur Sprachfamilie gehören

- XSL-FO
- XSLT
- XPath

Die Transformation eines XML-Dokuments erfolgt in zwei Schritten, der Auswahl von Elementen und der eigentlichen Formatierung. XSL-FO ist die Komponente zur Formatierung für den Druckbereich und medienübergreifendes Publizieren. In den folgenden Anwendungen wird weiter CSS zur Gestaltung der Bildschirmausgaben benutzt. XSLT und XPATH sind Spezifikationen, mit denen sich Ausdrücke zur Adressierung innerhalb von XML-Dokumenten formulieren lassen. XSL stellt ein mächtiges Werkzeug zur Verarbeitung von XML-Dokumenten dar. Unter Verwendung eines XSLT-Prozessors, integriert in den Browser, stand-alone oder eingebettet in Applikationen, werden Dokumente in eine übersichtlich lesbare Form gebracht oder für andere XML-Anwendungen transformiert.

Die im vorhergehenden Abschnitt mit HTML und CSS formatierten XML-Daten werden wir jetzt einem XSLT-Prozess unterziehen. Der XSLT-Prozessor ist in moderne Web-Broser integriert, kann aber auch als externer Prozess ablaufen. Bekannte Prozessoren sind SAXON, XALAN oder XT.

Der Inhalt einer XSL-Datei kann zum großen Teil aus HTML-Befehlen bestehen. Die Formatierung der Daten übernimmt im vorliegenden Fall wieder CSS, eingebunden als Character Data (CDATA) oder externe Datei in das XSL-Dokument.

Eine XSL-Datei wird einem XML-Dokument zugeordnet mit der Processing Instruction:

```
<?xml-stylesheet href="meinxsl.xsl" type="text/xsl"?>
```

Die erste Zeile einer XSL-Datei deklariert den Namensraum. Die darauf folgende Zeile mit dem Element output definiert das Zielformat und gehört zum Namensraum xsl. Über das Attribut match lässt sich angeben, auf welche Elemente die Stilvorlage anzuwenden ist. Der Wert von match enthält ein Muster, das die Elemente beschreibt. Das Muster ist ein XPath-Ausdruck und kann als Filter zur Behandlung ausgewählter Daten benutzt werden. Hier wird auf das Root-Tag *literaturverzeichnis* verwiesen. Das Zeichen / zeigt im Muster auf das Root-Element, ein * kann als Wildcard genutzt werden. Danach folgen die CSS-Vereinbarungen, die HTML-Auszeichnungen und darin eingebettet die XSL-Formatierungen.

```
<xsl:stylesheet version="1.0"
 xmlns:xsl="http://www.w3.org/1999/XSL/Transform">
<xsl:output  method="html"/>
<xsl:template match="literaturverzeichnis">
<! - es folgen die CSS-Definition in einem CDATA Abschnitt oder extern
referenziert -->
< -- hier folgen HTML-Auszeichnungen -->
<-- innerhalb von HTML die XSL-Ausdrücke -->
<xsl:for-each
  select="literaturverzeichnis/buch">
    <xsl:value-of select="autor" />
</xsl:for-each>
```

Die vorstehenden Anweisungen stellen eine Auswahl innerhalb einer Schleife dar. For-each bedeutet mit jedem Element, select filtert das zu bearbeitende Element heraus. Mit value-of select werden die gewünschten Daten des aktuellen Datensatzes angesprochen.

Betrachten wir die XSL-Datei *meinxsl.xsl* für das Literaturverzeichnis aus dem Abschnitt 4.1.2 im Zusammenhang:

```
<xsl:stylesheet version="1.0"
 xmlns:xsl="http://www.w3.org/1999/XSL/Transform">
<xsl:output  method="html"/>
<xsl:template match="literaturverzeichnis">
<html>
<head>
  <title>Literaturverzeichnis</title>
  <style type="text/css">@import "css/meincss.css";</style>
</head>
<body>
<div id="verzeichnis">
  <table >
    <tr>
      <td colspan="3" class = "kopf"> Literaturverzeichnis</td></tr>
```

```
<xsl:for-each select="buch">
  <tr>
    <td class = "autor">
    <xsl:value-of select="autor"/></td>
    <td> </td>
    <td> </td></tr>
  <tr>
    <td class="titel">
    <xsl:value-of select="titel"/></td>
    <td class="verlag">
    <xsl:value-of select="verlag"/></td>
    <td class="datum">
    <xsl:value-of select="datum"/></td></tr>
</xsl:for-each>
</table>
</div>
</body>
</html>
</xsl:template>
</xsl:stylesheet>
```

Die Datei *meinxsl.xsl* ist dem XML-Dokument *literatur_xsl.xml* mittels:

```
<?xml-stylesheet href="css/meinxsl.xsl" type="text/xsl"?>
```

zugeordnet. Die ersten beiden Zeilen der XSL-Datei deklarieren das Stylesheet und das Muster, das auf die Vorlage anzuwenden ist, hier wird mit template match="/" das gesamte Dokument bearbeitet. Es folgen die Auszeichnungen für ein komplettes HTML-Dokument. Die CSS-Stilvorlage wird im Style-Tag angegeben, es wird auf *css/meincss.css* verwiesen. Der Körper des HTML-Teils besteht aus dem Div-Container id = *"verzeichnis"* und einer Tabelle. Die erste Tabellenzeile gilt über drei Spalten mit der Überschrift und einer eigenen Stilklasse class="kopf". Es werden jetzt für alle Unterelemente *buch* aus der der XML-Datei zwei Zeilen der Tabelle benutzt. In der ersten Zeile, Spalte eins wird der Autor mit value-of-select eingetragen. Spalten zwei und drei bleiben leer bzw. werden mit einem nicht zu entfernenden Leerzeichen belegt. Die Folgezeile wird spaltenweise mit den Werten von *titel, verlag* und *autor* aufgefüllt. Alle Tags werden hiernach entsprechend der korrekten Verschachtelung geschlossen.

Abbildung 4.6: XML-Dokument mit XSL formatiert

Im Browser aufgerufen, zeigt die Datei literatur_xsl.xml jetzt eine Tabellenform. Die XML-Datei wurde mittels einer XSL-Stilvorlage vom XSLT-Prozessor des

Browsers in HTML on-line transformiert. Der im Browser angezeigte Quellcode zeigt unverändert das XML-Dokument.

Es soll noch gezeigt werden, wie der Zugriff auf die Attribute einer XML-Datei erfolgt. Weiter oben hatten wir mit dem Kommandozeilen-Werkzeug XMLStarlet durch Aufruf von

```
xml ls >directory.xml
```

das XML-Dokument *directory.xml* mit den Verzeichniseinträgen erzeugt. Der Dateianfang dieses Dokuments wird wie folgt modifiziert

```
<?xml version="1.0"?>
<?xml-stylesheet version="1.0" href="template.xsl"type="text/xsl"?>
<directory>
```

und das Wurzelelement geschlossen mit </directory>. Unser zugehöriges XLS-Dokument *template.xsl* hat dann folgende Gestalt:

```
<xsl:stylesheet version="1.0"
   xmlns:xsl="http://www.w3.org/1999/XSL/Transform">
<xsl:output  method="html"/>
<xsl:template match="/">
<html>
<head>
  <title>Directory</title>
  <style type="text/css">@import "css/standard.css";</style>
</head>
<body>
<div id="verzeichnis">
  <table>
    <tr>
      <td colspan="4" class="kopf">Directory</td></tr>
    <tr>
      <td>Filename</td>
      <td>Rechte</td>
      <td>Groesse</td><td>Datum</td></tr>
  <xsl:for-each select="directory/f">
  <xsl:sort select="@n" case-order="lower-first" order="ascending"/>
    <tr>
      <td class = "name">
  <xsl:value-of select="@n"/></td>
      <td class="rechte">
  <xsl:value-of select="@p "/></td>
      <td class="groesse">
  <xsl:value-of select="@s"/></td>
      <td class="datum">
  <xsl:value-of select="@m"/></td></tr>
  </xsl:for-each>
    </table>
</div>
</body>
</html>
</xsl:template>
</xsl:stylesheet>
```

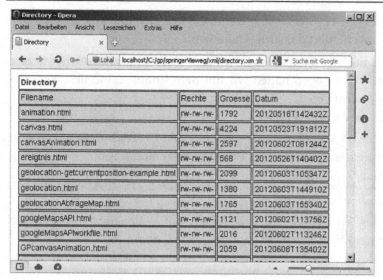

Abbildung 4.7: Dateiverzeichnis transformiert aus dem XML-Dokument

Im Attribut `match` wird das Wurzelverzeichnis des Dokuments angegeben, behandelt werden alle Elemente `directory/f`, also nur die Dateien, keine Verzeichnisse. Sortiert wird nach aufsteigenden Werten des Attributs `n`. Mit der Anweisung `select` wird auf Attribute zugegriffen, indem vor die Bezeichnung des Namens das Zeichen `@` gesetzt wird. In der Tabellenzeile werden die gewünschten Attribute ausgewertet.

Wie oben bereits erläutert wird die Umformung eines XML-Dokuments in ein HTML-Dokument mittels XSL als XSLT-Transformation bezeichnet. Man benötigt ein wohlgeformtes XML-Dokument und eine korrekte XSL-Stilvorlage sowie einen XSLT-Prozessor, der die Daten liest und entsprechend der Vorgabe in das neue Format umsetzt. Erfolgt die Transformation im Browser bleibt der Quellcode unverändert als XML-Datei erhalten.

Wollen Sie jedoch auf Ihrer Webpräsenz unmittelbar die bereits in HTML transformierten Daten anbieten, dann können Sie die XSL-Transformation zunächst auch offline veranlassen. Im Web finden Sie hinreichend Software-Werkzeuge, mit deren Hilfe Sie die Transformation Ihrer Daten durchführen können. Wir benutzen wieder XMLStarlet und starten von der Kommandozeile:

```
xml tr template.xsl directory.xml >test.html
```

Der Transformationsprozess wird mit dem Parameter `tr` aufgerufen, es folgen die Quelldateien für XSL und XML sowie die Umleitung der Zieldatei von der Konsole, der Standardausgabe, in ein HTML-Dokument.

Die bisherigen Beispiele dieses Kapitels stellten eher exemplarisch die Möglichkeiten der Verarbeitung von XML-Dateien dar. Der folgende Abschnitt demonstriert eine Anwendung aus der vermessungstechnischen Praxis, die auch den Anforderungen an die Verarbeitung von Massendaten gerecht wird.

4.3 Eine XML-Applikation

Topographische Vermessungen werden heute mit elektronischen Tachymetern durchgeführt. Das Vermessungsinstrument wird auf einem festen Standpunkt positioniert. Auf Knopfdruck werden die Messdaten zu einem Zielpunkt (Reflektor) erfasst. Winkel und Strecken werden geräteintern umgerechnet und als Koordinatenwerte gespeichert. Zur Identifikation eines aufgemessenen Punktes dienen die Punktnummer und eine Kennung für die Punktart (Geländepunkt, Grenzmarke usw.). Ein bedeutender Hersteller von Vermessungsgeräten ist die Firma Leica Geosystems. Die Firma benutzt unter der Bezeichnung GSI-8 in ihren Geräten ein internes Datenformat mit zeilenweiser Speicherung von Codeinformationen, Messwerten und Koordinaten.

Anhand der Codeinformationen ist die Bedeutung der folgenden Daten interpretierbar, das Format ist aber nur den Experten zugänglich und muss für die weitere Bearbeitung transformiert werden.

```
110003+02100001 81..00+02008446 82..00+01050616 83..00+00055191
71....+00000070
```

Abbildung 4.8: Elektronisches Tachymeter der Firma Leica Geosystems

In einem ersten Schritt werden die Daten aus dem Gerät ausgelesen und in eine XML-Datenstruktur übertragen. Den zweiten Schritt erledigen wir mit einem PHP-Skript, das der interessierte Leser von der Webseite zum Buch downloaden kann. Der interne Ablauf dieser Konvertierung steht hier nicht zur Diskussion, wir legen den Fokus auf die Verarbeitung der XML-Datei zu einem lesbaren Koordinatenverzeichnis und einer maßstäblichen Grafik als Bildschirmausgabe.

Aus einem Datenfile der oben beschriebenen Struktur soll eine gültige XML-Datei entstehen. Jeder aufgemessene Punkt wird mit Nummer, Code, y, x, z in einem Element *punkt* gespeichert. Die einfache DTD hat folgend Struktur:

```
<!DOCTYPE koordinatenfile [
<!ELEMENT koordinatenfile (punkt)+>
<!ELEMENT punkt (pnr, code, y, x, z)>
<!ELEMENT pnr (#PCDATA)>
```

```
<!ELEMENT code (#PCDATA)>
<!ELEMENT y (#PCDATA)>
<!ELEMENT x (#PCDATA)>
<!ELEMENT z (#PCDATA)>
]>
```

Die gültige XML Datei hat mit der obigen DTD auszugsweise folgende Gestalt:

```
<?xml version="1.0" encoding="UTF-8"?>
<!DOCTYPE koordinatenfile SYSTEM "koordinaten.dtd">
<koordinatenfile>
  <punkt>
    <pnr> 1</pnr>
    <code> 21</code>
    <y>2008.446</y>
    <x>1050.616</x>
    <z>55.191</z>
  </punkt>
</koordinatenfile>
```

Der fleißige Landmesser kann an einem Tag mit elektronischen Totalstationen sehr viele Punkte aufmessen. Handarbeit ist bei der Umsetzung der Punkte nicht möglich. Die Umformung des GSI-8-codierten Formats in eine XML-Datei nehmen wir mit dem oben erwähnten PHP-Programm vor. Nach Erzeugung des XML-Dokuments werden jetzt zwei XSL-Stylesheets benötigt. Die Daten sollen in einem Koordinatenverzeichnis gut lesbar aufgelistet werden und wir benötigen eine maßstäbliche Punktkartierung. Dazu wird das numerische Koordinatenverzeichnis in das grafische Format SVG transformiert. SVG ist eine XML-Formulierung für zweidimensionale Grafiken. Mit diesem Standard, der heute nativ in alle Browser integriert ist, befasst sich detailliert das Kapitel 5 dieses Buches. Wir können aber etwas vorgreifen und die Anwendung von XSL-Befehlen etwas vertiefen.

Betrachten wir zunächst das Koordinatenverzeichnis, bestehend aus den Dokumenten *koordinatenverzeichnis.xml*, *koordinatenverzeichnis.xsl* und *koordinatenverzeichnis.css*. Wir formatieren nach wie vor mit CSS, verzichten hier aber auf die Diskussion dieser Anweisungen. Es wird, wie auch schon beim Literaturverzeichnis, eine Tabellenvorlage beschrieben. Mittels einer for-each-Struktur, der einzig verfügbaren Schleifenart in XSLT, werden für jeden Punkt die Werte in die Tabellenzellen geschrieben.

Eingebaut wird noch eine Sortierung nach aufsteigenden Y-Werten mit xsl:sort, das Attribut order deklariert aufsteigende oder absteigende Sortierung.

```
<xsl:stylesheet version="1.0"
  xmlns:xsl="http://www.w3.org/1999/XSL/Transform">
<xsl:template match="/">
<style>
<![CDATA[
  ... hier stehen die CSS-Anweisungen eingebettet
  }
]]>
</style>
<div align="center">
<table cellspacing ="3" cellpadding ="3" bgcolor="#ffffff">
<tr>
 <td colspan="5" class = "titel" style="color : #FFFFCE;
```

```
      background-color : lightgray;">
      Koordinatenverzeichnis</td></tr>
 <tr>
      <td class = "pnr"><p>PktNr</p></td>
      <td class = "code"><p>Code</p></td>
      <td class="y"><p>Y</p></td>
      <td class="x"><p>X</p></td>
      <td class="z"><p>Z</p></td></tr>
<xsl:for-each select="koordinatenfile/punkt">
<!-- Pktfolge aufsteigend nach y sortieren -->
<xsl:sort select="y" case-order="lower-first" order="ascending"/>
<tr>
      <td class = "pnr"><xsl:value-of select="pnr"/></td>
      <td class = "code"><xsl:value-of select="code"/></td>
      <td class="y"><xsl:value-of select="y"/></td>
      <td class="x"><xsl:value-of select="x"/></td>
      <td class="z"><xsl:value-of select="z"/></td>
</tr>
</xsl:for-each>
</table>
</div>
</xsl:template>
</xsl:stylesheet>
```

Nach Aufruf von *koordiantenverzeichnis.xml* im kann man im Browser durch das lesbare Koordinatenfile scrollen oder auch zuvor die XSL-Transformation mit einem externen XSLT-Prozessor durchführen und unmittelbar ein HTML-File erzeugen.

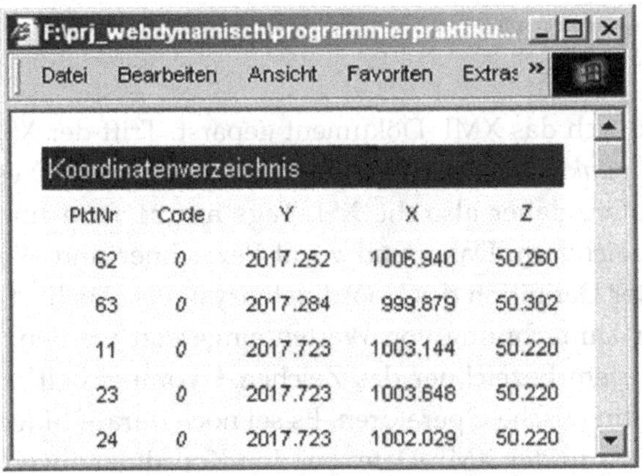

Abbildung 4.9: Die transformierte GSI-Datei als HTML-Tabelle formatiert

Wir wollen an dieser Stelle nicht dem Kapitel 5 vorgreifen und betrachten daher nur auszugsweise die Transformation der Koordinaten in das SVG-Format. Von größerem Interesse ist hier die Umsetzung von einem XML-Format in ein anderes. Das Prinzip des Punktauftrages besteht in einem Def-Use-Konstrukt. In SVG wird eine Vorschrift definiert, wie ein einzelner Punkt im Lageplan darzustellen ist.

```
<defs>
  <g id="pkt">
    <desc>Punktsymbol</desc>
    <circle class="point" cx="0" cy="0" r="0.05"/>
  </g>
</defs>
```

Es ist ein Definitionsabschnitt zu vereinbaren, in dem mit dem Strukturtag <g> eine Gruppe gebildet wird. Die Gruppe erhält die Identität *pkt* und besteht aus einem Kreis im Ursprung mit dem Radius 0,05. Die Klasse *point* referenziert die grafische Ausgestaltung.

Auf das grafische Element *pkt* kann man jetzt mit dem Use-Tag und *xlink:href* zugreifen und dieses Element in der grafischen Darstellung positionieren. Weiter möchten wir den Punkt noch durch die Punktnummer kennzeichnen. Hierzu benutzen wir den Text-Tag. Beide Tags gehören zum SVG-Namensraum und sind wie folgt zu codieren:

```
<svg:use x="2023.172" y="-1000.442" xlink:href="#pkt"/>
<svg:text class="pnr" x="2023.272" y="-1000.542">1</svg:text>
```

Es stellt sich nun die Aufgabe, für alle Punkte im Koordinatenverzeichnis obige SVG-Struktur zu erzeugen. Zunächst benötigen wir noch zwei Variable zur Wiederverwendung. Einen Abstand *offset* zur Punktbeschriftung und einen Faktor zur Orientierung einer Achsrichtung. Der XSL-Tag `variable` bekommt im Attribut name den Bezeichner und mit dem XSL-Tag `text` wird der Wert zugewiesen. Beachten Sie, wie auch später bei den Attributen, die strenge XML-Datenstruktur.

```
<!-- Vereinbarung von Variablen zur Wiederverwendung -->
<xsl:variable name="offset">
<xsl:text>0.1</xsl:text>
</xsl:variable>
<xsl:variable name="faktor">
<xsl:text>-1.0</xsl:text>
</xsl:variable>
```

Mit `for-each` wird durch das XML-Dokument geparst. Triff der XSLT-Prozessor dort auf das Element *punkt*, wird der SVG-Tag use aufgerufen. Dieser hält seine Daten aber in Attributen, daher also die XSL-Tags `attribute` und Zuordnung der Werte zu den Bezeichnern. Das x und y mit Bezeichner und Wert nicht konform gehen, liegt an der Definition des Koordinatensystems. Auch ist zu erkennen, wie die Variablen zur Umrechnung von Werten eingesetzt werden. Bei der Wiederverwendung wird dem Bezeichner das Zeichen $ vorangestellt, die Verknüpfung erfolgt durch arithmetische Operatoren. Es sei noch darauf hingewiesen, dass die Browser Leerzeichen in der XML-Datei bei den Koordinatenwerten nicht mögen. Einen Zeilenvorschub im SVG-Zieldokument erzielen Sie mit dem einem leeren Tag <xsl:text>.

```
<xsl:for-each select="koordinatenfile/punkt">
<svg:use>
   <xsl:attribute name="x">
   <xsl:value-of select="y" />
   </xsl:attribute>
   <xsl:attribute name="y">
   <xsl:value-of select="x*$faktor" />
   </xsl:attribute>
   <xsl:attribute name="xlink:href">
   <xsl:text>#pkt</xsl:text>
   </xsl:attribute>
</svg:use>
<!-- Zeilenvorschub erzeugen -->
```

```
<xsl:text>
</xsl:text>
```

Kommen wir nun zu der Transformation der Punknummer in einen SVG-Text. Es beginnt mit text aus dem Namensraum SVG, die Attribute werden zusammenge-stellt und die Punktnummer wird als Elementinhalt eingebettet. Der Text-Tag wird abgeschlossen und wiederum ein Zeilenvorschub erzeugt.

```
<svg:text>
  <xsl:attribute name="class">
  <xsl:text>pnr</xsl:text>
  </xsl:attribute>
  <xsl:attribute name="x">
  <xsl:value-of select="y+$offset" />
  </xsl:attribute>
  <xsl:attribute name="y">
  <xsl:value-of select="(x+$offset)*$faktor" />
  </xsl:attribute>
  <xsl:value-of select="pnr" />
</svg:text>
  <xsl:text>
  </xsl:text>
```

Wir überlassen die Transformation nicht dem Browser, sondern benutzen wieder XMLStarlet aus der Kommandozeile heraus. Die Abbildungsvorschrift und die Darstellung der Gitterlinien mit Beschriftung mag der interessierte Leser, ggf. nach Studium des Kapitels über SVG, aus der XSL-Datei heraus verifizieren. An dieser Stelle wird die fertige Grafik in der Abbildung 4.10 gezeigt.

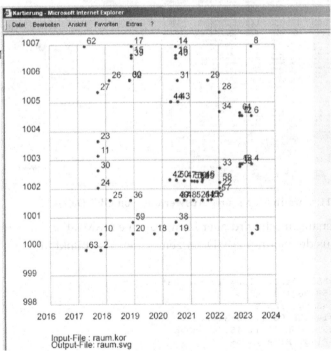

Abbildung 4.10: Maßstäbliche Grafik durchTransformation der XML-Punktdatei

4.4   Outdoor-Navigation und Google Earth

Dem obigen Beispiel aus der Vermessungstechnik soll eine eher alltägliche Anwendung der Datenformulierung in XML gegenübergestellt werden. Auch wieder
mit geografischem Bezug, aber weiter verbreitet. Radfahrer, Wanderer, Geoca-
ching-Enthusiasten oder Leute die Daten für Open Street Map einsammeln sind
mit sog. Outdoor-Navigationsgeräten ausgerüstet. Diese Geräte empfangen GPS-
Signale und bestimmen die Position mit einer Genauigkeit von etwa +/- 3 m. Die
Palette der Hersteller und Gerätetypen ist vielseitig. An dieser Stelle nennen wir
exemplarisch das Garmin eTrex. Wie auch alle anderen Geräte zeichnet das
Garmin Wegpunkte und Tracks, den zeitlichen Verlauf eines Weges, auf. Eine dem
Gerät mitgelieferte Software ermöglicht das Auslesen der Daten und die Speiche-
rung in unterschiedlichen Formaten. MapSource von Garmin liest die Daten vom
Gerät, listet diese auf und zeigt auch eine Karte an, vgl. Abbildung 4.11.

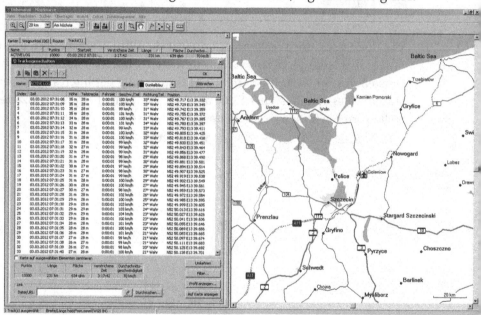

Abbildung 4.11: Garmin MapSource Auswertung von GPS-Daten

Für den Datenaustausch wird aber immer auch ein XML-Format bereitgestellt. Ein
Ausschnitt aus der Garmin gpx-Datei zeigt einen Wegpunkt und den Beginn eines
Tracks:

```
<wpt lat="52.334254" lon="10.446788">
    <ele>59.967407</ele>
    <name>Ziege</name>
    <cmt>14-JUL-08 17:45:34</cmt>
    <desc>14-JUL-08 17:45:34</desc>
    <sym>Flag, Blue</sym>
    <extensions>
      <gpxx:WaypointExtension
xmlns:gpxx="http://www.garmin.com/xmlschemas/GpxExtensions/v3"
xmlns:xsi="http://www.w3.org/2001/XMLSchema-instance"
```

```
xsi:schemaLocation="http://www.garmin.com/xmlschemas/GpxExtensions/v3
http://www.garmin.com/xmlschemas/GpxExtensions/v3/GpxExtensionsv3.xsd">
            <gpxx:DisplayMode>SymbolAndName</gpxx:DisplayMode>
        </gpxx:WaypointExtension>
    </extensions>
</wpt>
<trk>
    <name>ACTIVE LOG</name>
    <extensions>
        <gpxx:TrackExtension
xmlns:gpxx="http://www.garmin.com/xmlschemas/GpxExtensions/v3"
xmlns:xsi="http://www.w3.org/2001/XMLSchema-instance"
xsi:schemaLocation="http://www.garmin.com/xmlschemas/GpxExtensions/v3
http://www.garmin.com/xmlschemas/GpxExtensions/v3/GpxExtensionsv3.xsd">
            <gpxx:DisplayColor>DarkBlue</gpxx:DisplayColor>
        </gpxx:TrackExtension>
    </extensions>
    <trkseg>
        <trkpt lat="52.828612" lon="13.655532">
            <ele>35.225464</ele>
            <time>2012-03-03T06:31:08Z</time>
        </trkpt>
        <trkpt lat="52.828821" lon="13.655756">
            <ele>35.225464</ele>
            <time>2012-03-03T06:31:09Z</time>
        </trkpt>
```

Sie erkennen natürlich sofort die XML-Konvention. Was kann man nun mit diesen XML-Daten tun? Wir haben in den Abschnitten zuvor gelernt, wie man mittels einer XSL-Transformation die Punkte in einer Karte aufzeichnen kann. In diesem Fall machen wir uns nicht die Mühe, sonder lassen die Aufgabe von dem Free-ware-Tool GPSBabel erledigen.

GPS Babel (*www.gpsbabel.org*)liest eine XML-Datei und gibt ein anderes XML-Format wieder aus. Im vorliegenden Fall wählen wir KML. KML steht für Keyhole Markup Language, das ist das Format, mit dem Daten in Google Earth importiert werden. Starten Sie auf Ihrem Rechner Google Earth und laden Sie die KML-Datei. Jetzt können Sie Ihren aufgezeichneten Track auf dem virtuellen Globus verfolgen. Neben den KML-Dateien kennt Google Earth auch noch das KMZ-Format. Darin steckt u.a. auch KML, zusammen mit anderen Ressourcen aber komprimiert. In dem Archiv können auch 3D-Bauwerksdaten im Grafikformat Collada gespeichert sein. Was ist Ihrer Meinung nach wohl die Basistechnologie für Collada?

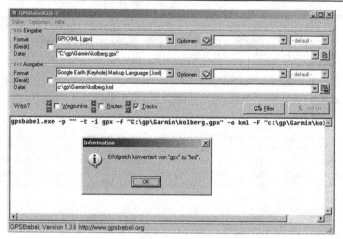

Abbildung 4.12: Datenkonvertierung zu Google Earth mit GPSBabel

4.5   JSON - eine Alternative zu XML

Neben dem XML-Standard hat sich auch das einfachere und kompaktere JSON-Format etabliert. JavcaScript Object Notation ist als lesbares Datenaustauschformat zwischen Anwendungen definiert und soll immer als gültiges JavaScript interpretierbar sein. Das bedeutet, dass ein Datendokument auch der Prüfung durch einen JavaScript-Interpreter standhält. JSON-Daten sind schwach typisiert und können direkt in JavaScript Objekte umgewandelt werden. Obige XML-Datenstruktur der Punktkoordinaten kann in JSON wie folgt notiert werden:

```
{
  "punkt": [
    {"pnr":44, "code": 0,"y":"2020.313, "x":"1005.024, "z":50.220 },
    {"pnr":45, "code": 0,"y":"2021.409, "x":"1002.248, "z":51.598 }]
}
```

Punkt ist ein Array, hier mit zwei Objekten. Wir bauen das Objekt in ein HTML-Dokument ein und bilden daraus die Variable jsObject:

```
<!DOCTYPE html>
<html lang="de">
<head><title>JSON</title></head>
<body>
  <p>JavaScript Object Notation</p>
  <p>Punkt Nummer: <span id="pnr"></span></p>
  <p>Punkt Code: <span id="code"></span></p>
  <p>x: <span id="x"></span></p>
  <p>x: <span id="y"></span></p>
  <p>x: <span id="z"></span></p>
  <script type="text/javascript">
  var jsObjekt = {"punkt":[
    {"pnr":44, "code": 0,"y":2020.313, "x":1005.024, "z":50.220},
    {"pnr":45, "code": 0,"y":2021.409, "x":1002.248, "z":51.598 }
]}
  document.getElementById("pnr").innerHTML=jsObjekt.punkt[0].pnr;
  document.getElementById("code").innerHTML=jsObjekt.punkt[0].code;
  document.getElementById("x").innerHTML=jsObjekt.punkt[0].x;
  document.getElementById("y").innerHTML=jsObjekt.punkt[0].y;
```

```
document.getElementById("z").innerHTML=jsObjekt.punkt[0].z;
</script>
</body>
</html>
```

Im Script-Tag wird das HTML-Element über die Identität referenziert und mit `innerHTML` der Wert zugeweisen, der zur Anzeige kommt.

Die JSON-Notation ist kompakter aber nicht gleichermaßen universell wie XML-Strukturierungen. Der Vollständigkeit halber wird das JSON-Format hier kurz aufgeführt, es wird Ihnen wahrscheinlich in den unterschiedlichen Anwendungen begegnen und bei neueren JavaScripts mit der Notation im Programmcode erscheinen.

4.6 Zusammenfassung XML

Extensible Markup Language (XML) ist die Spezifikation einer Metasprache. Mit XML können Sie eigene Anwendungen ableiten und Daten geeignet strukturieren. Damit aus einem wohlgeformten XML-Dokument ein gültiges Dokument wird, benötigen Sie eine Document Type Definition (DTD), in der die Regeln für den Aufbau der XML-Datei festgelegt sind. Zur Bearbeitung von XML wird die Extensible Stylesheet Language (XSL) herangezogen. XSL beinhaltet ein Modell zum Zugriff auf Elemente des XML-Strukturbaums und hält gewisse Strukturen ähnlich einer Programmiersprache bereit.

Die Sprachelemente wurden anhand einer exemplarischen Anwendung erläutert. Das Zusammenspiel zwischen HTML und CSS mit XML zur formatierten Ausgabe im Browser wurde erläutert. XSL-Transformationen zur Konvertierung von XML/XSL in HTML erfolgen clientseitig, browserintern, mit online-Werkzeugen und durch Unterstützung von Programmiersprachen wie PHP oder Java. Die serverseitige Konvertierung von XML-Daten und deren Übergabe an Webapplikationen ist gängige Praxis.

Ein Anwendungsbeispiel aus dem Vermessungswesen wurde vorgestellt. Basis der Auswertungen ist der XML-Standard. Das gültige XML-Dokument wird durch XSL-Transformationen alphanumerisch und grafisch aufbereitet. Die Auswertung ist nicht auf einen lokalen Rechner beschränkt, sondern erfolgt im Netzwerk.

XML ist nicht zur Publikation von Webseiten konzipiert. Mit XML werden Datenbestände strukturiert verwaltet. Mächtige Unterstützung zur Verarbeitung von XML-Dokumenten bieten u.a. die Programmiersprachen Java und PHP. Das Potential von XML wird bei serverseitiger Dynamik voll ausgeschöpft. Mit der Formulierung von Datenbeständen in XML liegen Sie richtig, Ihre Homepage können Sie aber auch mit einfacheren Werkzeugen erstellen.

Die angeführten Beispiele sollten im Rahmen dieses einführenden Kapitels über XML etwas von den Möglichkeiten der Metasprache aufzeigen. Dabei war es notwendig, bereits auf das noch zu behandelnde Thema SVG einzugehen.

4.7 Weiterführende Literatur zu XML

[4.1] Thomas J. Sebestyen: XML – EINSTIEG FÜR ANSPRUCHSVOLLE, Addison-Wesley, Pearson Studium 2010

[4.2] Tobias Hauser: XML STANDARDS, Entwickler.Press 2010

5 Scalable Vector Graphics

Scalable Vector Graphics (SVG) ist eine universell einsetzbare Grafiksprache für 2D-Darstellungen im Web. Einsatzbereiche von SVG sind u.a. technischwissenschaftliche Dokumentationen, interaktives Lehrmaterial und vor allem auch kartografische Darstellungen. Im Gegensatz zu Rastergrafiken sind Vektorgrafiken aufgrund ihrer Datenstruktur ohne Qualitätsverlust skalierbar, d.h. in der Größe änderbar. Gespeichert werden die konstruktiven Daten grafischer Elemente, Verbindungs- und Gestaltungsinformationen. Die Daten liegen als lesbare Textdatei oder komprimiert in einem Archiv vor, die Grafik wird online generiert.

Grafische Elemente sind u.a. Linie, Polylinie, Kreis, Ellipsenbogen und unregelmäßige Linienverläufe als Pfade, hinzu kommen Bilder und Text sowie Darstellungseffekte wie Schatten, Farbverläufe und Füllmuster. Durch Gruppenbildung und Transformation wird eine Wiederverwendung von Elementen möglich. Die Maßstäblichkeit bleibt durch globale Abbildungstransformationen erhalten. Ergänzend zu den passiven Basistechniken bietet SVG Möglichkeiten der Interaktion und Animation. Letztere ist durch ein SVG eigenes Animationsmodell oder durch Zugriff auf die Objektelemente über das DOM mit JavaScript, vgl. Kapitel 3, realisiert.

Durch das nicht proprietäre Format und als offener Standard hat SVG in vielen Anwendungsfeldern weite Verbreitung gefunden. In der Kartographie werden Bestände aus Datenbanken mit SVG als Karten aufbereitet. Der Import von massenhaften Datenmengen aus CAD-Umgebungen erfolgt über Konverter. Zur Erzeugung von SVG Daten benötigt man ein Autorensystem wie etwa Corel Draw, Adobe Illustrator oder das freie Programm Inkscape. Für eigene Entwicklungen ist ein Texteditor hinreichend und zur Ansicht einen Web-Broser. Mittlerweile ist SVG als natives Format in die gängigen Browser integriert. Für ältere Browser empfiehlt sich der Adobe SVG Viewer, dessen Entwicklung aber mittlerweile eingestellt ist.

Mit Kenntnissen über die Struktur eines SVG-Dokuments und den wichtigsten Basisbefehlen kann man in die Bearbeitung von SVG-Dateien einsteigen. Für Detailinformationen wird man die Referenz des W3C heranziehen, die sich auf der Web-Site des W3C *http://www.w3.org/Graphics/SVG* befindet.

5.1 SVG in HTML-Dokumenten

Standalone SVG wird in einer Datei mit der Erweiterungsbezeichnung SVG bzw. komprimiert als SVGZ gespeichert. In HTML-Dokumenten kann es als Bild, im Objekt-Tag oder im SVG-Namensraum eingebettet werden. Der Medientype ist image/svg+xml. Die Konfiguration eines Web-Servers kann man überprüfen indem man z.B. bei http://web-sniffer.net/ ein SVG-Dokument in der URL-Zeile eingibt.

5.1.1 Dokumentenstruktur von SVG-Dateien

Der Root-Tag eines SVG- Dokuments soll Attribute für die Version, das Profil und die Namensräume enthalten. Weitere Attribute des SVG-Tags sind die Größe der Zeichenfläche width, height und die später noch zu erläuternden Parameter für die Abbildungstransformationen.

```
<svg version = "1.1" baseProfile = "full"
    xmlns = "http://www.w3.org/2000/svg"
    xmlns:xlink = "http://www.w3.org/1999/xlink"
    xmlns:ev = "http://www.w3org/2001/xml-events"
    width ="500" height="400"
    viewport = "0 0 500 400"
    aspectRatioPreserve= "XMidYMid meets" >
```

Die Dokumentenstruktur von SVG entspricht der einer XML-Datei und besteht im Wesentlichen aus einem Header und einem Root-Element, darunter befinden sich verschiedene Kind-Elemente und deren Attribute. Zentrale Definitionen können in einem Definitionsabschnitt <defs> festgelegt werden und sind weiter unten in der Datei wieder verwendbar. Weitere Strukturelemente sind Gruppen <g>, Beschreibungen <desc>, <title> und Gruppenreferenzen <symbol>. Elemente einer SVG-Datei werden in der Reihenfolge ihres Auftretens unter Berücksichtigung der Opazität (Transparentfaktor) dargestellt, liegen also nach dem Prinzip *first in first out* übereinander. Jedes Element kann über einen Identifizierer eindeutig referenziert werden. Der eigentliche Code der SVG-Beschreibung wird eingeschlossen von <svg></svg>.

Auch beim Einstieg in SVG ist eine Hello World-Anwendung hilfreich. Japans Flagge leistet die Dienste hierzu. Dabei betrachten wir zunächst die Strukturierung der Datei. Im Root-Element ist eine Zeichenfläche von 500 x 500 Pixeln definiert. Das Tag <desc> dient der Beschreibung und wird nicht vom Browser abgebildet. Die darzustellende Grafik ist in drei Gruppen <g> gegliedert: Hintergrundrechteck, Flagge mit Rechteck und Kreis und Legende. Das Hintergrundrechteckt ist hinreichend groß angelegt. Mit <rect> und <circle> und <text> werden die Grafikelemente definiert.

```
<!—Dokument: svg/flaggeJapan.svg -->
<desc>Beispiel Gruppe Kreis/Rechteck</desc>
<g id="hintergrund">
  <!-- das Rechteck dient der Hintergrunddarstellung grau -->
  <rect id="hintergrund" x="-1024" y="-768"
  width="3072" height="2304"
  fill=" rgb(128,128,128)"
</g>
<g id="flaggeJapan">
  <rect id="rand" x="50" y="50" width="400" height="300"
  fill="rgb(255,255,255)" stroke="rgb(0,0,0)"
  width="2"/>
  <circle id="punkt" cx="250" cy="200" r="75" fill="rgb(255,0,0)" />
</g>
```

```
<g id="Legende">
  <text x="50" y="375"
  font-family="verdana" font-size="16px"
  font-weight="bold" fill="rgb(255,255,255)">
  Flagge von Japan
  </text>
</g>
</svg>
```

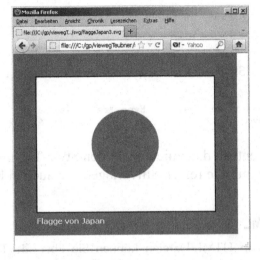

Abbildung 5.1: Einstieg in SVG

Es wird empfohlen, die Angaben zur Gestaltung mit den SVG Formatierungsattri-
buten vorzunehmen und auf das Style-Attribut innerhalb der SVG-Tags zu verzichten. Wir können alternativ aber auch eine eingebettete Stilvorlage benutzen.
Beachten Sie die Class-Vereinbarung Einheiten sollten bei den Attributwerten immer in px angeführt werden.

```
<svg version="1.1"
  baseProfile="full"
  xmlns="http://www.w3.org/2000/svg"
  xmlns:xlink="http://www.w3.org/1999/xlink"
  xmlns:ev="http://www.w3org/2001/xml-events"
  width="500px" height="400px" >
<!--svg/flaggeJapan2.svg -->
<style type="text/css">
<![CDATA[
rect.hg {
  fill:rgb(128,128,128)
}
text {
  font-family:'Verdana'; font-size:16px;
  fill:rgb(255,255,255); font-weight:bold
}
Rect {
  fill:rgb(255,255,255); stroke:rgb(0,0,0); stroke-width:2
}
circle { cx="250" cy="200" r="75"
  fill:rgb(255,0,0)}
]]>
</style>
<desc>Einstieg in SVG</desc>
```

```
<g id="hintergrund">
 <rect id="hintergrund" class="hg" x="-1024" y="-768"
  width="3072" height="2304" />
</g>
<g id="flaggeJapan">
   <rect id="rand" x="50" y="50" width="400" height="300" />
   <circle id="punkt" cx="250" cy="200" r="75" />
</g>
<g id="Legende">
   <text x="50" y="375"> Flagge von Japan
   </text>
</g>
</svg>
```

Als externe Datei wird das Stylesheet mit folgender Anweisung vor dem Root-Element <svg> eingebunden:

```
<?xml-stylesheet href="stilvorlage.css" type="text/css"?>
<!--svg/flaggeJapan3.svg -->
```

Die Datei *stilvorlage.css* enthält dann nicht mehr den Style-Tag und die CDATA-Kennzeichnung, nur die reinen Stilvorlagen wie auch in Kapitel 2 erläutert.

5.1.2   Einbindung in HTML

Die Einbindung von SVG in HTML-Dateien können Sie über die Tags object, embed, iframe, image oder über den Namensraum SVG vornehmen.

```
<!DOCTYPE html PUBLIC "-//W3C//DTD HTML 4.0 Transitional//EN"
   "http://www.w3.org/TR/html4/transitional.dtd">
<html><head><title>SVG in HTML einbinden</title></head>
<body>
   <object data="flaggeJapan.svg" type="image/svg+xml">
   <object>
 </body></html>
```

Die Alternativen zum Object-Tag sind folgende:

```
<embed type="image/svg+xml" src="flaggeJapan.svg">
<img src="flaggeJapan.svg" border="0" alt="Flagge" width="500"
         height="500">
<iframe src="flaggeJapan.svg"></iframe>
```

Oder über den Namensraum die komplette Datei wie oben angegeben:

```
<svg version="1.1"
   . . .
</svg>
```

Zu beachten sind die Größenangaben für Breite und Höhe, die mit der Angabe in der SVG-Datei zur Vermeidung von Maßstabskonflikten korrespondieren sollten.

5.2   Grafikelemente: Geometrie und Attribute

SVG verfügt über Tags für die elementaren Grafikformen Linie, Kreis, Ellipse, Polylinie und Polygon. Unregelmäßige Figuren werden als Pfade definiert. Mit dem Text-Tag werden Texte in die Grafik eingefügt, die Darstellungsmöglichkeiten sind umfangreich. Im einführenden Beispiel wurden die Grundformen Kreis und

Rechteck vorgestellt. Einem Tag folgen die Attribute als Wertepaar mit dem Attri-
butnamen und der Zuweisung des Wertes in doppelten Hochkommata. Beim
Rechteck sind es die Koordinaten des oberen linken Eckpunktes sowie Breite und
Höhe. Der Kreis wird definiert durch Mittelpunkt und Radius. Die Einheiten sind
vorbesetzt mit der Dimension Pixel. Flächenfüllung und Liniendarstellung werden
durch die Gestaltungsattribute fill, stroke und stroke-width vereinbart.
Farben können über die Farbbezeichnung, als RGB-Farbwerte oder hexadezimal
zugewiesen werden. Alle Gestaltungsattribute sind wie oben gezeigt auch über
Stilvorlagen zu definieren. Zur Benennung von Elementen wird das ID-Attribut
benutzt. Über die ID wird dem Element innerhalb der Grafik ein eindeutiger Name
zugewiesen, eine Skriptsprache kann somit auf das Element zugreifen.

5.2.1   Geometrische Grundformen

Dem Rechteck-Tag können noch Attribute für die Eckabrundung hinzugefügt
werden. Das Prinzip der Überdeckung (last-in, last-out) wird aus dem Beispiel der
Abbildung deutlich.

```
<desc>Beschreibung Zwei sich ueberlagernde Rechtecke</desc>
<!--Dokument: svg/rechtecke.svg -->
<!-- Rechteck 1:
  Hintergrundfarbe: Grau, definiert in RGB
  Randfarbe: Schwarz, definiert hexadezimal
  Strichstaerke: 3 Pixel -->
<rect id="rechteck_1"
  x ="10" y="10" width="240" height="160"
  fill="rgb(128,128,128)" stroke="#000000" stroke-width="3px"
/>
<!--
  Rechteck_2: Gerundetet Ecken
  Hintergrundfarbe: Rot Randfarbe:Gelb, definiert ueber Namen
  Strichstaerke : 2 mm -->
<rect id="rechteck_2" x="130" y="90" width="240" height="160"
  rx="25" ry="25" fill="red" stroke="yellow"
  stroke-width="2mm"
/>
```

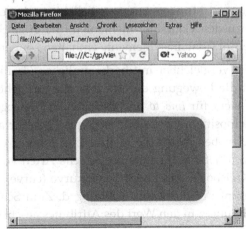

Abbildung 5.2: Überlappende Rechtecke

Die Darstellung einer Ellipse entspricht der des Kreises mit der zusätzlichen Angabe des zweiten Ellipsendurchmessers. Der Mittelpunkt cx, cy wird bei fehlender Angabe mit 0,0 angenommen und ist dann über das Transform-Attribut ebenso wie eine Rotation zu vereinbaren.

```
<ellipse cx="100" cy="100" rx ="75" ry ="75" fill="red" stroke="blue"
   stroke-width="2"
/>
```

Positionierung der Ellipse über as Transform-Attribut mit Drehung:

```
<ellipse transform="translate(100,100) rotate=(90)"
   rx ="75" ry ="75" fill="red" stroke="blue" stroke-width="2"
/>
```

Eine Linie wird mit dem Line-Tag formuliert. Attribute sind die Koordinaten des Anfangs- und Endpunktes und die Stroke-Angaben. Eine blaue, horizontale Linie der Länge 400 mit der Linienstärke 2 hat folgende Gestalt:

```
<line x1="10" y1="10" x2="410" y2="10" stroke="blue" stroke-width="2" />
```

Bei einer Polylinie werden die Koordinaten der Knotenpunkte als Array dem Attribut points zugewiesen. X und y sind durch Komma getrennt, Punkte des Polygons werden durch Leerzeichen getrennt:

```
<polyline stroke="rgb(0,0,255)" stroke-width="2"
   points = "0,10 50,50 100,10 150,50
"/>
```

Nach gleichem Muster erfolgt die Notation eines Polygons, jedoch wird die Linie wieder zum Anfangspunkt zurück geführt:

```
<polygon fill="yellow" stroke="rgb(0,0,255)" stroke-width="2"
   points = "0,10 50,50 100,10 150,50
"/>
```

5.2.2   Unregelmäßige Formen – Pfade

Pfade sind in SVG das grafische Element zur Beschreibung beliebiger unregelmäßiger Linien und Begrenzungen. Darüber hinaus werden Pfade bei Animationen zur Festlegung von Bewegungsrichtungen und zur beliebigen Ausrichtung von Text benutzt. Pfade zählen zu den Container-Elementen, die grafische Elemente und als Kindelemente wiederum Container-Elemente enthalten können.

Die Definition von Pfaden ist vergleichbar mit herkömmlichen Grafiksprachen, M steht für *move* und bedeutet die Bewegung der *Schreibmarke* mit gehobenem Zeichenstift zur Zielposition, L steht für *line_to* und bedeutet die Bewegung mit gesenktem Zeichenstift zur Zielposition. Große Buchstaben stehen für absolute Koordinatenangabe, kleine Buchstaben geben die relative Position zur vorhergehenden an. Weiter existieren noch Befehle für unterschiedliche Arten von Linienverbindungen etwa Ellipsen-, Kreisbogen (arc) oder Bezierkurve (curve). Die Formulierung eines Path-Tags beginnt mit der Kennzeichnung d. Zum Schließen eines Linienzuges wird die Bezeichnung z in den Wert des Attributes geschrieben.

Zur Gestaltung eines Pfades stehen, wie für alle anderen Grafikelemente auch, die Stil-Attribute `fill`, `stroke`, `stroke-width` zur Verfügung. Erweiterte Elemente beziehen sich auf die Ausgestaltung der Linien in den Stützpunkten.

Wenden wir uns einem einfachen Beispiel eines Pfades zu. Für spätere Aufgaben benötigen wir eine Sprechblase, vgl. Abbildung 5.3. Eine Figur wird diese später anzeigen. In die Sprechblase werden Texte eingefügt. Zunächst bemühen wir uns um die Definition der Umrandung. Die Koordinatenangaben werden im lokalen System mit absoluten Pixelwerten vorgenommen.

Die Zeichnung beginnt in der linken oberen Ecke am Ende des Kreisbogens mit den Koordinaten x=25, y=0 mit einer geraden Linie zum Punkt x=225, y=0 gefolgt von einem Kreisbogen A, notiert als Ellipsenbogen mit gleichen Radien. Die Startposition des Bogens ist x=225 y=0, die Radien in x und y sind gleich, der Wert ist 25. Es folgen in der Beschreibung eines Ellipsenbogens drei Parameter: x-axis-rotation, large-arc-flag, sweep-flag. Wir setzen 0, 0, 1 und übergehen die Erläuterung dieser Werte zunächst. Der Linienzug wird vertikal weitergeführt bis zur Position x=250, y=125. Danach folgt wieder ein Kreisbogen mit anschließendem Linienzug, ein Kreisbogen in der linken unteren Ecke, wiederum eine Linie und der abschließende Bogen, vgl. Abbildung 5.3.

Die Bezeichnung für diesen Linienzug ist Sprechblase. Damit die Grafik etwas vom Rand abgesetzt ist, benutzen wir hier eine Transformation um 10 Pixel nach rechts und nach unten.

```
<svg>
<desc> Erläuterung des path-Tags</desc>
<!--Dokument: svg/pfad01.svg -->
<!--Path-Attribute:
   id Attribut zur Identifikation
   d Attribut leitet den Datensatz ein
   Werte:
   M move to x,y
   L line to x,y
   A Ellipsenbogen
   x,y Startpunkt, y-axis-rotation, large-arc-flag sweep-flagg
   x,y Endpunkt -->
<g transform="translate(10,10)">
  <path id="sprechblase"
    d="M25,0 L225,0
    A25,25,0,0,1,250,25
    L250,125
    A25,25,0,0,1,225,150
    L75,150 L35,195 L50,150
    L25,150
    A25,25,0,0,1,0,125
    L0,25
    A25,25,0,0,1,25,0"
    fill="rgb(192,192,192)" stroke="#000000" stroke-width="2px"/>
</g>
</svg>
```

Zur allgemeinen Syntax eines Pfades kann festgehalten werden, dass auf den Befehlsbuchstaben unmittelbar die Werte durch Kommata getrennt folgen. Zwischen den Elementen ist ein Leerzeichen vorzusehen. Es ist noch die Bedeutung der Werte zur Orientierung der Ellipsenbögen zu erläutern.

Der erste Wert x-axis-rotation-flag bedeutet eine Drehung der Ellipse als ganzes gegenüber dem Koordinatensystem und wird als Winkel in Grad angegeben. Der Schalter large-arc-flag legt fest, welcher Teil der Ellipse gezeichnet wird, der Schalter ist 0 für den kürzeren Abschnitt (<180 grad), 1 für den längeren Abschnitt (>180 grad) . Mit dem sweep-flag wird die Orientierung des Winkelfortschritts in der Ellipsengleichung festgelegt, 1 steht für positive Richtung des Winkels, 0 für negative Richtung des Winkels. Hieraus resultiert eine positive oder negative Krümmung. Elliptische Bögen werden in SVG durch die sog. Endpunkt-Parametrisierung abgebildet. Ein Vorteil liegt in der konsistenten Syntax. Alle Path-Befehle enden in der aktuellen Zeichenposition, daher folgt den Flags der Endpunkt des Ellipsenbogens.

5.2.3   Textdarstellung

SVG ist nicht für die Darstellung von langen Fließtexten konzipiert. Es gibt aber eine Vielzahl von Textgestaltungsmöglichkeiten auch im Zusammenhang mit Filtern oder der Textausrichtung an Pfaden. Wodurch auch die notwendigen Gestaltungselemente zur Beschriftung von Karten und Plänen gegeben sind.

Wir füllen jetzt die Sprechblase mit Worten. Der Text wird linksbündig eingegeben. Bei einer Texthöhe von 16 Pixeln wird der Zeilenabstand hier mit 20 Pixel vorgegeben. Die konstruierte Sprechblase kann so 7 Zeilen mit einer Zeilenlänge von 25 Zeichen aufnehmen. Wie später gezeigt wird, können innerhalb dieses Textes auch Hyperlinks eingefügt werden.

Die Attribute des Text-Tags sind u.a. die Bezugsposition des Textes und Stilvorgaben für die Gestaltung. Der auszugebende Text erscheint zwischen dem einführenden Tag <text> und dem ausführenden Tag </text>.

```
<!—Dokument: svg/pfad02.svg -->
<desc>Text in der Sprechblase</desc>
<style type="text/css">
<![CDATA[
  text.sp {
  font-family:Arial; font-style :normal;
  font-size :14px; fill :rgb(0,0,255)
  }
path.sp {
  fill :rgb(192,192,192);
  stroke : #0000ff;
  stroke-width:2px;
  opacity:0.2;
  }
]]>
</style>
<!-- Grafik: Sprechblase mit Text -->
<g id="sprechblase" tranform="translate(10,10)">
<path class="sp" id="sprechblase_grafik"
  d="M25,0 L225,0 A25,25,0,0,1,250,25
  L250,125 A25,25,0,0,1,225,150 L75,150
```

```
   L35,195 L50,150 L25,150
   A25,25,0,0,1,0,125 L0,25
   A25,25,0,0,1,25,0"/>
<text class="sp" id="t1" x="20" y= "42">
  Kenntnisse kann jedermann haben,</text>
<text class="sp" id="t2" x="20" y= "62">
  aber die Kunst zu denken</text>
<text class="sp" id="t3" x="20" y= "82">
  ist das seltenste Geschenk</text>
<text class="sp" id="t4" x="20" y= "102">
  der Natur.</text>
</g>
</svg>
```

Jeder Text-Tag ist mit Gestaltungsattributen ausgezeichnet. Änderungen müssten an vielen Stellen im Quellcode vorgenommen werden. Aber glücklicherweise gibt es ja Stilvorlagen. Der Text-Tag wird um das Class-Attribut erweitert und an Stilvorlagen gebunden. Mittels des Style-Tags wird die Textgestaltungen für die Klassen sp und legende festgelegt. Ebenfalls erhält die Sprechblase Stildefinitionen für eine eigene Klasse. Ergänzt wurde hier die Eigenschaft opacity, ein Wert für die Opazität (Transparenz). Die Gestaltungsattribute im Path-Tag und Text-Tag entfallen dadurch.

5.2.4 Rastergrafiken referenzieren

Rastergrafiken können mit Vektorgrafiken kombiniert werden. Eine vorherige Datenkonvertierung des Bildes ist nicht notwendig. Die externen Datenformate GIF, JPG und PNG können direkt in den SVG-Code über xlink:href eingebunden werden. Für das Grafikelement image gelten die gleichen Attribute wie für geometrische Elemente. Ebenfalls ist eine mit dem Image-Tag eingebundene Grafik animierbar.

Die Referenzposition einer Rastergrafik wird mit den Attributen x,y – und, wie oben bereits gezeigt, über die Transformation festgelegt. Width und height legen die Grafikgröße fest. Die externe Bilddatei *fritz.gif* wird im nachstehenden Code eingefügt und mit der bereits diskutierten Sprechblase ausgestattet.

```
<!-- Rastergrafik einfuegen -->
<!--Dokument: svg/pfad02.svg -->
<g id="fritz">
  <image xlink:href="fritz.gif" x="10" y="180" width="138" height ="263">
  </image></g>
```

Die Originalgrafik hat eine Größe von 138px x 263px und ist unter dem Dateinamen *fritz.gif* im selben Verzeichnis mit der SVG-Datei abgelegt. Der Einfügepunkt ist (*10,180*). Die Sprechblase wird durch den Anchor-Tag zur sensitiven Fläche und mit transform(*40,10*) an die korrekte Position gesetzt. Das Ergebnis im Google Chrome Browser ist dann in der Abbildung n zu sehen.

```
<!-- Grafik: Sprechblase mit Text -->
<a xlink:href="http://www.aphorismen.de" target="_blank">
<g id="sprechblase" transform="translate(40,10)">
. . .
</g>
</a>
```

Abbildung 5.3: Rastergrafik mit Hintergrundverlauf

5.3 Transformationen

5.3.1 Abbildungstransformation

SVG benutzt zwei unterschiedliche Koordinatensysteme: das Gerätekoordinaten-system (viewport space), in dem das Gerätedarstellungsfenster (der sichtbare Bereich der Zeichenfläche) definiert wird und das Benutzerkoordinatensystem (user space oder window), in dem der Anwender seine Grafikelemente dimensioniert und positioniert.

Die Zeichenfläche (*canvas*) ist von unbegrenzter Größe. Der sichtbare Bereich der Canvas wird im SVG-Tag mit den Attributen width und height begrenzt. Ist das SVG-Dokument in ein übergeordnetes Dokument eingebettet, z.B. in HTML mit dem Object-Tag, so steht die Begrenzung der sichtbaren Zeichenfläche in Abhängigkeit zu den übergeordneten Festlegungen.

Ist keine spezielle Vereinbarung für das Benutzerkoordinatensystem vorgenommen, so erfolgt die Definition identisch zum Viewport mit einer 1:1 Abbildung.

Der Grafikbereich wird im Root-Element durch die Attribute width und height im Gerätekoordinatensystem (Bildschirm) angegeben. Der Ursprung liegt in der linken oberen Ecke der Zeichenfläche, mit der positiven x-Achse nach rechts und der positven y-Achse nach unten. Mit dem Attribut viewBox wird der rechteckige Bereich des Benutzerkoordinatensystems definiert, der auf das Gerätedarstellungsfenster abzubilden ist.

Durch unterschiedliche Festlegungen dieser Systeme werden globale Transformationen und Skalierungen automatisch berücksichtigt. Alle Koordinatenangaben im weiteren Dokument beziehen sich danach immer auf das Benutzerkoordinatensystem. Werte für die Attribute width und height können in den Dimensionen em, ex, px, pt, pc, mm, in und Prozent angegeben werden. Die Dimensionen entsprechen den CSS-Vereinbarungen, vgl Kapitel 2.2.5. Unterbleibt eine Festlegung der Dimension, dann gelten die Einheiten Pixel des Ausgabegerätes.

Die Funktionsweise der globalen Abbildungstransformation betrachten wir an einem Beispiel. Die darzustellende Gebäudeansicht einer Wassermühle hat eine Ausdehnung von 27 m mal 21 m. Diesen User Space möchten wir auf ein Viewport von 640 x 480 Pixeln abbilden. Die obere linke Ecke des Viewports ist 0,0 (wird aber nicht angegeben), die rechte unter Ecke ist 640, 480. Der User Space hat oben links die Koordinate -1,-20 und unten rechts die Werte 26, 1. Im SVG-Root Tag mit folgender Notation:

```
width ="640" height ="480"
viewBox="-1 -20.0 27.0 21.0"
```

Die Achsrichtungen beider Systeme sind identisch. X von links nach rechts, Y von oben nach unten. Die Abbildungsverhältnisse in x und y sind aber nicht gleich. 640/27 entspricht dem Faktor 23.7 und 480/21 entspricht dem Faktor 22.9. Daraus würde eine affine Abbildungsverzerrung entstehen. Eine affine Abbildung liegt vor, wenn entlang der Koordinatenachsen unterschiedliche Maßstäbe bestehen. Mit der Angabe des Attributs preserveAspectRatio wird diese vermieden, jedoch wird der abzubildende User Space verändert. Die Lage des User Space im Viewport wird durch den Wert des Attributs (*none, meet, slice*, vereinbart. Die mittige Positionierung erfolgt durch:

```
preserveAspectRatio = "xMidyMid meet"
```

Zur Anwendung der weiteren Werte von preserveAspectRatio wird auf die SVG-Referenz verwiesen. Gewollte Manipulationen an Grafikelementen sollten aber nicht mit der globalen Abbildungstransformation durchgeführt werden. Sofern eine Verformung von Grafikelementen beabsichtigt ist, benutzt man besser das Attribut transform. Das Dokument der Abbildung 5.4 finden Sie im Donloadbereich unter *svg/wassermuehle/fassadeWest.svg*.

Abbildung 5.4: Viewport – User Space Transformation

5.3.2 Objekttransformation

Zur Positionierung, Drehung und Formveränderungen der Grafikelemente dient das Transform-Attribut. Transformationen können nach Translation (`translate`), Rotation (`rotate`), Skalierung (`scale`) oder Scherung (`skew`) getrennt vorgenommen werden. Geschachtelte Transformationen sind auch gemeinsam durch Angabe der Elemente der Transformationsmatrix durchführbar.

Die Werte des Transform-Attributs stellen eine Liste der einzelnen Transformationen dar, die in der angegebenen Reihenfolge durchgeführt werden. Als Trennzeichen dient ein Komma oder Leerzeichen, die Parameter stehen in runden Klammern:

```
translate(tx,ty)    <!-- tx Translation in x,ty Translation in y -->
scale (sx[,sy])     <!-- sx, sy Maßstabsfaktoren entlang der Achsen,
                         sy optional bei ungleichen Werten -->
rotate(winkel [,cx,cy]) <!-- Drehwinkel in grad, optional Koordinaten des
                         Drehpunktes -->
skewX(winkel)           <!-- Schieflage gegenüber der x-Achse -->
skewY(winkel)           <!-- Schieflage gegenüber der y-Achse -->
```

Betrachten wir noch einmal die Abbildung 5.4. Die Daten der Wassermmühle wurden aus einer CAD-Zeichnung mit Umkehrung der Orientierung der y-Achse konvertiert. Es wurde ein Rahmen um die Grafik gezogen. Der Rahmen befindet sich im User Space mit der oberen linken Ecke -0.5, -19.5 und hat die Abmessungen 26.0 x 20.0. Die SVG Notation ist folgende:

```
<rect x = "-0.5" y = "-19.5" width =" 26.0" height =" 20.0" />
```

Bei Angabe des rechten unteren Punktes wäre eine Skalierung erforderlich:

```
<g transform="scale(1.0,-1.0)">
```

```
<rect x = "-0.5" y = "-0.5" width =" 26.0" height =" 20.0" />
</g>
```

5.3.3   Wiederverwendung

Bereits definierte Grafiken können in SVG mittels des Use-Tags referenziert und wiederverwendet werden. Grundformen und auch Gruppenelemente, die mit <g> definiert und benannt wurden, können mit dem Use-Tag kopiert werden. Im SVG Root-Tag befindet sich die globale Abbildungstransformation mit den Attributen für die Zeichnungsgröße und den Maßstab width, height, viewBox und preserveAspectRatio.

Im Defs-Abschnitt der SVG-Datei ist die Geometrie eines Hauses innerhalb einer Gruppe formuliert. Die ID ist *haus*, mit dem Transform-Attribut wird die Orientierung der y-Achse dem Gerätesystem angepasst.

```
<?xml-stylesheet type = "text/css" href="fischerhaus.css"?>
<!-- Dokument:fischerhaus.svg -->
<svg version="1.1" baseProfile="full"
     xmlns="http://www.w3.org/2000/svg"
     xmlns:xlink="http://www.w3.org/1999/xlink"
     xmlns:ev="http://www.w3org/2001/xml-events"
     width="800px" height="400px"
     viewBox="-6 -12 60 12"
     preserveAspectRatio="xMidYMid meet">
<defs>
<!-- Dokument: svg/fischerhaus.svg -->
<!-- Dokument: svg/fischerhaeuser.svg -->

<g id="haus" transform="scale(1.0,-1.0)">
  <path id="3087" class="holz2"
    d="M 1.22, 8.21 ... "/>
  </g>
</defs>
<use x="0.0" y="0.0" xlink:href="#haus" />
<use x="11.5" y="0.0" xlink:href="#haus" />
<use x="23"   y="0.0" xlink:href="#haus" />
<use x="34.5" y="0.0" xlink:href="#haus" />
</svg>
```

Im weiteren Verlauf kann jetzt das Element *haus* wieder verwendet werden.. Dabei ist x, y der Einfügepunkt und xlink:href referenziert das Element. Durch die Raute wird der Link auf das eigene Dokument bezogen Die Instanzen der Gruppe können beliebig transformiert werden. Der Link kann natürlich auch auf externe Dateien verweisen. Ohne defs-Abschnitt wäre dann wie folgt zu codieren:

```
<use x="0.0" y="0.0" xlink:href="fischerhaus#haus" />
```

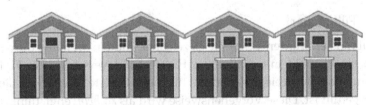

Abbildung 5.5: Wiederverwendung von Elementen mittels <def /> - <use />

5.4   Grafikeffekte

SVG bietet eine Vielzahl von Grafikeffekten, die, sinnvoll eingesetzt, zu attraktiven
Präsentationen beitragen. Farbverläufe und Füllmuster sind für Hintergründe geeignet. Schattenverläufe können durch Filter realisiert werden und geben den Objekten einer Grafik eine gewisse räumliche Anordnung. An drei ausgewählten
Beispielen werden in diesem Abschnitt die Möglichkeiten der Grafikeffekte angedeutet.

5.4.1   Farbverlauf

Lineare Farbverläufe werden durch den LinearGradient-Tag beschrieben. Dieser
Tag greift auf folgende Attribute zurück: `gradientUnits` legt fest, wie ein Objekt
oder die Grafikfläche gefüllt werden soll. Werte sind `userSpaceonUse` und
`objectBoundingBox`, `gradientTransform` definiert Transformationen für den Verlauf. `X1`, `y1` und `x2`, `y2` sind zwei Punkte eines virtuellen Pfades, an dem die Änderung der Farbintensität vorgenommen wird. Die Punkte legen die Positionen der
0% und 100% Marke des Stop-Tags fest. `SpreadMethod` definiert die Füllung der
Restfläche mit den Werten `pfad`, `reflect` oder `repeat`. Pfad ist die Standardein-
stellung. `Reflect` bewirkt eine Umkehrung, bei `repeat` wird der Verlauf wiederholt. Zur Erzielung des Verlaufs muss mindestens ein Verlaufsabschnitt festgelegt
werden. Dieser Abschnitt wird mit dem Stop-Tag, einem Child-Element von `line-`
`arGradient` festgelegt. Hiermit werden die Grenzen der Verlaufsabschnitte gekennzeichnet. Werte sind die Farbe und Opazität an den Grenzen.

```
<defs>
<linearGradient id="hintergrundverlauf"
  gradientUnits="userSpaceOnUse"
  x1="0" y1="-480" x2="0" y2="960">
    <stop offset="50%" style="stop-color:black; stop-opacity:0"/>
    <stop offset="70%" style="stop-color:black; stop-opacity:1"/>
</linearGradient>
</defs>
```

Das Hintergrundrechteck wird wie folgt angegeben:

```
<rect x="-640" y="-480" width="1280"height="960"
fill="url(#hintergrundverlauf)"/>
```

Somit hätten wir dann auch die Entstehung des Hintergrundes in Abbildung 5.3
erklärt. Weitere Beispiele zu den Grafikeffekten finden Sie auf der Website zum
Buch.

5.4.2   Füllmuster

Mit Füllmuster werden Elemente bezeichnet, die ein weiteres durch eine Kontur
begrenztes Element mit grafischem Hintergrund versehen. Ein Füllmuster wird
zeilen- und spaltenweise wiederholt, bis die definierte Fläche vollständig mit dem
Muster gefüllt ist. Diese Vorgehensweise wird als *kacheln*, engl. *tiling*, bezeichnet.

Zur Definition eines Füllmusters wird der Pattern-Tag im Defs-Abschnitt benutzt, `patternUnits` legt die Beziehung der angegebenen Koordinaten fest. Mit `width` und `height` wird die Kachelgröße des Füllmusters festgelegt, das Muster selbst wird mit `<xlink:href>` referenziert.

5.4.3 Filter

Im Beispiel wird das Attribut `<fill>` mit Verweis auf die `id` der Musteridefinition, *#hintergrund muster*, vorgenommen. Hier ist der Wer für `<fill>` in die Style-Anweisung eingebunden.

```
<title>Hintergrundmuster</title>
<desc>svg_data_12.svg</desc>
<defs>
 <pattern id="hintergrund_muster"
   patternUnits="userSpaceOnUse"
   x="0" y="0" width ="105" height="67">
    <image xlink:href="adler_relief.gif"
    width ="105" height="67"></image>
 </pattern>
</defs>
<rect x="-640" y="-480" width="1280" height="960"
  style="fill:url(#hintergrund_muster)"/>
```

Weitere Gestaltungshilfsmittel zur Erzielung von Grafikeffekten sind Filter. Filter werden beispielsweise zur Veränderung von Farben oder als Weichzeichner eingesetzt. Filter werden ebenfalls im Defs-Abschnitt einer SVG-Datei definiert und finden wieder durch Referenzierung im Fill-Attribut in der weiteren Datei Anwendung. Die Gestaltung von Filtern kann recht komplex ausarten.

Das hier zu betrachtende Beispiel benutzt den Gauß'schen Weichzeichner zur Erzielung eines Schatteneffekts. Da das eigentliche Bild von den Grauwerten her allein keinen entsprechenden Schattenwurf erzeugt, wird es mit einem Rechteck hinterlegt. Derartige Schatten geben der Gestaltung einer Webseite ein plastisches Aussehen und sollten gezielt eingesetzt werden.

```
<title>Bilder unterlegt mit Schatten</title>
<!-- Dokument: svg/pattern.svg -->
<desc>hintergrundFilter</desc>
<defs>
   <pattern id="hintergrund_muster" patternUnits="userSpaceOnUse"
    x="0" y="0" width ="105" height="67" >
    <image xlink:href="adler_relief.gif" width ="105" height="67"></image>
   </pattern>
   <filter id="schatten">
     <feGaussianBlur stdDeviation="2" result="wschatten"/>
     <feOffset in="SourceGraphic" dx="-10" dy="-10" result="original"/>
    <feMerge>
     <feMergeNode in="wschatten"/>
     <feMergeNode in="original"/></feMerge>
   </filter>
</defs>
<rect x="-640" y="-480" width="1280" height="960"
  style="fill:url(#hintergrund_muster)"/>
<rect x="140" y="120" width="320" height="240"
  style="filter:url(#schatten)"/>
```

```
<image xlink:href="plan_1873_3224.jpg"
  x="130" y="110" width="320" height="240" />
```

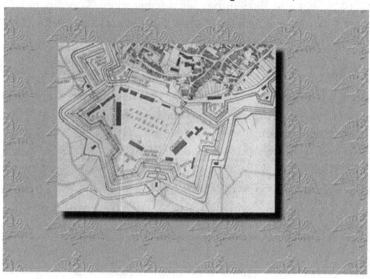

Abbildung 5.6: Hintergrundfüllung und Schatten-Filter

5.5 Interaktion und Animation

SVG ist interaktiv. Das ist die Fähigkeit, auf vom Benutzer initiierte Ereignisse entsprechend zu reagieren. Vom Benutzer ausgelöste Ereignisse sind z. B. Mausbewegungen und Mausklicks. Der Benutzer kann Hyperlinks aufrufen, Animationen oder Skript-Programme aktivieren. In der Sprachspezifikation sind 26 Ereignisse definiert, die von SVG unterstützt werden. Im vorliegenden Zusammenhang sind onMouseover, onMouseout und onClick von Bedeutung, diese drei Ereignisse gehören zu den sog. Pointer-Events und werden in den nachstehenden Komponenten behandelt.

5.5.1 Hyperlinks

Der von HTML bekannte Anchor-Tag wird auch von SVG unterstützt. Alle zwischen <a> und </a> eingebundenen Elemente bilden eine Schaltfläche. Bei Mausberührung verändert sich der Maus-Cursor, und bei Mausklick wird zu der mit xlink:href angegebenen URL verzweigt. Die URL kann auf eine Identifikation in einem beliebigen Dokument verweisen. Das Attribut target wird angewandt, wenn der Hyperlink in einem neuen Fenster oder einer neuen Registerkarte (Tab) geöffnet werden soll.

```
<a xlink:href="dummy.html" target="_blank">
  <path
  d="M510.56 205.18L512.12 189.24
    536.99 191.76 535. .... "/>
</a>
```

Als Schaltfläche kann aber auch eine ganze Datengruppe ausgezeichnet werden:

```
  <a xlink:href="oekonomie.wrl" target="_blank">
  <g id="gruppe">
    <path d="M510.56 205.18L512.12 189.24
    .../>
    <!-- weitere Grafikdaten der Gruppe -->
  </g>
</a>
```

5.5.2   Überblend-Animation

Das Web ist ein dynamisches Medium. SVG unterstützt Veränderungen einer Grafik während der Laufzeit, d.h. Grafikelemente verändern ihre Eigenschaften, ohne neu vom Server hochgeladen zu werden. Die Veränderungen der Grafik unterliegen zeitlich ablaufenden Modifikationen, wie die Bewegung entlang von Pfaden oder das Ein- und Ausblenden, sog. fade-in / fade-out-Effekte. Objekte können ihre Größe, Drehung oder Farbe ändern.

Der Zugriff auf die Elemente einer Grafik erfolgt über das SVG-eigene Animationsmodell mit dem Animate-Tag oder über das DOM und Skriptprogrammierung.

Wir betrachten eine kartographische Anwendung. Epochen einer städtebaulichen Situation werden durch historisches Kartenmaterial visualisiert. Der Zugang zur Epoche wird über ein einfaches Menü mit Mausover-Effekt möglich. Die Animation wird durch Ein- und Ausblenden von Bildern erzeugt.

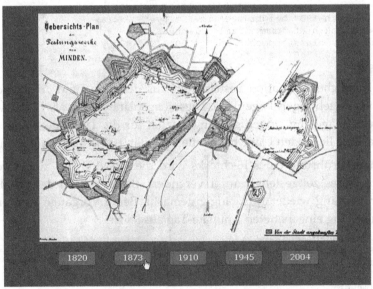

Abbildung 5.7: SVG Überblendanimation

Abbildung 5.7 zeigt den Bildschirmausschnitt mit 800x600 Pixeln. Unter dem Bildbereich von 640x480px befindet sich eine Zeitleiste mit fünf Buttons. Bei Mausberührung eines Buttons wird der zugehörige Lageplan eingeblendet. Bei Mausklick auf ein Element der Zeitleiste wird der Link zu einer neuen Seite ausgeführt.

Die Zeitleiste besteht aus Rechtecken, die durch den Anchor-Tag mit externen Dokumenten verlinkt sind. Über diesen Rechtecken ist die Epoche durch einfacher Text notiert. Die Gestaltung der Texte erfolgt mittels Stilvorlage. Jeder Text und jedes Rechteck ist durch den ID-Tag eindeutig gekennzeichnet. Die Zeitleiste selbst ist in einem lokalen Koordinatensystem definiert und über das Transform-Attribut positioniert.

```
<!-Dokument: svg/fadein/animation.svg -->
<!-- horizontale Zeitachse mit 5 Epochen -->
<g id="zeitachse" transform="translate(120,520)">
<!-- Texte Jahreszahlen -->
  <text class="epoche" id= "1820" x= "40" y="20">1820</text>
  <text class="epoche" id= "1873" x="160" y="20">1873</text>
  <text class="epoche" id= "1910" x="280" y="20">1910</text>
  <text class="epoche" id= "1945" x="400" y="20">1945</text>
  <text class="epoche" id= "2004" x="520" y="20">2004</text>
  <!-- Rechtecke mit href -->
  <a xlink:href="dummy.html" target="_blank">
    <rect class = "epoche" id="go1800" x="0" y="0"
      width="80" height="30" rx="5" ry="5"/></a>
  <a xlink:href="dummy.html" target="_blank">
    <rect class="epoche" id="go1850" x="120" y="0"
      width="80" height="30" rx="5" ry="5"/></a>
  <a xlink:href="dummy.html" target="_blank">
    <rect class="epoche" id="go1900" x="240" y="0"
      width="80" height="30" rx="5" ry="5"/></a>
  <a xlink:href="dummy.html" target="_blank">
    <rect class="epoche" id="go1950" x="360" y="0"
      width="80" height="30" rx="5" ry="5"/></a>
  <a xlink:href="dummy.html" blank="_self">
    <rect class="epoche" id="go2004" x="480" y="0"
      width="80" height="30" rx="5" ry="5"/></a>
</g>
```

Die eigentliche Animation besteht nun aus dem Ein- und Ausblenden der den Epochen zugehörigen Lagepläne. Diese Lagepläne liegen als Bilder vor und sind mit dem Image-Tag eingefügt. Die Opazität für die Titelseite ist mit 1 festgelegt, alle darüber liegenden Pläne haben die Opazität 0, sind also völlig transparent.

Bei Mausberührung eines Rechtecks wird die Opazität des zur Jahreszahl gehörenden Bildes zeitgesteuert auf 1 verändert. Bei Verlassen der Schaltfläche wird dieser Vorgang wieder rückgängig gemacht. Beide Vorgänge werden durch den im Image-Tag eingebetteten Animate-Tag ausgelöst.

```
<g id="lageplaene">
<!-- Titelseite im Hintergrund, Opazitaet immer 1 -->
<image id="titel" xlink:href="titelseite.png"
    x="80" y="20" width="640" height="480" opacity="1.0">
</image>
<!-- Lageplaene im Vordergrund mit animierter Opazitaet    -->
<!-- Ereignisse treten bei Mausberuehrung der Jahreszahlen ein -->
<image id="Bild_1820" xlink:href="festungsplan1820.png"
    x="80" y="20" width="640" height="480" opacity="0.0">
  <animate id="a1" attributeName="opacity"
    begin="go1800.mouseover" values="0.2;1"
    dur="1s" fill="freeze"/>
  <animate id="f1a" attributeName="opacity" begin="go1800.mouseout"
    values="1;0" dur="1s" fill="freeze"/>
</image>
```

Der Wert des Attributs opacity wird innerhalb einer Sekunde, Attribut dur, von 0.0 auf 1 gesetzt, ist also nach einer Sekunde voll sichtbar. Der Beginn dieser Aktion, Attribut begin, wird durch ein Ereignis ausgelöst. Das Ereignis ist definiert als mouseover, gültig für das Objekt mit der Identifikation *go1800*. Der Wert für das Attribut fill wird auf freeze gesetzt, damit ist der Animationseffekt zunächst beendet und verbleibt bis zum Eintreten einer erneuten Animation in diesem Zustand.

Der alternative Wert remove würde den ursprünglichen Zustand am Ende der Animation wieder herstellen. Dieser Vorgang wird aber im Beispiel durch eine weitere Animation ausgelöst. Die tritt bei Austritt des Mauszeigers aus der Schaltfläche ein. Die Schaltfläche ist wiederum identifiziert mit go1800, das Ereignis ist mouseout. Die Dauer der Animation beträgt eine Sekunde, die Opazität wird von 1 auf 0 gesetzt. Der Zustand wird durch den Wert freeze nach der Animation wieder beibehalten. Nach dem gleichen Muster werden die weiteren Bilder eingefügt.

Das SVG-interne Animationsmodell beinhaltet die SMIL-Animation Spezifikation. SMIL ist die Abkürzung von Synchronized Multimedia Integration Language. Dieses Modell repräsentiert die generellen Möglichkeiten von XML-Animationen. Bearbeitet wird die Spezifikation von der W3C Synchronized MultiMedia-Arbeitsgruppe. SVG hat darüber hinaus einige spezielle Erweiterungen.

Allgemein wird mit dem Animate-Tag immer das zu verändernde Attribut definiert, die Veränderung des Wertes formuliert, die Dauer der Animation festgelegt und das auslösende Ereignis bestimmt. Dabei muss das Ereignis nicht auf das Animations-Objekt selbst ausgeübt werden. Es ist auch auf ein Fremdobjekt anwendbar, da das Ereignis an das ID-Attribut gebunden ist.

5.5.3 Pfad-Animation

Eine weitere Anwendung von Animationen ist die Bewegung einer Grafik entlang eines Pfades. Wo geht es zum Proviantmagazin? Diese Frage wird per Mausklick gestellt und ein Soldat geht den Weg auf dem Lageplan vor, vgl. Abbildung 5.8. Aus dem SVG Root Tag (hier unvollständig wiedergegeben) ist die Größe des Lageplans von 838 x 648 Pixel zu erkennen. Die ViewBox wird dem Gerätekoordinatensystem angepasst. Es folgt der Defs-Abschnitt mit den Stilvereinbarungen, die hier nicht notiert sind. Darauf folgen der Lageplan und das Bild eines Wachsoldaten, der permanent an seiner Position verbleibt.

```
<svg version="1.1"
    width="838" height="648"
    viewBox="0,0,838,648"
    preserveAspectRatio="xMidYMid meet">
<!-- Dokument svg/move/pfadAnimation.svg -->
<defs>
<style type="text/css">
<![CDATA[
]]>
</style>
</defs>
```

```
<image id="plan" x="0px" y="0px" width="838px" height="648px"
  xlink:href="plan_von_minden.jpg"/>
<image id="soldat" x="560" y="520" width="32" height="96"
  xlink:href="wachsoldat.gif" style="visibility:visible" />
```

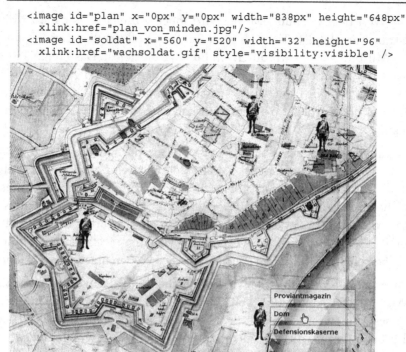

Abbildung 5.8: Interaktiver Lageplabn mit Bewegungsanimation

Die Lageplanlegende besteht aus drei Rechtecken mit eingefügtem Text, gruppiert
und mit einem Anchor versehen, da sonst die Cursorform bei Berührung keine
Änderung erfährt. Wichtig ist die ID, die für Text und Rechteck gilt. Die Positionierung der Texte/Rechtecke ist lokal vorgenommen und wird bei Einfügung mittels
Transform positioniert.

```
<g id="texte" transform="translate(600,500)">
  <a xlink:href="#">
    <g id="pos1">
      <rect x="0" y="0" width="192" height="32" class="tBox" />
      <text x="8" y="20">Proviantmagazin</text>
    </g></a>
  <a xlink:href="#">
    <g id="pos2">
      <rect x="0" y="40" width="192" height="32" class="tBox" />
      <text x="8" y="60">Dom</text>
    </g></a>
  <a xlink:href="#">
    <g id="pos3">
      <rect x="0" y="80" width="192" height="32" class="tBox" />
      <text x="8" y="100">Defensionskaserne</text>
    </g></a>
</g>
```

Hinter dem Wachsoldaten, der zur Legende gehört, positionieren wir nun drei
weitere, von denen jeder seinen eigenen Weg (path oder from to) kennt , die Zeit
(dur) bis dahin und wann er losgehen soll (begin id.click). Letztere Informationen
befinden sich alle im AnimateMotion- bzw. AnimateTransform-Tag, die als Alter-

nativen vorgestellt werden. Die Koordinatenangaben der Bewegungspfade sind relativ zur Startposition der animierten Objekte.

```
<a xlink:href="dummy.html" target="blank">
  <image id="wache_proviantmagazin" x="560"y="520" width="32"height="96"
    xlink:href="wachsoldat.gif" style="visibility:visible">
  <animateMotion begin="pos1.click" dur="5s" fill="freeze"
    path="M 0, 0 L -340,0 -260,-200 -20,-460"
  />
</image></a>

<a xlink:href="dummy.html" target="blank">
  <image id="wache_dom" x="560" y="520" width="32" height="96"
    xlink:href="wachsoldat.gif" style="visibility:visible">
  <animateMotion  begin="pos2.click" dur="5s" fill="freeze"
    path="M 0,0 L -340,0 -260,-200 0,-400 140,-420"
  />
</image></a>

<a xlink:href="dummy.html" target="blank">
  <image id="wache_defkaserne" x="560" y="520" width="32 height="96"
    xlink:href="wachsoldat.gif" style="visibility:visible">
  <animateTransform attributeName="transform" begin="pos3.click"
    dur="5s" fill="freeze"
    calcMode="linear" from="0 0" to="-400 -200" type="translate"
  />
</image></a>
```

Bei Mausklick wird ein Wachsoldat auf seine Position bewegt und verbleibt dort. Wird der Mausklick wiederholt, verschwindet das Bild und der Animationsvorgang beginnt erneut. Es ist noch darauf hinzuweisen, dass die Soldaten einen Link mit sich tragen. An der Zielposition angekommen, kann ein weiteres Dokument per Mausklick aufgerufen werden.

5.6 Zusammenfassung SVG

Scalable Vector Graphics hat sich als nicht proprietäres Format und als offener Standard in vielen Anwendungsfeldern als 2D Grafikstandard etabliert und ist heute nativ in den gängigen Browsern integriert.

Es wurde gezeigt, dass die in XML formulierte Sprache durch Integration anderer Web-Standards wie XHTML oder CSS ein mächtiges Werkzeug auch für interaktive Grafiken darstellt.

Aufgrund der Skalierbarkeit von Vektorgrafiken sind diese dem Rastergrafikformat vorzuziehen. Geometrische Daten können aus CAD-Konstruktionen in das SVG-Format konvertiert werden.

Durch das Medium Internet hat sich sich die Darstellungstechnik von Illustrationen verändert. Im Web werden interaktive Grafiken publiziert. Wenn Sie in einem gedruckten Stadtplan eine Straße suchen, schauen Sie in das Straßenverzeichnis und erhalten dort das Planquadrat. Das Suchen beginnt. In einem interaktiven Plan

wird der Name eingegeben, die in der Datenbank gefundene Straße ist georeferen
ziert und kann im Plan markiert werden.

Am Beispiel der *Wachsoldaten* wurden die Interaktions- und Animationseigenschaf
ten vorgestellt. Sie klicken einen Namen in der Legende. Das Symbol bewegt sich
zu der gesuchten Position, über den integrierten Link erhalten Sie weitere Informa
tionen über das angefragte Objekt.

Qualitätsverluste treten bei Vektorgrafiken in der Vergrößerung nicht auf. Die
Abbildungen sind für Endgeräte vom Mobiltelefon bis zum Großformatdrucke
skalierbar.

Die serverseitige Generierung von SVG-Dokumenten aufgrund von Benutzeran
fragen mit Zugriff auf umfangreiche Datenbestände oder Datenbanken ist eine
Standardanwendung in der Web-Kartographie.

5.7   Weiterführende Literatur zu SVG

[5.1] Iris Fibinger: SVG SCALABLE VECTOR GRAPHICS, Markt + Technik Verlag
München 2002

[5.2] Eine SVG-Referenz zum Nachschlagen finden Sie unter
HTTP://WWW.W3.ORG/TR/SVG/INTRO.HTML

6 PHP Hypertext Preprocessor

PHP Hypertext Preprocezor wurde für die Web-Programmierung entwickelt. Die Sprache orientiert sich an den typischen Aufgaben von Internetanwendungen, das sind die Übermittlung von Formulardaten, die Anbindung von Datenbanken oder auch die Erzeugung von Webseiten selbst. Es gibt viele Gründe für den Einsatz von PHP. Da ist zunächst die weite Verbreitung des Open Source-Projekts mit der plattformübergreifenden Anwendung auf unterschiedlichen Betriebssystemen zu nennen. Der Entwickler profitiert von der Verfügbarkeit von Programmbausteinen, die er in seine Applikation integrieren kann. Ein Beispiel hierfür ist die Generierung der QR-Codes im Abschnitt 6.1.3. PHP ist ein geeignetes Werkzeug zur Entwicklung individueller Lösungen und bietet sich dem Lernenden auch als erste Programmiersprache an.

PHP ist eine Web-Servererweiterung, mit der auf Anfrage Webseiten generiert werden. Sobald der Web-Server von der PHP-Codeanforderung Kenntnis erhält, werden die Programmanweisungen interpretiert und ausgeführt. In der Regel wird das Ergebnis der Ausführung von PHP-Anweisungen in eine HTML-Codierung umgesetzt und an den Web-Broser zur Darstellung weitergeleitet.

PHP ist eine mächtige Programmiersprache mit Zugriff auf das Dateisystem des Server-Rechners und Datenbankanbindung. Die eigentliche Entwicklungsumgebung für PHP Applikationen benötigt lediglich einen Texteditor. Zum Test von PHP-Programmen wird ein Client-Server-System benötigt, das aber auch lokal auf einem Rechnerarbeitsplatz installiert werden kann. Der folgende Ausflug in die Welt von PHP erfolgt mit exemplarischer Installation auf einem USB-Stick. Wir benutzen die auf dem Rechner installierten Web-Broser und den Apache Web-Server.

6.1 PHP auf dem USB-Stick installieren

6.1.1 Installation eines lokalen Web-Servers

Die manuelle Installation eines Apache-Web-Servers mit PHP ist recht aufwendig. Auf der Website *www.apachefriends.org* wird die Distribution XAMPP angeboten. X steht für die Betriebssysteme Windows, Linux, Mac-OS und Solaris. Die weiteren Akronyme stehen für Apache, MySQL, PHP und Perl. Die XAMPP Version 1.7.7 von Januar 2012 beinhaltet den Web-Server Apache 2.2.21, das Datenbanksystem MySQL 5.5.16, PHP 5.3.8 und phpMyAdmin 3.4.5 mit weiteren Bibliotheken und System spezifischen Komponenten. Wir entscheiden uns für XAMPP Portable Lite 1.7.7 zur Installation auf einem USB-Stick. Zur Auswahl stehen Archive für 7-Zip mit 42Mb Dateigröße, ein selbst extrahierendes Exe-File 52Mb oder ein ZIP-Archiv

107 Mb. Die Wahl fällt auf das 42Mb Archiv. Nach Download wird die Date *xampp-win32-1.7.7-usb-lite.7z* in das oberste Verzeichnis des USB-Sticks entpackt.

Sofern 7-Zip auf dem Windows-System installiert ist, reicht ein rechter Mausklick auf die Datei zum Öffnen mit dem 7-Zip Filemanager und Entpacken in das Rootverzeichnis auf dem USB-Stick.

Die Verzeichnisstruktur von *xampp* belegt etwa 400Mb. Nach der Installation befindet sich im xampp-Verzeichnis eine Batchdatei *setup_xampp.bat*, die zunächst auszuführen ist, damit dem System die Laufwerksbezeichnungen bekannt werden. Das Programm meldet sich mit seinen Mitteilungen in der Konsole.Nach der Meldung *Have fun with Apachefriends XAMPP* geht es mit einem Tastaturklick weiter. Der Server wird mit *xampp-control.exe* oder über *apache-start.bat* gestartet bzw. *apache-stop.bat* angehalten.

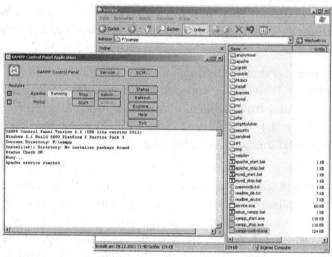

Abbildung 6.1: XAMPP Control Panel

Bei laufendem Server rufen wir jetzt einen HTML-Client auf, den Web-Browser ihrer Wahl. In der Adresszeile geben Sie die lokale Adresse http:/127.0.0.1 oder http://localhost ein. Der Server meldet sich mit einem Eingangsbildschirm. Unseren Web-Server können wir jetzt überall mit hinnehmen, aber beim ersten Mal auf einem neuen System nicht das Setup vergessen.

Als Editor wird Notepad++ von *http://notepad-plus-plus.org/* empfohlen, der bereits im einleitenden Kapitel unter Werkzeuge erwähnt wurde. Notepad++ können wir auch vom USB-Stick als portable Version starten. Nach Entpacken des Archives in ein eigenes Unterverzeichnis kann die Exe-Datei unmittelbar aufgerufen werden.

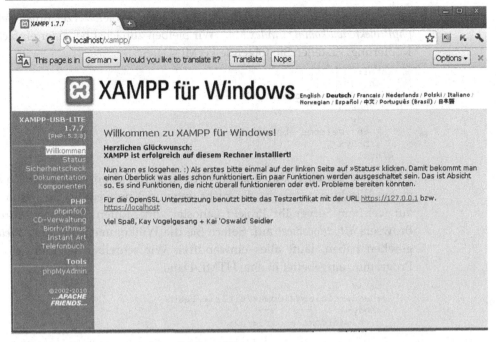

Abbildung 6.2: XAMPP erfolgreich installiert

6.1.2   Das unvermeidbare Hello-World-Projekt

Bei Aufruf von *http://localhost* wird aus dem Verzeichnis *xampp/htdocs* die Datei
index.html aufgerufen. Wir sind auf der Homepage der lokalen XAMPP-Version
angekommen. Den Verweis auf *htdocs* findet der Apache-Server in der Konfigurationsdatei *apache/conf/httpd.conf*. Unsere eigenen ersten kleinen PHP Projekte speichern wir im Verzeichnis *phpProjekte* auf dem USB-Stick jeweils in einem eigenen
Unterverzeichnis Dateinamen index und der Erweiterungsbezeichnung php. Für
das erste Projekt legen wir die Verzeichnisstruktur *phpProjekte/willkommen* auf dem
USB-Stick an. Dem Web-Server teilen wir den Pfad durch Editieren von *apa-
che/conf/httpd.conf* in der Zeile *DocumentRoot* mit. Löschen Sie die bestehende Eintragung nicht, kommentieren Sie diese nur mit Änderungsverweis aus:

```
#geaendert 28.12.2012 DocumentRoot "/xampp/htdocs"
DocumentRoot "/springer Vieweg/phpProjekte"
```

Einige Zeilen weiter ist die Eintragung zu wiederholen. Suchen Sie *directory* und
ändern Sie wie folgt:

```
<Directory "/springer Vieweg/phpProjekte">
```

Speichern Sie die Datei. Die Änderung, vorgenommen vorzugsweise mit note-
pad++, wird aber erst nach Neustart des Servers wirksam. Im Kontroll-Panel den
Server anhalten und wieder neu starten.

Jetzt benötigen wir zum Test im Projektverzeichnis eine Date *phpProjekte/willkommen/index.html*. Wir bleiben zunächst bei einer einfachen HTML Kodierung. Erstellen Sie folgende HTML-Datei:

```
<html>
  <head>
    <title>Welcome</title>
  </head>
  <body>
    <h2>Welcome aboard</h2>
  </body>
</html>
```

Achten Sie bei allen Dateinamen bitte strikt auf Groß- und Kleinschreibung. Bei einem Windowssystem ist das nicht unbedingt notwendig, Sie wissen aber nicht auf welchem Server Ihr Projekt gehostet wird. Rufen Sie in der Adresszeile des Browsers *http://localhost* auf. Sofern Sie die Willkommensmeldung *Welcome aboard* gesehen haben, läuft alles einwandfrei. Wir schreiben jetzt unser erstes PHP-Programm, eingebettet in eine HTML-Datei.

```
<html>
  <head><title>Welcome</title></head>
  <body>
    <h2>Welcome aboard</h2>
    <?php
      $Tag=Date('d'); $Monat= date('M'); $Jahr=date('Y');
      echo($Tag .'. ' .$Monat .'. ' .$Jahr);
    ?>
  </body>
</html>
```

Das PHP-Programm beginnt mit dem Open-Tag <?php. Es werden drei Variablen *$Tag, $Monat* und *$Jahr* deklariert und über den Funktionsaufruf date() mit dem jeweiligen Argument Werte zugewiesen. Danach erfolgt ein Aufruf der Echo-Funktion mit der Übergabe der drei Variablen, getrennt durch den Punkt. Ein Semikolon beendet jede Anweisung. Der Ende-Tag ?> schließt PHP ab und es geht weiter mit HTML. Wir können diese Datei unter *index.php* auf dem Server ablegen und mit dem Browser aufrufen. Erst dann werden eventuelle Syntaxfehler in der Programmierung sichtbar. Bei korrekter Kodierung gibt der Browser das aktuelle Datum in der Form TT.MM.JJJJ aus. Die Funktion echo() erwartet eine Folge von Variablen bzw. Zeichenketten, die durch den Punktoperator verknüpft werden.

Sie haben XAMPP mit dem Apache Web-Server und PHP erfolgreich installiert und getestet. Fassen wir die Schritte des Installationsvorganges noch einmal zusammen:

1. Download XAMPP von www.apachefriends.org
2. Entpacken des ZIP-Archives in das Verzeichnis *xampp* in der obersten Hierarchie auf dem USB-Stick
3. *setup_xampp.bat* im xampp-Verzeichnis starten
4. Starten des Servers über *xampp-control.exe* oder über *apache-start.bat*
5. Web-Browser starten, Adresse *http://127.0.01* oder *http://localhost*

6. Document-Root ist *xampp/htdocs*, Änderungen in
apache/conf/httpd.conf, werden erst nach Neustart wirksam

7. Erstellen eines HTML-Dokuments
<html><head><title>Welcome</title></head>
<body><h2>Welcome aboard</h2></body></html>

8. Speichern unter:
phpProjekte/willkommen/index.html

9. In der Adresszeile des Browsers eingeben:
http://localhost

10. Jetzt ein erster Versuch mit PHP
<html><head><title>Welcome</title></head>
<body><h2>Welcome aboard</h2>
<?php $tag=Date('D'); $Monat= date('m'); $Jahr=date('Y');
echo($Tag .$Monat .$Jahr); ?>
</body></html>

11. Speichern unter: *phpProjekte/willkommen/index.php*

12. In der Adresszeile des Browserseingeben:
http://localhost/welcome/index.ph

13. Server runterfahren! *apache-stop.bat*

6.1.3 QR-Codes generieren – ein erstes PHP-Projekt

Welchen Nutzen soll eigentlich die Auseinandersetzung mit dem Thema PHP bringen? Wir steigen in die Programmierung ein und können eigene webfähige Problemlösungen erstellen. Wir wollen aber gleich Eingangs erwähnen, dass im Web ein Fundus von Open Source-Quellcode und Bibliotheken vorhanden ist, den wir nutzen und auf eigene Bedürfnisse zuschneiden können.

Überall tauchen derzeit die quadratischen Quick Responde Codes auf, mit denen Webadressen und weitere Informationen per Handycamera registriert werden können. Unser Beispiel macht Gebrauch von dem unter der GNU Lesser General Public License von Dominik Dziena publizierten PHP-Codegenerator:

```
http://phpqrcode.sourceforge.net
```

Abbildung 6.3: PHP-Code-Generator und ZBAR mit dem Webcam Fenster

An dieser Stelle diskutieren wir noch nicht den Programmcode, sondern legen den Fokus zunächst auf die Bedeutung der Verzeichnisstrukturen. Das ZIP-Archiv finden Sie auch auf der Webseite zum Buch unter phpProjekte/qrcode.zip. Downloaden Sie das File und entpacken Sie es auf dem USB-Stick in das Verzeichnis *phpProjekte/qrCode*. Starten Sie den Server, starten Sie einen Web-Broser und geben Sie in der Adresszeile *http://localhost/qrCode* ein. Generieren Sie einen Code mit den Daten ihrer Wahl. Sie finden das Bitmap später als PNG-Datei im Unterverzeichnis *temp*. Wenn Sie das Bild dort anschauen wollen, navigieren Sie durch eine gut organisierte PHP-Verzeichnisstruktur.

Sie können den QR-Code mit dem Handy oder einer Webcam lesen. Ein weiteres Open Source Projekt ZBAR hilft uns hier weiter. Installieren Sie den Webcam Reader von http://zbar.sourceforge.net/ und die kleinen Quadrate werden auf der Windows Konsole zu Buchstaben. Dieses erste Projekt unter Mithilfe der Web-Community sollte Mut machen, näher in die Programmiersprache PHP einzusteigen. Denken Sie daran: Aus einem kleinen Pflänzchen wird mal ein großer Baum.

6.2   Sprachelemente von PHP

Auch in diesem Kapitel gilt, wie beim Erlernen jeder Programmiersprache, Programmieren lernt man nicht durch Lesen, sondern nur durch Programmieren. Erst verschafft man sich einen Überblick, dann vertieft man Details. Lassen Sie sich von Fehlermeldungen nicht entmutigen, versuchen Sie die Mitteilungen zu verstehen, korrigieren Sie den Sourcecode, speichern Sie die Datei und aktualisieren Sie die Browseranzeige. Verzweifeln Sie nicht – vor den Erfolg haben die Götter den Compiler bzw. Interpreter gesetzt. Charles Wyke-Smith schreibt in seinem Buch Codin' For the Web: „Zum Erlernen des vollen Sprachumfangs einer Programmiersprache braucht man Jahre". Wir arbeiten hier mit den Grundlagen zur Lösung eigener Probleme und der sachgerechten Nutzung vorhandener Netzresourcen. Legen Sie sich für die Programmbeispiele unter dem Verzeichnis phpProjekte ein Verzeichnis *phpLernen* an und arbeiten Sie alle Programmbeispiele mit eigener Modifikation nach. Der Erfolg wird sich schnell einstellen.

6.2.1 PHP-Skripte

PHP-Skripte sind Textdateien, die mit jedem Editor verarbeitet werden können. Sehr hilfreich bei der Codierung sind das Syntax-Highlighting, das farbliche Hervorheben von Schlüsselwörtern, sowie die Markierung von Programmstrukturen und das Öffnen von Dateien aus dem Editor heraus. Bevor Sie sich für eine komplexe Entwicklungsumgebung wie etwa Eclipse entscheiden, sollten Sie sich mit einem Werkzeug wie Notepad++ vertraut machen. Letzteres stellt die notwendige Funktionalität hinreichend bereit und ist ohne weitere Einarbeitung unmittelbar anwendbar. Auch die Erweiterung durch Plug-ins läuft über einen Mausklick im Menü. Empfohlen wird in jedem Fall die Öffnung von Dateien aus dem Editor heraus. Hierzu ist es notwendig den Explorer oder Light Explorer von der Downloadseite zu importieren. Wenn Sie eine neue Datei öffnen, dann speichern Sie die leere Datei sofort unter der entsprechenden Erweiterungsbezeichnung. Der Editor arbeitet dann mit den Einstellungen für die gewünschte Programmiersprache.

PHP-Quellcode kann unmittelbar in HTML-Dateien eingefügt werden. Dem XML-Stil entsprechend wird folgende Notation vorgeschlagen:

```
<html>
  <!--... html-Auszeichnungen -->
  <?php
    // PHP-Quelltext
  ?>
  <!--... html-Auszeichnungen -->
</html>
```

Kommentare werden in PHP mit // eingeleitet, längere Kommentarbereiche werden in /* *Kommentartext* */ eingeschlossen. Die Kommentierung <!-- --> gilt für den HTML-Bereich.

Anweisungen werden in PHP in der Reihenfolge ihres Auftretens abgearbeitet. Anweisungen sind Zuweisungen, bedingte Anweisungen, Kontrollstrukturen und Funktionsaufrufe. Anweisungsblöcke werden durch geschweifte Klammern {} begrenzt. Jede einzelne PHP-Anweisung wird durch ein Semikolon abgeschlossen.

PHP-Programme können ausgelagert sein und mit den Anweisungen include ('*datei*'); oder require ('*datei*'); in den Quelltext eingefügt werden. Include wird nur bei Bedarf eingebunden, während require immer ausgeführt wird.

Sonderzeichen werden in PHP durch einen vorangestellten Backslash markiert. Die Anweisung echo(); ist ein PHP-Funktionsaufruf. Als Argument wird eine in Hochkommata eingeschlossene Zeichenkette erwartet. Sollen Hochkommata innerhalb der Zeichenkette ausgegeben werden, dann ist vor diese Sonderzeichen der Backslash zu setzen. Mit dem Verknüpfungsoperator (der Punkt) werden Zeichenketten und Variable verknüpft.

6.2.2 Variablen und Operatoren

Betrachten wir noch einmal unser erstes Skript des Hello-World-Projektes.

```
<html>
  <head><title>Welcome</title></head>
  <body>
    <h2>Welcome aboard</h2>
    <?php
      $Tag=Date('d'); $Monat= date('M'); $Jahr=date('Y');
      echo($Tag .'. ' .$Monat .'. ' .$Jahr);
    ?>
  </body>
</html>
```

Gespeichert unter *phpProjekte/willkommen/index.php* und angefordert vom Server durch die Adresseingabe im Browser mit *http://localhost/willkommen* wird der an die Funktion echo() übergebene Textstring im Browserfenster angezeigt. Wenn Sie sich den Quelltext im Browser ansehen, erkennen Sie, dass die PHP-Anweisungen nicht mehr vorhanden sind. Der Server gibt nur das vom Hypertext Preprocessor erzeugte HTML zurück.

```
<html>
  <head><title>Welcome</title></head>
  <body>
    <h2>Welcome aboard</h2>
        30. 12. 2011
  </body>
</html>
```

Innerhalb des Arguments der Echo-Funktion können Variable auftreten oder mehrere Zeichenketten durch einen Punktoperator verknüpft werden. Wir ergänzen den PHP-Teil um:

```
$n = 2;
echo ('<br />Das ist der' .$n .'Versuch<h1>Hello World</h1>');
```

N ist ein frei wählbarer Bezeichner für eine Variable, der in PHP immer ein $-Zeichen vorangestellt wird. Der Inhalt von $n wird mit 2 vorbesetzt. Das Argument des Funktionsaufrufs enthält mit <br /> jetzt einen HTML-Tag (Zeilenvorschub), der Wert der Variablen wird angezeigt und Hello World ist mit <h1></h1> als Überschrift ausgezeichnet. Mit dem Inkrementoperator ++ erhöhen wir den Inhalt von $n und geben den Text in einer weiteren Programmzeile mit JavaScript in einer Alert-Box aus. Beachten Sie die Schrägstriche vor den Sonderzeichen.

```
<html>
  <head><title>Welcome</title></head>
  <body><h2>Welcome aboard</h2>
  <?php
    $n = 2;
    echo ('Jetzt der ' .$n .'. Versuch <br />');
    $Tag=Date('d'); $Monat= date('m'); $Jahr=date('Y');
    echo($Tag .'. ' .$Monat .'. '.$Jahr);
    $n++;
    // Ausgabe der Meldung mit einer JavaScript-Anweisung
```

```
    echo ('<br />n = ' .$n);
    echo ('<script type=\'text/javascript\'>alert(\'... nach
        Inkrementoperator\');</script>');
  ?>
  </body>
  </html>
```

Wir halten fest: $n ist ein Bezeichner für einen Speicherplatz im Rechner dessen Inhalt sich während der Laufzeit eines Programms verändern kann. Darüber hinaus haben wir das Zusammenwirken von HTML, JavaScript und PHP herausgearbeitet.

PHP ist eine so genannte typenlose Sprache. Der Typ einer Variablen wird nicht explizit deklariert, sondern ergibt sich aus dem Inhalt des zugewiesenen Wertes – Boolean (true, false), Ganzzahl (integer), Gleitkommazahl (double) oder Zeichenkette (string). Das erste Zeichen des Bezeichners einer Variablen muss ein $-Zeichen sein, danach folgt der Name. Die weiteren Zeichen des Namens sollen, vom Unterstrich ausgenommen, keine Sonderzeichen sein. Groß- und Kleinschreibung werden bei PHP unterschieden.

PHP kennt globale, statische und dynamische Variablen und Konstanten. Variablen sind in dem Strukturblock sichtbar, in dem sie definiert wurden. Mit den Angaben global oder static kann man die Sichtbarkeit auch in anderen Strukturen herstellen. Eine dynamische Variable entsteht durch doppelte $$-Zeichen vor dem Bezeichner. Der eigentliche Variablenname ensteht aus dem Inhalt einer zweiten Variablen.

```
<?php
  $variable="bezeichner";
  $$variable = "Neuer Inhalt";
  echo($bezeichner);?>
```

Der Variablen $variable wird der Wert *bezeichner* zugewiesen. Es wird eine dynamische Variable mit $$variable und Zuweisung der Zeichenkette *Neuer Inhalt* deklariert. Hierdurch wurde eine neue Variable mit dem Namen $bezeichner erzeugt. Die Ausgabe ist *Neuer Inhalt*. Sie werden aber sicher nicht zu Beginn Ihrer Arbeiten mit dynamischen Variablen umgehen, daher müssen Sie das Thema jetzt nicht vertiefen.

Auf Variablen können Funktionen angewandt werden, mit denen das Bestehen der Variablen selbst, isset(), oder das Vorhandensein eines Wertes, empty(), geprüft werden kann. Nicht mehr benötigte Variable werden mittels unset() gelöscht. Das Argument ist immer die betreffende Variable selbst.

Konstanten sind innerhalb eines Programms unveränderlich. Die Zuweisung von Konstanten erfolgt durch Funktionsaufruf von define(), als Argumente werden der Name der Konstanten und ihr Wert übergeben:

```
define("Pi","3.1415"); echo(Pi);
```

Die Programmierung in PHP bringt aufgrund der mangelnden Typenstrenge gewisse Fehlerquellen mit sich. Benötigt man einen bestimmten Typ für eine Variable, dann muss man diese ggf. explizit umwandeln. Die Zahl Pi berechnet sich auch aus dem Ausdruck 2*asin(1). Wir wollen die Abweichung der Nachkommastellen von der oben erfolgten direkten Zuweisung feststellen.

```php
<?php
  define("lf","<br />"); // definiert lf als line feed
  define("Pi","3.1415"); // definiert Pi als Konstante
  echo(gettype(Pi) .lf); // bestimmt den Datentyp von Pi wieder
  $a = 1; $b=2;
  echo("Typ a = " .gettype($a) .lf);// Datentypen von a und b?
  echo("Typ b = " .gettype($b) .lf);// wurden als integer erkannt
  $a = 1.0; $b=2.0;
  echo("Typ a = " .gettype($a) .lf);// Datentypen von a und b?
  echo("Typ b = " .gettype($b) .lf);// wurden als double erkannt
  $pi = $b*asin($a);
  $zahl =Pi;
  settype($zahl,"double");
  echo("Type von $zahl = " .gettype($zahl) .lf);
  // bestimmt den Datentyp von Pi erneut
  $diff = $pi - $zahl;
  echo("differenz Typ = " .gettype($diff) ." Wert = " .$diff);
?>
```

Die Typbestimmung von Pi zeigt als Ergebnis Pi als Variable vom Typ *String* an. Die Zuweisung von a und b mit 1 bzw. 2 wird als Ganzzahl erkannt. Durch Zuweisung von 1.0 bzw. 2.0 wird der Datentyp zu double. Mit der Funktion settype() kann die explizite Umwandlung eines Datentyps erfolgen. Durch den letzten echo() Aufruf erfahren wir, dass unsere Festlegung von Pi um 0.00009 ungenau ist. Das Argument von echo() wird durch Einsatz des Punktoperators aus mehreren Termen verknüpft.

Der logische Datentyp Boolean kann nur zwei Werte annehmen, wahr (true) oder falsch (false). Variablen dieses Datentyps werden bei Vergleichen und bedingten Ausdrücken benutzt.

PHP liefert bei der Anwendung unterschiedlicher Datentypen (mixed mode) häufig die gewünschten Werte, 1/2 wird 0.5, oder wollten Sie lieber 0? Bei der Auswertung mathematischer Ausdrücke ist etwas Vorsicht geboten. Die explizite Typenumwandlung wird als Casting bezeichnet. Hier einige Beispiele im Quellcode:

```php
// Umwandlung Gleitkomma in Ganzzahl
$var = 1.2;
$var =(int)$var;
echo ('Datentyp von $var: ',gettype($var));
// Umwandlung von Zeichenkette in Gleitkomma
$var = "5.5";
$var = (double)$var;
echo ('Datentyp von $var: ',gettype($var));
$bool = true;
if($bool){echo ('bool ist true');}
```

Der Gebrauch von Operatoren und deren Rangfolge unterscheidet sich bei PHP kaum von anderen Programmiersprachen. Wir kennen:

- arithmetische Operatoren
- Zuweisungsoperatoren

- Vergleichsoperatoren
- Logische Operatoren
- Bit-Operatoren
- Cast-Operatoren

Im weiteren Verlauf der Beispiele und Anwendungen werden wir den diversen Operatoren begegnen.

Ausdrücke setzen sich zusammen aus Variablen, Funktionsaufrufen und Operatoren, die deren Verknüpfung regeln. Die Priorität der Auswertung kann durch runde Klammern beeinflusst werden. Es folgt ein Skript mit Berechnungen am Kreis und Ausgabe als HTML-Auszeichnung.

```php
<?php
  define('lf','<br />'); // definiert lf als line feed
  echo ('<h3>Kapitel 6.2.2 <em>kreisberechnung.php</em></h3>');
  echo('<pre>');
  $a = 1.0; $b=2.0;
  $pi = $b*asin($a);
  echo ('Berechnung von pi = ' .$b .' * asin(' .$a .') = ' .$pi);
  $r=1.0;
  $u = $b * $r *$pi;
  $f = $r *$r * $pi;
  echo(lf .'Kreisradius : ' .$r);
  echo(lf .'Umfang 2pi*r : ' .$u);
  echo(lf .'Flaeche pi*r*r: ' .$f);
  echo('</pre>');
?>
```

Hier noch einige Beispiel für Ausdrücke:

```php
<?php
  define("lf","<br />") // definiert lf als HTML-Tag neue Zeile
  $pi = 2.0*asin(1.0); // Ausdruck rechts wir ausgewertet,
  //Inhalt wird $ pi zugewiesen
  echo ("Pi = " .$pi .lf);
  $a = sqrt((5 % 2)); // Modulo Operator liefert Rest einer
  // Zahl nach Abzug der ganzen Vielfachen der zweiten Zahl
  echo ("a = " .$a .lf);
  $a = 3.0; // Zuweisung
  $b = 4.0; // Zuweisung
  $c = sqrt(($a*$a)+($b*$b)); // Auswertung der Klammern
  //von innen nach außen a*a, b*b
  // Quadratsumme wird Argument fuer sqrt
  echo ("Satz des Pythagoras: " ."a = " .$a .", b = " .$b .", c = " .$c);
?>
```

Die Bildschirmausgabe des Skripts lautet:

```
Pi = 3.14159265359
a = 1
Satz des Pythagoras: a = 3, b = 4, c = 5
```

Wenn Sie neu in der Programmierung sind, testen Sie die Beispiele mit eigenen Modifikationen und Varianten, machen Sie sich mit der Echo-Funktion vertraut.

6.2.3 Ausgabe von Zeichenketten und Variablen

Neben der bereits verwendeten Echo-Funktion bietet PHP die Möglichkeit mit print() eine Zeichenkette an den Browser zu senden oder mit printf() die

Ausgabe zu formatieren. Beachten Sie, dass der Browser die Whitespaces (nich darstellbare Zeichen) entfernt, wenn Sie nicht mit <pre> die Formatierung durch den Browser unterdrücken. Zeichenketten werden durch den Punktoperator zu sammengesetzt. Wir benutzen die Echo-Funktion indem wir das Argument al: zusammengesetzte Zeichenkette innerhalb der Klammern übergeben.

Print benötigt eine Zeichenkette in doppelten Hochkommata " " und setzt die Vari ableninhalte bei der Ausgabe ein. Mit der Funktion `printf()` kann die Ausgabe formatiert werden. Die Funktion bekommt einen Formatstring und die Liste der auszugebenden Variablen übergeben. Im Formatstring werden Platzhalter für die Variablen als %-Zeichen angegeben. Nach dem %-Zeichen folgen die Anzahl der Stellen (Feldweite) und der Typ der Ausgabe. Bei Gleitkommazahlen folgt nach der Feldweite getrennt durch einen Punkt die Anzahl der Nachkommastellen.

```php
<?PHP
    // Ausgabe von Zeichenketten und Variablen am
    // Beispiel der Kreisberechnung
    $pi = 3.1415;
    $kreis = 180.0;
    $rho = $kreis/$pi;
    $i = 24; // eine Ganzzahl
    echo ('Kreiskonstanten pi = ' .$pi .' rho = ' $rho .'<br/>');
    print "Kreiskonstanten pi = $pi rho = $rho <br/>";
    printf('<pre>Kreiskonstante pi = %4.2f
    rho = %15.2f i = %10d</pre>',$pi,$rho,$i);
?>
```

Die wichtigsten Formatspezifikationen sind s für Zeichenketten (String), f für Gleitkommazahlen (float) und d für Ganzzahlen (Integer).

Eine beliebte Methode der Ausgabe ist die Verknüpfung von Teilausgaben zu ei nem String und der einmalige Aufruf der Echo-Funktion. Dabei lassen sich auch Variablen einfach einbinden. Beachten Sie den Punkt vor dem Gleichheitszeichen, der bei der Initialisierung der Variablen nicht zu notieren ist.

```php
$ausgabe  = '<html><head><title>Test PHP Echo-Funktion</title></head>';
$ausgabe .= '<body><h1>Ueberschrift</h1>';
$ausgabe .= '<p>Fliesstext</p>';
$ausgabe .= '</body></html>';
echo ($ausgabe);
```

Zur Bearbeitung von Zeichenketten stellt PHP eine Vielzahl von Funktionen zur Verfügung. Zeichenketten können aufgeteilt oder zusammengeführt werden. Die Zeichen innerhalb einer Zeichenkette können ausgetauscht, in Groß- oder Klein buchstaben gewandelt werden und Positionen im Textstring sind zu ermitteln. Bedeutung kommt auch dem Vergleich von Zeichenketten zu.Im folgenden Code abschnitt finden Sie Beispiele zur Zeichenkettenverarbeitung:

```php
$ext ='php';
$dot = '. ';
$name ='index';
// trim() entfernt Leerzeichen am Anfang und Ende
$string1 = trim($name);
$string2 = trim($ext);
// Stringverknüpfung, s.oben
```

```
$string = $string1;
$string .= $dot;
$string .= $string2;
// Stringlaenge bestimmen
l = strlen($string);
// alle Zeichen in Kleinbuchstaben wandeln
$string3 =stringtolower($string);
// Zeichenketten vergleichen, lexikalische Stellung
// -1 s1 kleiner s2, 0 s1 = s2, 1 s1 groesser s2
order =strncmp($string3,$string1);
```

6.2.4 Bedingte Anweisungen

Mit Steueranweisungen oder Kontrollstrukturen werden Anweisungen bezeichnet, die eine sequentielle Abarbeitung der Programmanweisungen an Bedingungen knüpfen oder unterbrechen bzw. Wiederholungen auslösen. Darunter fallen bedingte Anweisungen, Schleifen, Fallunterscheidungen und auch Funktionsaufrufe, die hier zuvor bereits schon mehrfach angewandt wurden.

Bedingte Anweisungen werden mit dem Schlüsselwort if eingeleitet. Der darauf folgende Ausdruck in runden Klammern, die Bedingung, wird logisch ausgewertet. Ist der Ausdruck wahr (true), erfolgt die Ausführung der unmittelbar auf if folgenden Programmanweisung oder des Anweisungsblocks. Ergibt die Auswertung des Ausdrucks den Wert falsch (false), wird die unmittelbar folgende Anweisung bzw. Anweisungsblock nicht ausgeführt. Das Programm überspringt eine Anweisung bzw. einen Anweisungsblock. Hierzu ein Beispiel: Die PHP-Funktion date() gibt das Datum entsprechend des als Argument übergebenen Formats zurück. Den Variablen $Tag, $Monat, $Jahr wird der Rückgabewert der Funktion zugewiesen. Der Sonntag hat die Bezeichnung Sun. Wir fragen daher den Tag auf Gleichheit == oder Ungleichheit != mit Sun ab.

Ist der Tag Sonntag, dann soll die Ausgabe rot erfolgen, bei anderen Tagen blau. Es wird in jedem Fall nur eine der bedingten Anweisungen ausgeführt. Die Steuerung der Ausgabefarbe erfolgt über eine einfache Stilanweisung.

```php
<?php
  $Tag = date("D");
  $Monat = date("M");
  $Jahr = date("Y");
  if ($Tag == "Sun") echo ("<p style=\"color:red;\"">
                          .$Tag .$Monat .$Jahr ."</p>");
  if ($Tag != "Sun") echo ("<p style=\"color:blue;\">
                          .$Tag .$Monat .$Jahr</p>");
?>
```

Man kann diese zweifache Abfrage auf eine Abfrage reduzieren, wenn man ein If–else-Konstrukt einbringt, Hierbei wird von beiden Anweisungsblöcken immer nur ein Block ausgeführt: entweder die Anweisungen hinter if oder hinter else. Die geschweiften Klammern begrenzen die Anweisungsblöcke. Da es sich im folgenden Beispiel um nur eine Anweisung handelt, könnte auf die {} Klammern hier verzichtet werden, diese erhöhen aber die Lesbarkeit.

```php
<?php
  $Tag = date("D");
```

```
   $Monat = date("M");
   $Jahr = date("Y");
   if ($Tag == "Sun"){
     echo ("<p style=\"color:red\">$Tag .$Monat .$Jahr ."</p>");
   } else {
     echo ("<p style=\"{color:blue;\">$Tag .$Monat .$Jahr ."</p>");
   }
?>
```

Das If-else-Konstrukt kann durch if-elseif an weitere Bedingungen gebunden werden. Mehrfachunterscheidungen werden aber besser mit der Switch-Anweisung ausgeführt.

6.2.5 Fallunterscheidungen

Die Datumsfunktion gibt bei Übergabe des Formats D die englische Kurzbezeichnung für die Wochentage zurück. Der Ausdruck soll mit deutscher Bezeichnung erfolgen. Mit der Switch-Anweisung wird die Variable *$Tag* abgefragt. Mit case werden die möglichen Fälle unterschieden. Für Fälle, die nicht abgefragt sind, ist der Default-Bereich vorzusehen. Das Break-Kommando beendet die Switch-Struktur.

```
<?php
   $Tag = date("D");
   $Monat = date("M");
   $Jahr = date("Y");
   switch($Tag){
     case "Mon" : $Tag="Montag"; break;
     case "Tue" : $Tag="Dienstag"; break;
     case "Wed" : $Tag="Mittwoch"; break;
     case "Thu" : $Tag="Donnerstag";break;
     case "Fri" : $Tag="Freitag"; break;
     case "Sat" : $Tag="Samstag"; break;
     case "Sun" : $Tag="Sonntag"; break;
     default:
   }
   echo ("<p>$Tag $Monat $Jahr</p>");
?>
```

6.2.6 Schleifen

Anweisungsblöcke, die wiederholt auszuführen sind, werden in Schleifen eingebettet. Es ist zu unterschieden zwischen Schleifen, deren Abbruchbedingung sich während des Schleifendurchlaufs ändert, und Zählschleifen, bei denen die Anzahl der Durchläufe bereits vor Schleifenbeginn bekannt ist. Erstere sind die While- oder Do While-Schleifen für Iterationen oder Eingaben mit Abbruchbedingung. Zählschleifen werden als For-Schleifen codiert.

Die Zählschleife wird mit dem Schlüsselwort for eingeleitet. Innerhalb der nachfolgenden runden Klammern wird ein Schleifenzähler initialisiert, die Abbruchbedingung formuliert und die Änderung des Schleifenzählers bestimmt. Der Schleifenkörper folgt eingebettet in geschweiften Klammern.

In Telefonrechnungen werden die Einzelverbindungen nicht mit voller Telefonnummer aufgelistet. Wir betrachten ein kleines Programm, das die letzten fünf

Stellen einer Telefonnummer durch einen * markiert. Die Telefonnummer ist im String *$text* gespeichert. Das Zeichen * ist in der Variablen *$asterix* abgelegt. Die Länge des Textes kann man über die Funktion strlen() ermitteln. Es wird jetzt eine Zählschleife formuliert. Der Schleifenindex wird mit *$i* bezeichnet, der Anfangswert mit *$laenge–5* initialisiert. Die Schleife wird wiederholt, solange der Schleifenindex kleiner Stringlänge ist. Nach jedem Durchlauf wird der Schleifenindex um 1 erhöht. Im Schleifenkörper benutzen wir die Indizierung mit [] Klammern. Die Position *$i* im String *$text* wird durch das Zeichen *$asterix* ersetzt. Mit der eingebundenen Ausgabezeile echo() können Sie den Ablauf verifizieren. Die Ausgabe lautet:

```
Text vor Schleifendurchlauf: 030-12 34 56 78
Schleifenindex i = 10 Text = 030-12 34 *6 78
Schleifenindex i = 11 Text = 030-12 34 ** 78
Schleifenindex i = 12 Text = 030-12 34 ***78
Schleifenindex i = 13 Text = 030-12 34 ****8
Schleifenindex i = 14 Text = 030-12 34 *****
Text nach Abarbeitung der Schleife: 030-12 34 *****
<?PHP
  $text = "030-12 34 56 78";
  $asterix="*";
  $laenge = strlen($text);
  echo("$text <br/>");
  for ($i=$laenge-5; $i<$laenge; $i++){
    $text[$i]=$asterix;
    echo("Schleifenindex i = $i Text
    $text<br/>");
  }
  echo("$text <br/>");
?>
```

Zählschleifen dieser Art werden besonders im Zusammenhang mit der Adressierung von Arrayelementen benutzt. Im weiteren Verlauf der Diskussion von Anwendungsprogrammen werden die For-Schleifen bevorzugt eingesetzt.

6.2.7 While-Schleife

Eine While-Schleife wird durch das Schlüsselwort while eingeleitet, es folgt die Bedingung zum Eintritt in den Schleifenkörper, der in geschweifte Klammern eingeschlossen ist. Nach Abarbeitung der Anweisungen wird die Programmfolge wieder bei while fortgesetzt. Was jeder Programmierer gerne vermeidet, ist eine Endlosschleife, hier ist sie gewollt:

```
<?php
  $n=0;
  while (true){
    $n++;
    echo("Endlosschleife Durchlauf: $n <br/>");
  }
?>
```

True ist eine PHP-Konstante, der Boolsche Wert ist wahr, die Bedingung ändert sich nicht. Der eingebaute Zähler läuft bis zum Speicherüberlauf. Im Gegensatz zur While-Schleife wird bei der Do While-Schleife die Abbruchbedingung am Ende abgefragt, d.h. die Schleife wird mindestens einmal durchlaufen. In einem Programm soll eine Wartezeit von 3 Sekunden eingebaut werden. Bei Aufruf der Funktion `gettimeofday()` wird ein assoziatives Array mit folgenden Elementen zurückgegeben:

```
/*
[sec] -> Sekunden
[usec] -> Mikrosekunden
[minuteswest] -> Minuten westlich von Greenwich Mean Time
[dsttime] -> Korrektur durch Sommerzeit
*/
```

Weiter unten werden die assoziativen Arrays im Detail erläutert. Zunächst genügt es zu wissen, dass die Sekunden der Startzeit in der Variablen *$SekundeStart* gespeichert sind. Die aktuelle Zeit liegt vor in *$SekundeAktuell*. Wir konstruieren eine While-Bedingung, die solange erfüllt ist, bis die Differenz dieser Variablen den in *$countdown* definierten Zeitunterschied erreicht. Innerhalb der Schleife wird ausschließlich die aktuelle Zeit abgefragt.

```php
<?php
    $time = gettimeofday();
    $SekundeStart = $time[sec];
    $countdown=3;
    echo ("Startzeit: $SekundeStart<br/>");
    echo ("Bitte warten Sie $countdown
    Sekunden<br/>");
    do {
        $time = gettimeofday();
        $SekundeAktuell = $time[sec];
    } while (($SekundeAktuell-$SekundeStart)<$countdown);
    echo ("Endzeit: $SekundeAktuell<br/>");
    echo ("<br/>Danke fuer Ihre Geduld");
?>
```

6.3 Arrays

Arrays sind Speicherbereiche, in denen unter der gleichen Variablenbezeichnung eine Vielzahl von Werten adressiert werden kann. Ein Array besteht aus Elementen denen ein Schlüssel und ein Wert zugeordnet sind. Die Schlüssel müssen eindeutig sein und können Zeichenketten oder Zahlenwerte sein. Ein Array-Element kann eine Zeichenkette, ein boolescher Wert, eine Zahl oder wiederum ein Array sein. Im mathematischen Kontext ist ein eindimensionales Array ein Vektor, ein zweidimensionales Array stellt eine Matrix dar. Die Adressierung der Elemente erfolgt durch Angabe von Zeilen- und Spaltenindex. Es wird unterschieden zwischen indizierten Arrays und assoziativen Arrays. Indizierte Arrays benutzen als Schlüssel eine Ganzzahl. Alphanumerische Schlüsselnamen werden in assoziativen Arrays verwendet.

Wir beginnen mit einem einfachen Beispiel eines Arrays, dessen Schlüssel automatisch mit laufenden Nummern erzeugt werden. Alle Werte sind Zeichenketten. Die Namen der Spieler einer Fußballmannschaft sollen in einem Array gespeichert und in sortierter Folge ausgegeben werden. Der Bezeichner für das Array ist *$spieler*. Mit der Funktion `array()` erfolgent die Zuweisung der Spielernamen und die

Indizierung vorgenommen. Mit der Funktion `sort()` werden die Namen aufsteigend sortiert, `rsort()` würde eine absteigende Sortierung zur Folge haben. Die Anzahl der Feldelemente wird mittels `count()` bestimmt. Für Arrays steht eine Vielzahl von Funktionen bereit, von denen wir bereits hier einige verwenden, wenngleich Funktionen erst im nächsten Abschnitt behandelt werden.

6.3.1 Eindimensionale indizierte und assoziative Arrays

```
<?PHP
  $spieler = array ("Kuhn","Wurms","Hinken","Muller","Bein",
                    "Holzmann","Babic","Tormeier","Ballermann",
                    "Aussenlaeufer","Locke");
  sort($spieler);
  $anzahl = count($spieler);
  for ($i = 0; $i<$anzahl; $i++){
    echo("Nr.: $i $spieler[$i]<br/>");
  }
?>
```

In einer For-Schleife werden die Spielernamen über den Arrayindex adressiert und wie folgt ausgegeben:

```
Nr.: 0 Aussenlaeufer
Nr.: 1 Babic
Nr.: 2 Ballermann
Nr.: 3 Bein
Nr.: 4 Hinken
Nr.: 5 Holzmann
Nr.: 6 Kuhn
Nr.: 7 Locke
Nr.: 8 Muller
Nr.: 9 Tormeier
Nr.: 10 Wurms
```

Dabei ist die Nummer der automatisch erzeugte numerische Schlüssel oder Index. Alternativ zur For-Schleife kann das Array auch mit `foreach()` durchlaufen werden. Für jeden Wert des Arrays kopiert `foreach()` den Schlüssel in die Variable *$key* und den Wert in die Variable *$wert* und führt den Anweisungsblock, hier die Ausgabe einer HTML-Tabellenzeile, aus.

```
echo ('<table border =1 cellspacing=3 cellpadding=3>');
foreach($spieler as $key =>$wert){
echo('<tr><td>' .$key .'</td><td>' .$wert .'</td></tr>');
}
echo('</table>');
```

Es wird jetzt zusätzlich noch ein assoziatives Array mit den Rückennummern der Spieler eingeführt. Der Array-Bezeichner ist *$rueckennummer,* der Schlüssel entspricht den Spielernamen und mit dem Doppelpfeil-Operator wird der Wert zugewiesen.

```
$rueckennummer = array( "Kuhn" => "1","Wurms" => "2",
"Hinken"=> "5","Muller"=> "3","Bein"=> "6",
"Holzmann"=> "13","Babic"=> "9",
"Tormeier"=> "11","Ballermann" => "8",
"Aussenlaeufer" => "7","Locke" => "10");
```

Die obige For-Schleife zur Ausgabe wird nun noch ergänzt durch die Ausgabe der Trikotnummern

```
for ($i = 0; $i<$anzahl; $i++){
    $index=$spieler[$i];
    echo("$spieler[$i] Trikot:
    $rueckennummer[$index] <br/>");
}
```

Der Index für die Rückennummer ist jetzt keine ganze Zahl mehr, sondern der Schlüssel, der sich aus dem Spielernamen ergibt. Die Ausgabe hat dann folgende Gestalt:

```
Aussenlaeufer Trikot: 7
Babic Trikot: 9
Ballermann Trikot: 8
Bein Trikot: 6
Hinken Trikot: 5
Holzmann Trikot: 13
Kuhn Trikot: 1
Locke Trikot: 10
Muller Trikot: 3
Tormeier Trikot: 11
Wurms Trikot: 2
```

Nun wollen wir die Spielernamen nach Rückennummern sortiert ausgeben, dazu benutzen wir die Funktion asort() zum Sortieren des assoziativen Arrays. Wie oben bereits erläutert wird mit der speziell auf Arrays anzuwendenden Funktion foreach() jedes Feldelement abgearbeitet, Schlüssel und Element werden im Schleifenkörper als $key und wert verfügbar.

```
// Sortieren der Ruecknnummern nach Schluessel
asort($rueckennummer);
foreach ($rueckennummer as $key => $wert){
    echo ("$wert $key<br/>");
}
```

Die Ausgabe des zweiten Teils nach Trikotnummern sortiert ist dann folgende:

```
1 Kuhn
2 Wurms
3 Muller
5 Hinken
6 Bein
7 Aussenlaeufer
8 Ballermann
9 Babic
10 Locke
11 Tormeier
13 Holzmann
```

Den Quellcode für dieses Programm finden Sie im Download Archiv auf der Webseite zum Buch im Verzeichnis *phpProjekte/phpLernen* im Dokument *arrays.php*. Für den Einstieg mag das an dieser Stelle ein wenig kompliziert sein, wenn Sie sich aber intensiv mit dem Thema vertraut machen, werden Sie die Vorzüge und die Notwendigkeit von Arrays sehr bald erkennen.

6.3.2   Modifikation von Arrays

Der Spieler *Muller* soll das Feld verlassen. Neu in die Mannschaft kommt *Usil* mit der Rueckennummer 23. Was ist zu tun? Wir können im Array *$Spieler* nach *Muller* suchen und dort den neuen Namen *Usil* eintragen. Im Array *$rueckennummern* sollten wir *Muller* loeschen und für *Usil* die Nummer 23 neu eintragen. Wir müssen dabei das Feld mit den Spielernamen nicht sequentiell durchsuchen, sondern können die Funktion array_search() benutzen. Array_search() erwartet zwei Argumente, den Suchbegriff und den Bezeichner des Arrays, und gibt als Ergebnis den Schlüssel zurück. Ein einzelnes Arrayelement wird durch den Bezeichner und den Schlüssel in eckigen Klammern adressiert:

```
// Suchen Muller
$key = array_search('Muller',$spieler);
echo ('Muller befindet sich im Element:' .$key .'<br />');
// Tragen Usil neu ein
$spieler[$key]= 'Usil';
```

Jetzt wird noch die Rueckennummer von *Muller* mit der Funktion unset() gelöscht und *Usil* mit der Nummer 23 neu eingetragen. Mit der Ausgabe können wir uns von dem richtigen Ergebnis überzeugen.

```
unset($rueckennummer['Muller']);
$ruckennummer['Usil']=23;
// Ausgabe nach Sortierung
asort($rueckennummer);
echo ('<table border =1 cellspacing=0 cellpadding=3>');
echo('<tr><td colspan=2>Mannschaft nach Einwechselung Usil</td></tr>');
foreach ($rueckennummer as $key => $wert){
echo('<tr><td>' .$wert .'</td><td>' .$key .'</td></tr>');
}
echo ('</table>');
```

Mannschaft nach Einwechselung Usil	
1	Kuhn
2	Wurms
5	Hinken
6	Bein
7	Aussenlaeufer
8	Ballermann
9	Babic
10	Locke
11	Tormeier
13	Holzmann
23	Usil

6.3.3   Mehrdimensionale Arrays

Obige Tabelle zeigt alle Elemente des Arrays *$rueckennummer*. Die erste Eintragung ist der Wert, die zweite Eintragung der Schlüssel. Sofern für einen Schlüssel mehrere Werte benötigt werden, dann kann der Wert eines Array-Elementes wieder ein Array sein. Bleiben wir noch ein wenig bei unserer Fußballmannschaft. Der Zeugwart muss für jeden Spieler die Nummer des Trikots, die Größe und die Schuhgröße und das Fabrikat der Schuhe wissen. Nach dieser Liste stattet er dann vor einem Spiel den Umkleideraum aus. Die Initialisiertung des Arrays und der Arrayelemente erfolgt mit array(). Dem Schlüssel folgt der Doppelpfeil, der wiederum auf die Array-Definition verweist.

```php
<?php
  // Deklaration und Definition des Arrays Kleidung
  // Schlüssel = Name,
  // Werte: Trikotnummer, Trikotgröße, Schuhgröße und -fabrikat
  $kleidung = array(
            'Kuhn' => array('1','XXL','45','Puma' ),
            'Wurms'=> array ('2','XL','44','Nike'),
            'Hinken'=> array ('5','M','42','Adidas'),
            'Muller'=> array ('3','S','42','Adidas'),
            'Bein'=> array ('6','L','42','Umbro'),
            'Holzmann'=> array('13','M','42','Adidas'),
            'Babic' => array ('9','S','40','Lotto'),
            'Tormeier'=> array ('11','M','42','Puma'),
            'Ballermann' => array ('8','X','46','Adidas'),
            'Aussenlaeufer' => array ('7','XL','43','Nike'),
            'Locke' => array ('10','XL','45','Adidas')
            );
  $anzahl = count($kleidung);
  $sum = 0;
  foreach($kleidung as $key => $wert){
    $sum= $sum +count($kleidung[$key]) ;
  } ?>
```

Mit der Funktion count() ermitteln wir die Anzahl der Arrayelemente und summieren anschließend mit foreach() die Gesamtanzahl auf. Foreach() kopiert für jedes Element von *$kleidung* den Schlüssel und den Wert in die Variablen *$key* und *$wert*. Da *$kleidung[$key]* wiederum ein Array ist, werden dessen Elementanzahl mit count() bestimmt und *$sum* zugeschlagen. Es sind 11 Elemente im Array *$kleidung* mit jeweils 4 Elementen vorhanden. Die Gesamtanzahl aller Elemente ist 44.

Kommen wir nun zur Ausgabe der Elemente in einer HTML-Tabelle. Nach der Spaltenüberschrift durchlaufen wir mit zwei Foreach-Konstrukten das zweidimensionale Array. Es ist in der äußeren und in der inneren Foreach-Schleife jeweils nur der öffnende Tag zu schreiben. Nach Schleifendurchlauf erfolgt die Ausgabe des schließenden Tags.

```php
// Ausgabe in einer HTML-Tabelle
echo ('<br />Ausgabe unsortiert');
echo ('<table border=1 cellspacing=0 cellpadding=3>');
echo ('<tr><td>Spieler</td><td>Trikot
      Nr.</td><td>Groesse</td><td>Schuh</td><td>Fabrikat</td></tr>');
foreach($kleidung as $key => $wert){
```

```
      echo ('<tr><td>'); // oeffnender Tag
      echo ($key);
      foreach ($kleidung[$key] as $index => $element){
        echo ('</td><td>'); // oeffnender Tag
        echo ($element);
      }
      echo ('</td></tr>'); //schliessender Tag
   }
   echo('</table>');
```

Ausgabe unsortiert:

Spieler	Trikot Nr.	Groesse	Schuh	Fabrikat
Kuhn	1	XXL	45	Puma
Wurms	2	XL	44	Nike
Hinken	5	M	42	Adidas
Muller	3	S	42	Adidas
Bein	6	L	42	Umbro
Holzmann	13	M	42	Adidas
Babic	9	S	40	Lotto
Tormeier	11	M	42	Puma
Ballermann	8	X	46	Adidas
Aussenlaeufer	7	XL	43	Nike
Locke	10	XL	45	Adidas

Im zweiten Schritt kann jetzt die sortierte Ausgabe nach den Schlüsseln erfolgen. Hierzu wird vor der Tabellenausgabe die Funktion ksort ($kleidung) aufgerufen. Die Anweisungsfolge für die Ausgabe bleibt unverändert. Die alphabetische Sortierung der Spielernamen ist aber für den Zeugwart nicht wichtig. Bedeutender ist die Sortierfolge nach einer Spalte der Tabelle. Wir wollen nach den Schuhfabrikaten sortieren und nutzen die Funktion array_multisort(). Zunächst benötigen wir die zu sortierende Spalte als eindimensionales Array. Wiederum hilft foreach(). Den Schlüssel $key benutzen wir für den Zwischenspeicher $fabrikat, $wert stellt ein Array dar, der Index 3 (Zählung beginnt bei 0) gilt für das Fabrikat. Mit diesem Array und als Sortierkriterium SORT_ASC gehen wir in die Funktion array_multisort() und erhalten das Array sortiert zurück. Die Ausgabe in der HTML-Tabelle erfolgt wiederum nach obigem Muster. Da wir diesen Codeabschnitt bisher schon dreimal benutzt haben, wäre eine Funktion hilfreich. Eigene Funktionen werden im nächsten Kaptel behandelt. Das vollständige Skript finden Sie wieder im Downloadarchiv unter *phpLernen/arrayMehrdimensional.php*.

```
   //
   // Sortieren des mehrdimensionalen Arrays
   foreach($kleidung as $key => $wert){
      //echo ($key .'+' .$wert[3] .'<br />');
      $fabrikat [$key] = $wert [3];
   }
   array_multisort($fabrikat, SORT_ASC,$kleidung);
```

Ausgabe sortiert nach Schuhfabrikaten:

Spieler	Trikot Nr.	Groesse	Schuh	Fabrikat
Muller	3	S	42	Adidas
Hinken	5	M	42	Adidas
Ballermann	8	X	46	Adidas
Locke	10	XL	45	Adidas
Holzmann	13	M	42	Adidas
Babic	9	S	40	Lotto
Wurms	2	XL	44	Nike
Aussenlaeufer	7	XL	43	Nike
Kuhn	1	XXL	45	Puma
Tormeier	11	M	42	Puma
Bein	6	L	42	Umbro

6.3.4 Zusammenfassung Arrays

Arrays stellen ein zentrales Konzept im Datenmodell einer Programmiersprache dar. Unter einem Bezeichner können bei Angabe eines Schlüssels (Index) beliebig viele Elemente adressiert werden. Der Schlüssel kann alphanumerisch (assoziativ) oder numerisch fortlaufend (indiziert) sein. Werte können Ganzzahlen, Gleitkommazahlen, Zeichenketten oder wiederum Arrays sein. Auf Arrays sind u.a. Funktionen wie `count()`, `unset()` `array_key_exists()`, `in_array()`, `array_search()` anwendbar. Arrays werden mit For-Schleifen oder der Foreach-Schleifen durchlaufen. Eine typische Webseiten-Anwendung ist die Ausgabe von Arrayelementen mit PHP in HTML-Tabellen.

6.4 Funktionen und Klassen

Der Aufruf Funktion erfolgt durch Angabe des Funktionsnamens und den Argumenten, die in Reihenfolge und Typ mit der Parameterliste übereinstimmen müssen. Gekennzeichnet wird eine Funktion durch das Schlüsselwort `function`. Das Ergebnis einer Funktion wird über den Rückgabewert dem aufrufenden Programm mitgeteilt. Ein einfaches Beispiel ist die Berechnung des Volumens eines Quaders:

```
function volumenQuader($laenge, $breite, $hoehe){
$volumen = $laenge * $breite * $hoehe;
return $volumen;
}
```

Der Funktionsname ist *volumenQuader*, die Bezeichner in der Parameterliste und im Funktionskörper sind nur innerhalb der Funktion sichtbar. Die aktuellen Werte werden durch die Argumente beim Aufruf bestimmt. Die Variable `$rauminhalt` bekommt im rufenden Programm den Rückgabewert der Funktion zugewiesen.

Neben der Kapselung von Code besteht der Vorteil von Funktionen in der Mehr-fachverwendung, Übersichtlichkeit und Fehlerabsicherung.

```php
<?PHP
  $a = 3.0; $b = 4.0; $c = 5.0;
  $raumInhalt = volumenQuader($a,$b,$c);
  echo ("Volumen : $raumInhalt");
  function volumenQuader($laenge, $breite, $hoehe){
    $volumen = $laenge * $breite * $hoehe;
    return $volumen;
  }
?>
```

Der Datenaustausch zwischen Funktionen kann nicht nur über die Werte (call-by-value), sondern auch über die Referenz (call by reference) erfolgen. Sofern in der Parameterliste der Adressoperator & dem Bezeichner vorangestellt ist, wirken sich Änderungen an der Variablen auch im rufenden Programm aus. Die modifizierte Version unserer Volumenberechnung tauscht das Ergebnis jetzt über die Parameterliste aus (call-by-reference)

```php
<?PHP
  $a = 3.0;
  $b = 4.0;
  $c = 5.0;
  $raumInhalt = 0.0;
  volumenQuader($a,$b,$c,$raumInhalt);
  echo ("RaumInhalt : $raumInhalt");
  function volumenQuader($laenge, $breite, $hoehe, &$volumen){
    $volumen = $laenge * $breite * $hoehe;
    return;
  }
?>
```

Abschließend ist noch die folgende Variante mit der Speicherung in einem Array zu betrachten. Die Variablen sind dort in dem Array *quader* gespeichert, in der Funktion lokal mit *q* bezeichnet, aber mit dem Adressoperator in der Parameter-liste ausgezeichnet. Eine Änderung der Werte würde sich auch im rufenden Programm auswirken.

```php
<?PHP
  $quader = array(3.0,4.0,5.0,0.0);
  volumenQuader($quader);
  echo ("Volumen : $quader[3]");
  function volumenQuader(&$q){
    $q[3] = $q[0] * $q[1] * $q[2];
    return;
  }
?>
```

6.4.1 Classes

Selbstverständlich ist es nicht möglich im Rahmen eines Grundkurses Internet die objektorientierte Programmierung umfassend zu vermitteln. Als Ziel setzen wir uns hier die Möglichkeit bestehende Klassen zu nutzen. Voraussetzung dafür ist ein gewisses Maß an Grundkenntnissen von Objekten, Klassen, Attributen und Methoden. Da auch hier gilt Programmieren lernt man nur durch Programmieren, nehmen wir das triviale Beispiel der Kreisberechnung, das zuvor bereits der Einführung in PHP diente und versuchen die Vorteile der Arbeit mit Objekten herauszuarbeiten.

In der Programmierung unterscheidet man zwischen imperativen oder prozeduralen Sprachen, die auf Funktionen oder Prozeduren basieren und der objektorientierten Programmierung. Beispiele für prozedurale Sprachen sind Basic, Pascal und C. Die objektorientierte Programmierung, deren typische Vertreter C++ und Java sind, verfolgt einen anderen Ansatz. Zur Bildung von Objekten existieren Baupläne - die Klassen. Objekte haben Eigenschaften oder Attribute (Variablen) und Verhaltensweisen (Methoden). Durch die Klassenbildung entsteht eine Kapselung gegenüber anderen Objekten. Ein Exemplar eines Objektes entsteht erst durch die Instanziierung. Auf die Attribute einer Instanz (realen Objekts) kann mit Methoden zugegriffen werden. PHP ist auch objektorientiert. Versuchen wir das komplexe Thema am Beispiel zu erläutern.

Die Klassendefinition ist allgemeinwie folgt vorzunehmen:

```
class Klassen_name {
var $attribut_a1;
var $attribut_x;
function __construct(){}
function funktion_a{}
function funktion_x{}
}
```

Die Deklaration beginnt mit dem Schlüsselwort class, gefolgt vom Klassennamen, der Attributsdeklaration nach dem Schlüsselwort var (den Instanzvariablen) und der Methodendeklaration nach dem Schlüsselwort function. Dazu gehört auch ein Konstruktor, der einmalig bei der Instanziierung aufgerufen wird, Schlüsselwort __constructor. Eine Instanz (das real existierend Objekt einer Klasse) wird durch Zuweisung mit dem Schlüsselwort new gefolgt vom Klassennamen gebildet. Der Zugriff auf die Objektmethoden und Instanzvariablen erfolgt mit dem Bezeichner des Objekts gefolgt vom Pfeiloperator und der Methodenangabe.

```
$object = new Klassen_name;
$object → funktion_x();
```

6.4.2 Programmierung einer eigenen Klasse

Schreiben wir nun unsere erste eigene Klasse mit dem Bezeichner *Kreis*. Die Bezeichnung der Klasse sollte mite einem großen Buchstaben beginnen und klein weitergeführt werden. Bei zusammengesetzen Bezeichner beginnt das Folgewort dann wieder mit einem Großbuchstaben.

```
<?php
  class Kreis {
    var $rad; // Instanzvariable für Radius,
    var $u; // Umfang, Flaeche, ID
    var $f;
    var $id;
    const PI = 3.14159; // Kreiszahl pi hier als Konstante
```

Als erste Methode wird der Konstruktor mit dem Schlüsselwort __constructor formuliert. Diese Methode wird nur einmalig bei der Instanzbildung aufgerufen und erwartet die Parameter für den Radius und die Bezeichnung des Objekts. Mit dem Schlüsselwort $this und dem Pfeiloperator werden den Variablen dieses Objekts die übergebenen Werte für *id* und *rad* zugewiesen. Beachten Sie die Anwendung des $-Zeichens in der Schreibweise. Die Zuweisung für Umfang und Fläche erreichen wir durch Aufruf der Klassenmethoden. Beide Methodenübergeben ihr Berechnungsergebnis durch return. Es existiert noch eine weitere Methode *ausgabe()*, Mit dieser Methode werden die Attribute eines Objektes bei Aufruf angezeigt.

```
function __construct ($rad, $id ){
   $this->id = $id;
   $this->rad = $rad ;
   $this->u = $this->umfang();
   $this->f = $this->flaeche();
}
function umfang(){
   return = $this->rad * 2.0 *kreis::PI;
}
function flaeche(){
   return = $this->rad*$this->rad*kreis::PI;
}
function ausgabe(){
   echo('ID = ' .$this->id .'<br />');
   //echo ('PI = ' .kreis::PI .'<br />');
   echo ('Radius = ' .$this->rad .'<br />');
   echo ('Umfang = ' .$this->u .'<br />');
   echo ('Flaeche = ' .$this->f .'<br /><br />'); }
```

Jetzt können wir uns der Anwendung der Klasse *Kreis* zuwenden. Ein Fußballfeld hat einen Anstoßkreis und vier Viertelkreise in den Ecken. Wir wollen wissen wie groß der Umfang und wie groß die Fläche dieser Kreise ist Für das Objekt des Anstosskreises wählen wir den Bezeichner *$anstoss*, mit new Kreis () wird eine Instanz der Klasse *Kreis* gebildet, dem Konstruktor übergeben wir den Radius und die ID. Entsprechen verfahren wir mit dem Eckkreis. Nun wollen wir die Attribute ausgeben und rufen für die Objekte jeweils die Methode *ausgabe()* auf.

```
$anstoss = new kreis(9.15,'Anstosskreis'); // Objekte mit
// Radius und ID
$ecke = new kreis(1.0, 'Eck-Viertelkreis');
$anstoss->ausgabe(); // Methodenaufe für die Ausgabe
$ecke->ausgabe();
```

Das Ergebnis hat folgendes Aussehen:

```
ID = Anstosskreis
Radius = 9.15
Umfang = 57.491097
Flaeche = 263.021768775
ID = Eck-Viertelkreis
Radius = 1
Umfang = 6.28318
Flaeche = 3.14159
```

Weiter wollen wir noch wissen welchen Inhalt die Konstante PI hat und den Viertelkreis berechnen. Hierzu greifen wir auf die Konstante der Klasse Kreis und die Instanzvariable für die Ecke wie folgt zu:

```
// Zugriff auf Konstante der Klasse Kreis
echo('Konstante PI: ' .Kreis::PI .'<br />');
$viertelkreis=$ecke->f/4.0; //Zugriff auf Instanzvariable
echo ('Flaeche/4 = ' .$viertelkreis);
?>
```

Die weitere Ausgabe lautet dann:

```
Konstante PI: 3.14159
Flaeche/4 = 0.7853975
```

Der Programmierer einer PHP Klasse kann den Zugriff auf die Variablen und Methoden modifizieren. Durch die vorangestellten Schlüsselworte public, private oder protected wird die Sichtbarkeit geregelt. Public ist die Voreinstellung, Variablen sind von außerhalb der Klasse sichtbar und änderbar. Mit protected ist die Variable nur innerhalb der eigenen Klasse und abgeleiteten Klassen verwendbar. Private schützt die Variablen vor dem Zugriff von außen. Weitere Schlüsselworte sind final, static und constant. Final verweigert die Überschreibung oder Beerbung von Methoden und Klassen, static macht Methoden und Variablen zu Klassenmethoden, auf die ohne Instanz zugreifbar ist. Ähnlich ist es mit dem Schlüsselwort const. Weiter oben fiel der Begriff Vererbung, ein wichtiges Merkmal objektorientierter Programmierung. PHP unterscheidet Superklassen oder Oberklassen und abgeleitete Klassen, die alle Eigenschaften ihrer Oberklasse erben. Weitere Themen in diesem Zusammenhang sind Abstrakte Klassen, Interfaces und Wrapper-Klassen sowie die Fehlerbehandlung mit Try Catch-Konstrukten. Vorgenannte Themen sind von Bedeutung, wenn Sie eigene komplexe Klassen erstellen wollen. An dieser Stelle müssen wir auf die vertiefende Literatur verweisen.

6.4.3   Die Klasse DateTime

Seit PHP 5 gibt es die Klasse DateTime mit diversen Datumsfunktionen, darunter Möglichkeiten zur Addition und Differenzbildung von Zeitstempeln. Wir wollen wissen, wie viel Tage es noch bis zum 24. Dezember 2013 sind. Hierzu beschaffen wir uns zunächst das heutige Datum *$heute* und das Datumsziel *$demnaechst*, dem Konstruktor des Objekts DateTime wird im zweiten Fall das Datum im Format Jahr-Monat-Tag übergeben. Dann benötigen wir noch ein Objekt der Klasse DateIntervall, das wir mit einer Periode von einem Tag vorbesetzen. Die Methode diff() liefert die Differen zwischen *$demnaechst* und *$heute* als DateInterval Objekt.

```
<?php
  $heute = new DateTime();
  $demnaechst = new DateTime('2013-12-24');
  $tageBis = new DateInterval('P1D'); // P periods 1 Tag
  $tageBis = $demnaechst->diff($heute);
```

Jetzt kann die formatierte Datenausgabe erfolgen mit Y,m,d als Zahlenformat. Im Formatstring des DateInterval-Objekts benötigen Sie Ein vorangestelltes %-Zeichen.

```
echo ('Heutiges Datum: '.$heute->format('Y-m-d') .'<br />');
echo ('bis zum: ' .$demnaechst->format ('Y-m-d') .'<br />');
echo('sind es noch '.$tageBis->format ('%Y Jahr %m Monate %d Tage')
     .'<br />');
```

Die Ausgabe lautet:

```
Heutiges Datum: 2012-01-02
bis zum: 2013-12-24
sind es noch 01 Jahr 11 Monate 21 Tage
```

Ein weiteres Beispiel gleicher Art beschäftigt sich mit der Zeit. Wir wollen wissen wie lange eine Anweisungsfolge benötigt, die 10.000.000 mal eine Wurzelberechnung durchführt. Vor Beginn und nach Beginn der Schleife beschaffen wir uns das DateTime-Objekt. Im Format-String benutzen wir die Formate h,m,s. Das alte Objekt *$tageBis* wird noch einmal verwendet. Bei 4 Sekunden Zeitverbrauch gibt es kein Problem. Wird die innere Schleife ebenfalls auf 10000 gesetzt, dann erfolgt i.d.R. eine Fehlermeldung, da aufgrund der Voreinstellung nur 30 Sekunden Ausführungszeit für den PHP-Prozess zur Verfügung stehen. Voreingestellter Wert für max_execution_time = 30 in php\php.ini.

```
$start = new DateTime();
echo ('Datum: ' .$start->format('d.M.Y') .'<br/>');
echo ('Start loop: '.$start->format('h:m:s') .'<br />');
for ($i=0;$i<10000 ;$i++){
   for ($j=0;$j<1000;$j++){
   $x = sqrt($i);
   }
}
$end = new DateTime();
echo ('End loop: '.$end->format('h:m:s') .'<br />');
$tageBis = $end->diff($start);
echo ('Dauer: ' .$tageBis->format ('%h:%m:%s') .'<br />');
?>
```

Geliefert wird folgendes Ergebnis:

```
Datum: 02.Jan.2012
Start loop: 05:01:32
End loop: 05:01:36
Dauer: 0:0:4
```

6.5   Arbeiten mit Dateien

Komplexe Webapplikationen sind üblicherweise mit einer Datenbank in Verbindung zu bringen. In vielen Fällen ist aber auch die Arbeit mit einfachen Textdateien, die Gegenstand der Betrachtungen dieses Abschnitts ist, zielführend. Textdateien bestehen aus darstellbaren Zeichen und sind ohne spezielle Programme lesbar. Die Bearbeitung kann mit einem einfachen Texteditor erfolgen. Das Gegenstück zu Textdateien sind Binärdateien, in denen beliebige Bytewerte vorkommen können. Binärdateien sind kompakter und haben geringere Lade- und Speicherzeiten. Ausführbare Programme sind ein Beispiel für Binärdateien.

Beim Zugriff auf Dateien haben die Rechte eine wichtige Bedeutung. Wir unterteilen in die Zugriffsgruppen Eigentümer, Gruppe und alle anderen (World). Die Rechte sind lesen, schreiben und ausführen mit den Abkürzungen r,w,x. Dateiberechtigungen können (müssen) Sie den Benutzern individuell über den FTP-Client auf Ihrem Sekripte Server einrichten. Anzumerken ist auch, dass die Skripte unter den Rechten des Servers laufen und auch in der Datei php.ini Einschränkungen vorgenommen werden können.

Neben den Rechten des Betriebssystems werden den Dateien noch unterschiedliche Dateimodi für den Lese- und Schreibzugriff durch die Software zugeordnet. Kombinationen von lesen, schreiben und änhängen werden beim Öffnen einer Datei vereinbart. Während mit echo(), print() und printf() die Ausgabe unmittelbar auf den Bildschirm erfolgt, sind für die Dateiein- und -ausgabe die entsprechende Mechanismen zu beachten. Sofern die Voraussetzungen von der Software als gültig erkannt sind, wird eine Datei geöffnet und nach erfolgter Arbeit wieder geschlossen.

6.5.1 Lesen und Schreiben von Textdateien

Bei öffnen einer Datei wird ein Filehandler oder Dateizeiger auf den Anfang der Datei gesetzt. Dieser kann als Schreib- oder Lesemarke an beliebige Stellen der Datei gesetzt werden. Wir haben es also mit Funktionen zum Öffnen und Schließen einer Datei, Funktionen zur Behandlung des Dateizeigers und Lese-und Schreiboperation zu tun. Weiter können wir über die Eigenschaften einer Datei Auskunft erhalten.

Wir wollen das obige Beispiel der Kreisberechnung (*kreisberechnung.php*) weiterführen und die Berechnungen in einer Datei *kreisberechnung.txt* protokollieren. Da wäre zunächst die Existenz der Datei zu überprüfen und dann zu entscheiden wie zu verfahren ist. Mit der Funktion file_exists() oder is_file() wird in einem If-else-Konstrukt das Vorhandensein überprüft. Beide Funktionen liefern jeweils *true* oder *false* zurück.

```php
<?php
// phpProjekte/phpLernen/dateiZugriff.php
echo ('Existenz von Dateien ueberpruefen<br/>');
$datei='kreiskonstanten.txt';
if (file_exists($datei)){
   echo ('Datei <em>' .$datei .' </em>existiert<br/>');
} else {
   echo ('Datei <em>' .$datei .'</em> existiert nicht <br/>');
}
```

Sofern eine Datei existiert, können verschiedene Informationen über die Datei abefragt werden. Hier eine Auswahl der Möglichkeiten von fileowner(), filetype(), fileperms(), fileatime() und filesize():

```php
echo ('Informationen über bestehende Dateien<br/>');
```

```
if (file_exists($datei)){
  echo ('Datei <em>' .$datei .' </em>existiert<br/>');
  echo ('Eigentuemer :' .fileowner($datei) .'<br/>');
  echo ('Zugriffsrechte: ' .fileperms($datei) .'<br/>');
  echo ('Dateityp: ' .filetype($datei) .'<br/>');
  $zugriff = fileatime($datei);
  echo ('Letzter Zugriff: ' .date("d.m.Y",$zugriff) .'<br/>');
  echo ('Dateigröße: ' .filesize($datei) .'<br/>');
} else {
  echo ('Datei <em>' .$datei .'</em> existiert nicht <br/>');
}
```

Die Datei ist vorhanden, wir wollen die Datenzeilen auslesen. Daher wird zunächst geprüft ob die Datei lesbar ist, dann wird die Datei mit `fopen()` zum Lesen ('r') geöffnet und bis zum Dateiende zeilenweise gelesen. Die Daten werden und im Browser agezeigt und die Datei mit `fclose()` geschlossen

```
if (is_readable($datei)) {
  $fp = fopen($datei, 'r');
  while (!feof($fp)) {
    echo(fgets($fp) .'<br/>');
    // alternative sind Lesefunktionen fgetc, fgetss, fread
  }
  fclose($fp);
}else{
  echo ('Datei ' .$datei .' nicht lesbar <br/>');
}
```

Wir kennen nun den Inhalt der Datei und wollen eine neue Berechnung durchführen und dies an das Ende der Datei anhängen. Erneut geöffnet wird die Datei im Modus a+

```
// In Dateien Schreiben fwrite, fputs //
// Datei öffnen
$fp = fopen($datei, 'a+');
// hier folgt der Berechnungsteil mit Ergebnisausgabe in die Datei
  $pi = 3.1415; $rad = 10.0;
  $umfang = round((2.0*rad*pi),2);
  $flaeche = round((rad*rad *pi),2);
  $datum = new DateTime();
  $tag = $datum->format('d.M.Y'); $zeit= $datum->format('h:m:s');
  fwrite($fp,'Neue Berechnung:');
  fwrite($fp,'Datum: ' .$tag .'Zeit: ' .$zeit);
  fwrite($fp,'pi: ' .$pi .'Radius: ' .$rad);
  fwrite($fp,'umfang: ' .$umfang .'Flaeche: ' .$flaeche);
fclose($fp);
}
```

Spezielle Datenformate sind CSV (Comma Separated Values, das XML-Format oder JSON (JavaScript Object Notation). Die Behandlung dieser Formate wird im weiteren Verlauf dieses Kapitels noch Thema sein.

6.5.2 Hochladen von Dateien

Das Hochladen von Dateien auf einen Web-Server erfolgt üblicherweise mit einem FTP-Client. Filezilla wurde im Kapitel 2 als geegnetes Werkzeug vorgestellt. Der Nutzer von Filezilla muss natürlich die Zugangsdaten zum Web-Server kennen. Da wir diese aber nicht preisgeben wollen, können wir mit PHP-Unterstützung Besuchern der Website das Hochladen einzelner Dateien ermöglichen. Serverseitige Programme können dann mit diesen Daten arbeiten. Ein Verzeichnis auf dem Web-Server mit Schreibrechten ist eingerichtet. Eine Datei beliebigen Typs aber limitierter Größe soll auf den Server hochgeladen werden.

Zunächst benötigen wir ein HTML-Formular mit einem Input-Tag für den Typ file, der das Browsen durch die Dateistruktur auf dem Clientrechner ermöglicht. Wir führen einen weiteren Input-Tag mit dem Attribut hidden ein, in dem die maximale Dateigröße definiert ist. Die Buttons vom Typ Submit und Reset ermöglichen Löschen und Hochladen der Datei. Im Attribut enctype wird dem Server die Dateiübermittlung signalisiert. Mit action wird das eigene PHP-Skript durch die Variable $_SERVER['PHP_SELF'] an den Browser durch die Methode POST übermittelt.

```
<form enctype= "multipart/form-data"
action = "<?php echo $_SERVER['PHP_SELF']?>"
method = "POST">
<input name="datei" type="file" />
<input name="size" type="hidden" value="1048576" />
<input name="submit" type="submit" value="hochladen" />
</form>
```

HTML-Formular und PHP-Skript werden in einem Dokument gehalten (vgl. auch Selbstanforderung weiter unten). Zunächst erfolgt mit der Abfrage isset() die Entscheidung ob der Button Submit bereits geklickt wurde? Liefert isset() *false* zurück, wird in das HTML-Formular verzweigt. Bei *true* wird das PHP-Skript abgearbeitet. Zur Kontrolle werden die Variablen ausgegeben und die Werte der superglobalen Arrays $_FILES, $_SERVER und $_POST werden zur Protokollierung angezeigt. Es erfolgt eine Fehlerabfrage auf einen leeren Dateinamen bzw. eine Überschreitung des Datenlimits von 1MByte. Ist eine Datei gleichen Namens bereits vorhanden, erfolgt eine Warnmeldung. Sonderzeichen im Dateinamen werden hier nicht zugelassen.

Sofern keine Fehlermeldung generiert wurde wird die Datei auf dem Server vom temporären Verzeichnis in das endgültige Zielverzeichnis mit move_uploaded_file() hochgeladen. Das Temporäre Verzeichnis ist per default oder in der Datei php.ini festzulegen. Hier das komplette Skript *dateiHochladen.php*:

```
<html><head><title>Datei-Upload</title></head><body>
<?php
// PHP-Skript bei Bedingung true ausfuehren
if (isset($_POST['submit'])){
  $uploadVerzeichnis = 'daten';
  $dateiname = $_FILES['datei']['name'];
  echo ('PHP-Script: <b>' .$_SERVER['PHP_SELF'] .'</b><br/><br />');
  echo ('Upload-Verzeichnis: <em>'$uploadVerzeichnis .'</em><br/>');
  echo ('Dateiname: ' .$dateiname .'<br /><br />');
  echo('$_FILES: <br />');
  foreach ( $_FILES as $key => $wert){
    foreach ( $_FILES[$key] as $inx => $wert){
      echo ('[' .$inx .']: ' .$wert .'<br />') ;
    }
  }
  echo ('<br />');
  /* Serverdaten anzeigen, bei Bedarf Kommentarkennung entfernen
```

```php
echo('$_SERVER: <br />');
foreach ( $_SERVER as $key => $value){
 echo ('Server: ' .$key .' ' .$value .'<br />') ;
}
echo('$_POST: <br />');
foreach ( $_POST as $key => $value){
  echo ('[' .$key .']: ' .$value .'<br />') ;
}
echo ('<br/>');
//
// Fehlermeldungen
$errMsg='';
if (empty($dateiname))$errMsg = 'Dateiname leer<br />';
if ($_FILES ['datei']['size'] > $_POST['size'])
$errMsg .= 'Dateigroesse ueberschritten <br/>';
if (file_exists($uploadVerzeichnis .'/' .$dateiname))
$errMsg .= 'Datei schon vorhanden<br />';
if (!preg_match('^[a-zA-Z0-9._-]*$^', $dateiname))
$errMsg .= 'Sonderzeichen im Dateinamen<br />';
//
// Hochladen?
if (strlen($errMsg)==0){
  if (move_uploaded_file($_FILES['datei']['tmp_name'],
                    "$uploadVerzeichnis/$dateiname")) {
    echo ($uploadVerzeichnis .'/' .$dateiname .' hochgeladen' .'<br />');
// Inhalt des Zielverzeichnisses anzeigen
  } else {
    echo ('Fehler: ' . $_FILES['datei']['error']);
    echo ($errMsg);
  }
} else {
  echo ('Fehler: ' .htmlspecialchars($dateiname) .'<br />');
  echo ($errMsg);
// keine Dateiübertragung
}
} else
{?>
<!-- HTML-Formular beginnt hier -->
<form enctype="multipart/form-data" action="<?php echo
$_SERVER['PHP_SELF']?>" method="POST">
<input name="datei" type="file" />
<input name="size" type="hidden" value="1048576" />
<input name="submit" type="submit" value="Datei hochladen" />
</form>
<?php
} // Ende else Block
?></body></html>
```

6.6 HTML Formulardaten auswerten

HTML stellt zur Dateneingabe Formulare und den Input-Tag bereit. Zur weiteren Verarbeitung der eingegebenen Daten auf dem Server ist ein Zusammenspiel zwischen HTML und PHP notwendig. Wir betrachten ein sehr einfaches HTML-Formular. Im Form-Tag wird eine Name für das Formular angegeben und eine Aktion, die bei Klick auf den Submit-Button ausgelöst wird. Hier wird das Programm *formulardaten.php* aufgerufen und die HTML-Daten werden mit der Methode POST an das empfangende Programm gesendet.

6.6.1   GET oder POST

Zur Übertragung der Daten kommen zwei unterschiedliche Methoden in Betracht
GET oder POST. Bei Verwendung von GET werden die Werte der Formularfelder
in die URL eingetragen und sind für den Anwender sichtbar. Wird die Methode
POST verwendet, dann werden die Daten innerhalb der Nachricht selbst ver-
schickt. Der Vorteil liegt in der Übertragung größerer Datenmengen und der Un-
sichtbarkeit für die Benutzer.

```
<html>
<head><title>htmlFormular.html</title></head>
<body>
<p>User und Passwort eingeben</p>
<form name="eingabe" action="formulardaten.php" method="POST">
<input type="text" name ="user" value="" length="8" maxlength="24" />
<input type="password" name ="pw" value="" length="8" maxlength="24" />
<input type="submit" name="go" value="Senden" />
</form></body></html>
```

Das Formular trägt die Bezeichnung *eingabe*. Zwei Input-Tags fragen einen Benut-
zernamen und die Zugangskennung ab. Die Bezeichner sind *user* und *pw*. Bei Klick
auf den Submit-Button wird ohne Prüfung der Eingabe das Programm *formularda-
ten.php* aufgerufen.

Mit der Methode POST ist die URL http://localhost/phpLernen/formulardaten.php.
Verwenden wir die Methode GET ist die URL in der Adresszeile des Browsers wie
folgt zu lesen:

```
http://localhost/phpLernen/formulardaten.php?user=Guenter+P&pw=HefeWeizen
&go=Senden
```

6.6.2   Superglobale Arrays

PHP kennt verschiedene superglobale Arrays, die innerhalb von PHP eine unbe-
grenzte Reichweite (Sichtbarkeit) haben und aus jedem Skript aufgerufen werden
können. Momentan können wir $_POST, $_GET oder $_REQUEST zur Auswer-
tung der HTML-Formulardaten nutzen.

```
<?php
// phpLernen/formulardaten.php
// Auswertung von htmlFormular.html
$benutzer = trim($_POST['user']);
$passwort = trim($_POST['pw']);
echo ('Benutzername: ' .$benutzer .'<br/>');
echo ('Passwort: ' .$passwort .'<br/>');
?>
```

Da wir mit POST die Daten übertragen haben, lesen wir aus dem Array die Werte
für user und pw, entfernen führende und angehängte Leerzeichen nehmen die
Zuweisung an PHP-Variablen vor, die mit echo() angezeigt werden. Analog ist der
Vorgang mit $_GET auszüfüren. Das Ergebnis ist:

```
Benutzername: Guenter P
Passwort: HefeWeizen
```

Das superglobale Array $_REQUEST speichert eine Kombination von $_GET, $_POST und $_Cookies. Insofern ist es unabhängig von der HTML-Kodierung GET oder POST und ist gleichermaßen zu verwenden:

```
$benutzer = trim($_REQUEST['user']);
$passwort = trim($_REQUEST['pw']);
```

6.6.3 PHP Selbstanforderung

Im obigen Beispiel der Formularauswertung haben wir es mit einer HTML-Seite und einem PHP-Skript zu tun. Nach Klick auf den Submit-Button wird ohne Überprüfung der eingegebenen Daten das PHP-Skript aufgerufen. Wenn HTML-Formular und PHP-Skript sich im gleichen Dokument befinden und das PHP-Skript vor dem HTML-Formular zu finden ist, dann kann die Seite bei jeder Übermittlung des Formulars sich selbst anfordern. Die Eingabedaten können überprüft werden und eine Korrektur der Daten ohne kompletten Neueintrag in das Formular ist möglich. Sofern das Formular korrekt ausgefüllt wurde, können die Daten gespeichert bzw. verarbeitet werden und eine neue Seite kann aufgerufen werden.Unsere Website hat jetzt bei reduzierter Notation folgende Struktur:

```php
<?php
if (isset($_POST['go'])) {
//... hier muss noch Programmcode eingefuegt werden
} else{
?>
<form action="<?php echo $_SERVER['PHP_SELF'] ?>" method="POST">
  <input type="text" name ="user" value="" length="8" maxlength="24" />
  <input type="password" name ="pw" value="" length="8" maxlength="24" />
  <input type="submit" name ="go" value="Senden" />
</form>
<?php
} // Ende else-Block
?>
```

Das PHP-Skript beginnt mit der bedingten Anweisungen isset ($_post['*go*']). Mit *go* wird die Referenz zum Submit-Button hergestellt. Die Funktion isset() liefert den Wert *true* zurück, wenn das zu prüfende Array-Element aus dem superglobalen Array $_POST existiert. Wir wollen wissen, ob der Array-Index 'go', so ist der Name des Submit-Buttons, schon existiert. Das ist erst nach Klick auf den Button Submit der Fall. Im Else-Zweig des If-else-Konstrukts beenden wir dann die PHP-Notation,. legen das HTML-Formular an und wechseln wieder zu PHP um den Else-Block mit der geschweiften Klammer zu schließen. Somit wird zunächst das HTML-Formular zum Ausfüllen angeboten. Nach Klick auf *Senden* wird die im Attribut action vereinbarte Selbstanforderung aufgerufen, die PHP-Anweisung lautet echo $_Server['PHP_SELF']. Hierdurch gelangen wir in das PHP-Skript, dessen vollständige Kodierung im If-Block wie folgt notiert ist:

```php
<?php
if (isset($_POST['go'])) {
  $benutzer = strip_tags($_POST['user']);
  $passwort = strip_tags($_POST['pw']);
  if (strlen($passwort)<6) $error_msg = "Das eingegebene Passwort
                                muss 6 Zeichen haben <br>";
```

```
     if (strlen($benutzer)== 0) $error_msg .= " Sie haben keine
                                                Stimme abgegeben. <br>";
     if (isset ($error_msg)){
        echo "<b>Das Formular ist nicht korrekt ausgefüllt:</b><br>";
        echo $error_msg;
        echo "<br><br>Versuchen Sie es noch einmal.
        <a href=javascript:history.back(1)>Klicken Sie hier</a>";
     } else {
        $url ="confirm.html";
        $f = fopen($url, "r");
        $c = fread($f, 1000);fclose($f);
        echo ('benutzer: ' .$benutzer .' passswort: ' .$passwort .'<br/>');
        echo $c;
     }
  } else{
  ?>
```

Mit *strip_tags()* werden die Werte aus dem superglobalen Array $_POST ausgele-
sen und von evtl. vorhandenen HTML-Tags befreit. Die Werte werden auf Vorhandensein bzw. notwendige Länge geprüft. Im Fehlerfall wird eine Variable *er-
ror_msg* besetzt. Mit einem inneren If-else-Konstrukt wird wiederum mit isset()
die Fehlermeldung auf Vorhandensein geprüft. Im Fehlerfall geht es mit javasc-
ript:history.back(1) auf die vorhergehende Seite zurück. Liegt kein Fehler
vor, dann wird eine URL definiert, die Webseite gelesen und angezeigt. Zusätzlich
werden die eingegebenen Parameter quittiert. Die Neue Seite beinhaltet einen wei-
terführenden Link. *$f* ist der File-Handler, *$c* der String mit dem Dateiinhalt, der
maximal 1Kb groß sein darf.

6.7 PHP Applikationen

6.7.1 Vorstandswahlen

Die Mitglieder eines Vereins sollen den Vorsitzenden neu wählen. Als Kandidaten
haben sich die Dame und Herren G.Abriel, S.Teinmeier und K.Raft aufstellen lassen. Zunächst ist ein Wählerverzeichnis zu erstellen. Eine Liste mit Namen und E-
Mail-Anschrift der wahlberechtigten Mitglieder liegt vor. Für jedes Mitglied wird
ein Passwort generiert und per E-Mail den Wahlberechtigten zugesandt. Die Mitglieder loggen sich auf der Wahlseite mit ihrem Passwort ein, entscheiden sich für
einen Kandidaten und können einmalig ihre Stimme abgeben. Bei der Stimmabgabe sind dem Programm nur das Passwort, der Zeitpunkt der Stimmabgabe und die
bereits abgegebenen Stimmen bekannt. Das Votum wird in eine separate Datei
unabhängig vom Wähler eingetragen.

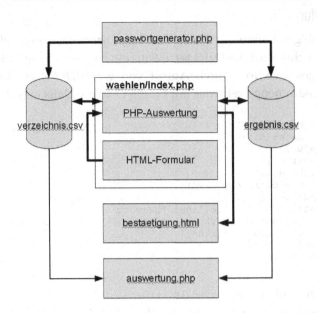

Abbildung 6.4: PHP Projekt Vorstandswahlen

6.7.1.1 Passwortgenerator

Die Zusendung der E-Mail mit dem Benutzerpasswort betrachten wir hier zunächst nicht, vgl. hierzu auch Abschnitt 6.7.1. Für n Wahlberechtigte generieren wir ein Passwort und tragen dieses mit einer laufenden Nummer, dem Zeitpunkt der Erstellung und einem Wert für bereits abgegebene Stimmen ein. Dieses ist ein einmaliger Vorgang mit dem die Datei *verzeichnis.csv* erzeugt wird. CSV steht für Comma Separated Values und trennt die zeilenweise eingetragenen Werte durch Kommata. Die Funktion *generatePW()* wurde im Internet unter *http://www.inside-php.de* in dortigen Code-Schnipseln gefunden.

```php
<?php
// Generate a random password Autor snowCrash inside-php
function generatePW($length=8){
  $dummy = array_merge(range('0', '9'), range('a', 'z'),
  range('A', 'Z'), array('#','&','@','$','_','%','?','+'));
  // shuffle array
  mt_srand((double)microtime()*1000000);
  for ($i = 1; $i <= (count($dummy)*2); $i++){
    $swap = mt_rand(0,count($dummy)-1);
    $tmp = $dummy[$swap];
    $dummy[$swap] = $dummy[0];
    $dummy[0] = $tmp;
  }
// get password
return substr(implode('',$dummy),0,$length);
}
```

6.7.1.2   Datumsfunktion

Unter Nutzung obiger Funktion werden im Skript *passwortgenerator.php* Variable initialisiert, mit touch() wird die Datei *verzeichnis.csv* angelegt. In einer For-Schleife wird ein 6 stelliges Passwort durch Aufruf von *generatePW()* erzeugt und ein Ausgaberecord zusammengestellt, das mit fputs() in die Datei eingetragen wird.

```
$komma =',';
$datum       = date('d.m.Y');
$zeit        = date('h:i:s');
$stimmabgabe ='0';
$crlf        ='\r\n';
touch ('verzeichnis.csv');
$fp = fopen('verzeichnis.csv','w');
for ($i=0;$i<32;$i++){
  $pw = generatePW(6); // 6stelliges Passwort
  $record = $i .$komma .$pw .$komma .$datum .$komma .$zeit .$komma
            .$kandidat ."\r\n";
  echo ($record .'<br/>');
  fputs($fp,$record);
}
fclose($fp);
echo('Datei verzeichnis.csv erstellt.');
```

Die Datei verzeichnis.csv zeigt folgenden Inhalt:

```
0,rl@Vby,07.01.2012,05:31:25,0
1,DYyzr9,07.01.2012,05:31:25,0
...
30,tK63U+,07.01.2012,05:31:25,0
31,D160ps,07.01.2012,05:31:25,0
```

Es muss noch die Datei für das Abstimmungsergebnis angelegt werden, da wir die Stimmabgabe unabhängig vom Wählerverzeichnis speichern wollen. Wir benötigen fünf Zählvariablen für abgegebene Stimmen, Enthaltungen, Kandidat 1, Kandidat 2 und Kandidat 3

```
touch ('ergebnis.csv');
$fp = fopen('ergebnis.csv','w');
fputs ($fp,'0,0,0,0,0'); // initialisieren der Zaehler
fclose($fp);
?>
```

Im Anschluss an diese vorbereitenden Arbeiten kann der Stimmzettel erstellt werden. Wir setzen den oben erläuterten Mechanismus der Selbstanforderung ein und beginnen den PHP-Code mit der Abfrage des Submit-Buttons in einem If-else-Konstrukt. Im If-Block befindet sich das PHP-Programm zur Auswertung des HTML-Formulars, das Formular selbst ist in HTML im Else-Block codiert.

```
<?php
// echo ('Programm <em>stimmabgabe.php</em><br/>');
if (isset($_POST['submit'])){
  // ... Codesegment wird nach Klick auf den Submit-Button
  // im HTML-Formular ausgeführt
} else {
?>
<!-- hier ist die Codierung des HTML-Formulars  vorzunehmen -->
<?php
}
?>
```

6.7.1.3   HTML-Formular Stimmzettel

Nachfolgend das Formular Stimmzettel mit den Input-Tags für die Zugangskennung und den vier Radio-Buttons für Stimmenthaltung oder Zustimmung zu einem der Kandidaten. Die Radio-Buttons tragen denselben Namen, bilden daher
eine Gruppe mit nur einer Wahlmöglichkeit. Der übergebene Wert für die Radio-
Buttons *kandidat* ist 0,1,2 oder 3. Abbildung 6.5 zeigt einen Screenshot des
aufgefüllten Formulars.

```
<form action="<?php echo $_server['php_self'] ?>"
           name="stimmzettel" method="POST" >
<table width="400" bgcolor="#ffffff" border="0"
       cellpadding="3" cellspacing="3">
<tr>
  <td width="192">Passwort:</td>
  <td><input type="password" name="passwort"size="12"
      maxlength="12"></></td></tr>
<tr>
  <td width="192">Enthaltung</td>
  <td><input type="radio" name="kandidat" value="0"></></td></tr>
<tr>
  <td width="192">G.Abriel</td>
  <td><input type="radio" name="kandidat" value="1"></></td></tr>
<tr>
  <td width="192">S.Teinmeier</td>
  <td><input type="radio" name="kandidat" value="2"></></td></tr>
<tr>
  <td width="192">K.Raft</td>
  <td><input type="radio" name="kandidat" value="3"></></td></tr>
<tr>
  <td width="192" >zum briefkasten &gt;&gt;&gt; </td>
  <td><input type="submit" name="submit" value ="absenden" > </td>
</tr>
</table></form>
```

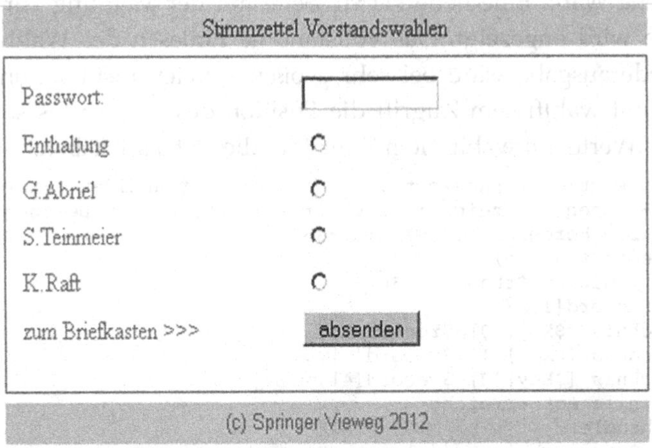

Abbildung 6.5: Stimmzettel zu den Vorstandswahlen

Jetzt können wir in die Verifizierung des PHP-Programms einsteigen. Die schon
bekannte Funktion isset() gibt den Wert *true* zurück sobald der Submit-Button
geklickt wurde. Aus dem Array $_POST werden die Werte für *$passwort* und *$kan-*

didat ermittelt und geprüft. Das Passwort muss 6 Zeichen haben, die Stringlänge *kandidat* darf nicht null sein. Andernfalls wird eine Variable *$error_msg* besetzt. Wiederum mit `isset()` wird abgefragt, ob diese Variable definiert ist. Das Formular wäre falsch ausgefüllt und es gibt die Möglichkeit in der Seitenhierarchie eine Seite zurück zu springen und die Eingabekorrektur vorzunehmen. Danach werden wir in den Else-Zweig der Fehleranfrage gelangen, wo die eigentliche Auswertung beginnt.

6.7.1.4   Auswertung der Formulardaten

```php
<?php
if (isset($_POST['submit'])){
  // Formular wurde abgesandt, Formulardaten ueberpruefen
  $passwort = trim($_POST['passwort']);
  $kandidat = trim($_POST['kandidat']);
  if(strlen($passwort)<6) $error_msg = "Das eingegebene Passwort
  b                                    muss 6 Zeichen haben! <br>";
  if(strlen($kandidat)== 0) $error_msg ="Sie haben  keine Stimme
                                          abgegeben ! <br>";
  if(isset ($error_msg)){
    echo "<b>Das Formular ist nicht korrekt ausgefüllt:</b><br>";
    echo $error_msg;
    echo "<br><br>Versuchen Sie es noch einmal.
  <a href=javascript:history.back(1)>Klicken Sie hier!</a>";
  }else{
```

Im Else-Block wird das Wählerverzeichnis komplett in ein zweidimensionales Array eingelesen. Bei korrekt angegebenem Passwort und noch nicht erfolgter Stimmabgabe wird das Verzeichnis durch Datum und Zeit der Stimmabgabe und mit dem Schalter 'x' aktualisiert. Die Zähler in der Datei *ergebnis.csv* werden aktualisiert. Die Datei *verzeichnis.csv* wird neu geschrieben, vermerkt ist darin jetzt die vorgenommene Wahl. Eine neue HTML-Seite mit der Meldung zur erfolgreichen Stimmabgabe wird angezeigt. Das vollständige Einlesen des Wahlverzeichnisses und die Wiederausgabe wäre bei sehr großen Dateien nicht rationell, alternativ könnte man mit wahlfreiem Zugriff die Position des Passwortes suchen und die aktualisierten Werte mit wahlfreiem Zugriff in die Datei schreiben.

```php
echo ('Passwort: ' .$passwort .' Kandidat: ' .$kandidat .'<br/>');
$fhandle = fopen('verzeichnis.csv','r'); // Datei mit Lesezugriff oeffnen
echo ('<table border=1 cellpadding=3>');
while (!feof($fhandle)){
  $record =fgetcsv($fhandle,256);
  $key = $record[1] ;
  $verzeichnis [$key][0]=$record[2];
  $verzeichnis [$key][1]=$record[3];
  $verzeichnis [$key][2]=$record[4];
} // end while eof erreicht
fclose($fhandle);
array_pop($verzeichnis); // leeres Element entfernen
echo ('Datei </em>waehlerverzeichnis.csv</em> eingelesen.<br/>');
if (!array_key_exists($passwort,$verzeichnis)){
  echo ('Das Passwort ist nicht korrekt. Neuer Versuch oder Abbruch');
  echo ('<br><br>Versuchen Sie es noch einmal.
  <a href=javascript:history.back(1)>Klicken Sie hier</a><br>
  oder verlassen Sie die Seite. <a href="confirm.html">Ausgang.</a>');
} else {
```

```php
if ($verzeichnis[$passwort][2] =='0'){
  // Zeitpunkt und Schalter für Stimmabgabe zuweisen
  $datum = date('d.m.Y');
  $zeit = date('h:i:s');
  $verzeichnis[$passwort][0] = $datum;
  $verzeichnis[$passwort][1] = $zeit;
  $verzeichnis[$passwort][2] = 'x';
  // Waehlerverzeichnis zurueckschreiben
  $fp = fopen('verzeichnis.csv','w'); // Oeffnen mit Schreibzugriff
  $komma =',';
  $i=0;
  foreach($verzeichnis as $key => $wert){
    $record = $i .$komma .$key ;
    foreach($verzeichnis[$key] as $index => $element){
      $record .= $komma .$element;
    }
    // echo ($record .'<br/>');
    $record .="\r\n";
    fputs($fp,$record);
    $record='';
    $i++;
  }
  fclose($fp);
```

Bis zu dieser Programmanweisung erfolgte die Behandlung des Wählerverzeichnisses. Passwort stimmt, Stimmabgabe erfolgte noch nicht, jetzt kann die Ergebnisdatei aktualisiert werden. Eine Alternative zum wiederholten Öffnen der Datei *ergebnis.csv* wäre öfnen mit Schreib- und Lesezugriff r+ und nach dem Lesevorgang mit rewind(*$fp*) den Dateizeiger wieder an den Anfang gesetzt.

```php
// Ergebnisdatei aktualisieren
$fp = fopen ('ergebnis.csv','r'); // Datei oeffnen
$record = fgetcsv($fp,256); // Record lesen
fclose($fp); // Datei schließen $anzahl = $record[0];
$enthaltung = $record[1];
$kandidat1 = $record[2];
$kandidat2 = $record[3];
$kandidat3 = $record[4];
$anzahl++;
switch ($kandidat){
  case "0": $enthaltung++; break;
  case "1": $kandidat1++; break;
  case "2": $kandidat2++; break;
  case "3": $kandidat3++; break;
}
// Record neu formulieren und Datei aktualisieren
$record = $anzahl .$komma .$enthaltung .$komma . $kandidat1
          .$komma .$kandidat2 .$komma .$kandidat3;
$fp = fopen ('ergebnis.csv','w');
fputs ($fp,$record);
fclose($fp);
//
$url="confirm.html"; // Das ist die HTML-Datei zur
                     // Bestätigung der Stimmabgabe
$fileHandle = fopen($url, "r");
$fileContent = fread($fileHandle, 1500000);
echo $fileContent;
}
```

Zur Bestätigung der Stimmabgabe dient die Datei *confirm.html*. Deren Inhalt wird in die Variable *$fileContent* eingelesen und mit echo() angezeigt.

Im Else-Block der Abfrage für eine bereits erfolgte Stimmabgabe haben wir lediglich einen unfreundlichen Hinweis für den Benutzer geschrieben.

```
else {
echo ("Sie haben ihre Stimme bereits abgegeben!
      Verschwinde hier!");
}
```

6.7.1.5 Auswertung der Wahlergebnisse

Nun benötigen wir noch ein kleines Programm für die Auswertung. Wir erstellen
ein einfaches horizontales Balkendiagramm innerhalb einer HTML-Tabelle Nach
Deklaration des zweidimensionalen Arrays mit den Namen der Kandidaten und
der Voreinstellung für die abgegebenen Stimmen wird die Ergebnisdatei mit Lesezugriff als CSV-Datei geöffnet. Die Records werden gelesen und die Werte den
Arrayelementen zugewiesen. Der Prozentanteil an abgegebenen Stimmen wird
berechnet mittels zwei geschachtelten Foreach-Anweisungen auf der HTML-Seite
als Tabelle angezeigt. Das Balkendiagramm wird durch den bekannten Ein-Pixel-
Trick grafisch angezeigt. Für jede Stimme wird mit dem Image-Tag ein Block aus
22x12 Pixeln ausgegeben. Das *spix.jpg* besteht selbst aus nur einem Pixel. Noch
einmal zur Verdeutlichung der Foreach-Schleife: Für jedes Element des Arrays,
hier *$kandidaten*, wird der Schlüssel, hier *$key*, und der Wert, hier *$wert*, kopiert
und kann in der Schleife verwendet werden. Der Typ *$wert* ist wiederum ein Ar-
ray, daher wird in der inneren Foreach-Schleife noch einmal über *$index* der Wert
$element bestimmt. Nach Durchlauf der inneren Schleife kann in einer Zählschleife
die Balkengrafik mit dem Image-Tag geschrieben werden.

```php
<?php
$wahlberechtigte = 32;
$kandidaten[0] = Array ("Enthaltungen",0,0);
$kandidaten[1] = Array ("G.Abriel",0,0);
$kandidaten[2] = Array ("S.Teinmeier",0,0);
$kandidaten[3] = Array ("K.Raft",0,0);
//
$fp = fopen ('ergebnis.csv','r+');
$record = fgetcsv($fp,256);
fclose($fp);
$anzahl = $record[0]; // Anzahl abgegebener Stimmen
$kandidaten[0][1] = $record[1];
$kandidaten[1][1] = $record[2];
$kandidaten[2][1] = $record[3];
$kandidaten[3][1] = $record[4];
for ($i=0; $i<4;$i++){
  $prozent =$kandidaten[$i][1]/($anzahl/100 );
  $kandidaten[$i][2] = round($prozent,1); // Prozentanteil abg.Stimmen
}
echo ('Wahlberechtigte: ' .$wahlberechtigte .'<br/>');
echo ('Abgegebene Stimmen : ' .$anzahl .'<br/>');
$beteiligung = $anzahl/($wahlberechtigte/100);
$beteiligung = round($beteiligung,1);
echo ('Wahlbeteiligung in % : ' .$beteiligung ."<br/>");
echo ('<table bgcolor="#dddddd" border="1" cellpadding="5"
            cellspacing="0">');
echo ('<tr><td>Kandidat</td><td>Stimmen</td><td>% abg.
            Stimmen</td><td> </td></tr>');
foreach($kandidaten as $key => $wert){
```

```
    echo('<tr>');
    foreach($kandidaten[$key] as $index => $element){
      echo ('<td>' .$element .'</td>');
    }
    // Balkenanzeige
    echo ('<td>');
    $n = $kandidaten[$key][1];
    for ($k=0;$k<$n;$k++){
      echo ('<img src="spix.jpg" width="22" height="12" />');
    }
    echo ('</td></tr>');
  }
  echo('</table>');
  ?>
```

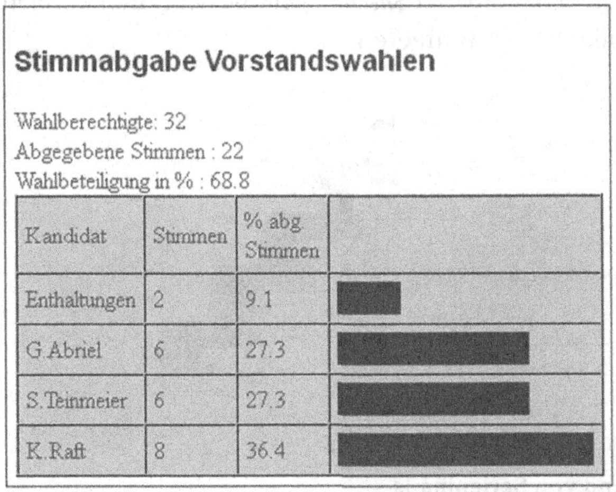

Stimmabgabe Vorstandswahlen

Wahlberechtigte: 32
Abgegebene Stimmen : 22
Wahlbeteiligung in % : 68.8

Kandidat	Stimmen	% abg. Stimmen	
Enthaltungen	2	9.1	
G.Abriel	6	27.3	
S.Teinmeier	6	27.3	
K.Raft	8	36.4	

Abbildung 6.6: Wahlergebnis als einfache Balkengrafik in einer HTML-Tabelle

6.7.2 Elektropost mit PHP – Serienmail und Newsletter

Newsletter sind per E-Mail versandte Informationen, die die Adressaten über Aktualisierungen eines Themas informieren. Man abonniert einen Newsletter, indem man sich über ein Anmeldeformular registriert und mit seiner E-Mail-Adresse in den Verteiler aufgenommen wird. Verschiedentlich werden auch die Angaben eines Benutzernamens und einer Zugangskennung abgefragt, mit der sich der Teilnehmer später autorisieren kann. Web-Agenturen und Dienstleister bieten für Unternehmen Newsletter-Kommunikation als Service an. Die Aufgaben eines Newslettermanagers können sehr umfangreich sein und u.a. folgende Funktionalitäten vorhalten:

- Verwaltung der Teilnehmerlisten
- An- und Abmeldung
- Unterstützung von HTML- und Text-Mails
- Handhabung von Dateianhängen
- Vorhalten eines Archivs
- Versenden personalisierter Mails

Im Internet finden Sie kostenpflichtige und freie PHP-Skripte für Newsletter-Manager aber auch Plug-Ins für Content Management und Blog-Systeme, wie z.B. Joomla oder WordPress.

Nachfolgend bauen wir uns für den Versand von Serienmails eine eigene Mini-funktion mit PHP und machen uns mit der Mail-Funktion von PHP vertraut. Es liegt eine zeilenweise organisierte Liste mit E-Mail-Adressen in der Datei *empfaenger.txt* vor. Der zu versendende Text befindet sich in der Datei *mitteilung.txt*. Mit Notepad ++ setzen Sie den Wert für Encoding auf *UTF-8 ohne BOM* (byte order mark, Bytereihenfolge Markierung). Als weitere Variablen werden noch benötigt: *$betreff* und ein zusätzlicher Header *$header*. Mit diesen Daten können wir die Beta-Version unseres Mailers programmieren.

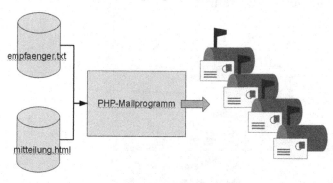

Abbildung 6.7: Versand von Serienmails

Einleitend werden die Variablen deklariert, die Mitteilung wird aus der Textdatei gelesen und der zusätzliche Header wird deklariert. Ein Bildschirm-Protokoll wird eingerichtet. Innerhalb einer While-Schleife mit Abbruch bei End-of-File wird die eigentliche PHP-Mail-Funktion `mail()` aufgerufen.

```php
<?php
// phpProjekte/serienmail/index.php
// Versand einer unpersonalisierten Serien-E-Mail
$betreff = 'Sie erhalten die gewünschte Information';
$von     = 'Autor Webseiten-Programmierung';
$empfaenger = 'empfaenger.txt';
$mitteilung = 'mitteilung.txt';
$datum      = date('d.m.Y');
$zeit       = date ('h:i:s');
$kopie      = 'unbekannt';
// mit der hexadezimalen Zeichencodierung erfolgt ein Zeilenumbruch
$crlf = "\x0D\x0A";
// Mitteilung in Textstring einlesen
$inMsg = fopen ($mitteilung,'r');
$text  = file_get_contents($mitteilung);
fclose($inMitteilung);
$header  ='Mime-Version 1.0' .$crlf;
$header .='Content-type= text/plain;' .'charset=utf-8' .$crlf;
$header .='From: '.$von.' <'.'info@seiten-programmierung.de '.'>' .$crlf;
$header .='Reply-To: '.$von.' <'.'info@seiten-programmierung.de' .'>'
.$crlf;
$header .='Cc: '.$kopie. $crlf;
```

```
$header .='X-Mailer: PHP '.phpversion();
// Empfaengerliste oeffnen:
$inTeilnehmer = fopen ($teilnehmer, 'r'); // Teilnehmerliste oeffnen
$n           = 0;                          // Zaehler
echo   ('<br />Beginn E-Mail-Versand' .$zeit .'<br />');
while (!feof($inTeilnehmer)){              // Schleife bis EOF
  $an =fgets($inTeilnehmer);
  $n++;
  echo($n .' ' .$an . '<br />');
  mail($an, $betreff, $text, $header);
}
echo ('EOF found' .'<br />');
echo ('Versandte E-Mails :' .$n .'<br />');
$zeit = date ('h:i:s');
echo   ('Ende E-Mail-Versand' .$zeit .'<br />');
fclose($inTeilnehmer); ?>
```

Die Funktion mail() erwartet drei Argumente und kann zusätzliche Headerinformationen übermitteln. Der Empfänger muss den Anforderungen an RFC 2822, vgl. www.faqs.org/rfcs/rfc2822.html, genügen, z.B.

```
klaus@mustermann.de
```

oder

```
Klaus Mustermann <klaus@mustermann.de>
```

sind gültige E-Mail-Adressen. Ebenfalls ist beim Betreff eine RFC-Vorgabe vgl. www.faqs.org/rfcs/rfc2047.html, einzuhalten. Die Textnachricht muss durch Zeilenumbruch auf eine Zeilenlänge kleiner 70 Zeichen reduziert sein.

Will man die Mail vom eigenen Rechner versenden, dann muß zusätzlich ein Mailserver auf dem System laufen und in der Initialisierungsdatei von PHP *php.ini* bei *[mail-function]* registriert sein. Unter XAMPP kann man den Mercury Mailserver einrichten. Wir belassen es hier aber bei dem Mailversand über unseren Internetprovider.

Als Alternative testen wir noch die Mail im HTML-Format und referenzieren über den HTML-Image-Tag eine Grafik im Mitteilungstext, der jetzt als HTML-Dokumet vorliegt.

```
<img src="http://www.seiten-programmierung.de/php/serienmail/kw.jpg"
width="256", height="167" />
```

Das Ergebnis unseres Serienmailprogramms kommt beim Empfänger wie aus der Abbildung 6.7 ersichtlich an.

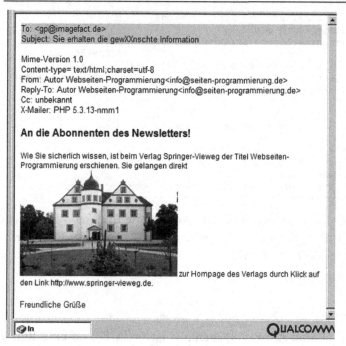

Abbildung 6.8: Empfang einer HTML-E-Mail

6.7.3   PHP und XML

Ein Parser ist in der Informationsverarbeitung ein Programm, das die Zerlegung und Umwandlung einer Eingabe in ein nutzbares Format vornimmt. Spezielle XML-Parser prüfen XML-Dokumente und die darin enthaltenen Informationen. Expat ist ein in PHP integrierter XML-Parser. Der Parser ist zeilenorientiert, d.h. ein Dokument wird Zeile für Zeile abgearbeitet und der Parser reagiert auf Ereignisse. Ein Ereignis ist für Expat z.B. das Auftreten eines Tags oder des Inhalts eines Elementes. Wir wollen Expat an dieser Stelle zur Informationsbereitstellung aus einer XML-Datei nutzen. Dabei gehen wir schrittweise vor. Zunächst soll die Datei *koordinaten.xml* , die schon aus Kapitel 4 bekannt ist, in ein mehrdimensionales Array übertragen und dieses vollständig angezeigt werden. Anschließend soll eine Funktion erstellt werden, die die Daten nur eines Punktes aus der XML-Datei liefert. Diese Funktion soll dann in einer kleinen Applikation hilfreiche Dienste leisten.

Zuerst muss eine Referenz zum Parser hergestellt werden und der Parser muss wissen, wie er die auftretenden Elemente behandeln soll.

```
<?PHP
// phpProjekte/xml/index.php XML mit Expat bearbeiten
// Instanz des XML-Parsers erzeugen
$parser = xml_parser_create();
// Parameter des XML Parsers setzen
xml_parser_set_option($parser,XML_OPTION_CASE_FOLDING,0);
// Handler fuer Elemente setzen
xml_set_element_handler ($parser,"start_tag","ende_tag");
```

```
// Handler für Inhalte setzen
xml_set_character_data_handler($parser, "inhalt");
```

Die Funktion `xml_set_element_handler()` erwartet die Referenz auf den Parser und Namen für Funktionen, die bei Auftreffen auf einen Start-Tag oder eine Ende-Tag aufgerufen werden. Wie der Inhalt eines Elements behandelt wird, regelt die Funktion *inhalt()*, deren Bezeichner (Funktionsname) dem Parser über `xml_set_character_data_handler()` mitgeteilt wird. Und dann kann es auch schon mit dem Parsen beginnen. Eine Datei wird geöffnet und Zeile für Zeile bis zum Auftreten des Dateiendes (EoF-Markierung) mit `xml_parse()` verarbeitet. Am Ende wird der vom Parser benutzte Speicher wieder frei gegeben.

```
// XML-Datei oeffnen
if (!($fp = fopen("koordinaten.xml", "r"))){
  // Fehler -> sterbe -> die
  die ("Konnte Datei koordinaten.xml nicht oeffnen");
}
// Daten zeilenweise auslesen fread() gibt false zurueck
// wenn EoF erreicht
while ($data = fread($fp,1024)){
  // Zeile parsen
  if (!xml_parse ($parser, $data, feof($fp))){
    // Fehler
    die ("XML-Error:".xml_error_string(xml_get_error_code($parser))."in
         Zeile".xml_get_current_line_number($parser));
  } // Ende if
} // Ende while
// Speicher wieder freigeben
xml_parser_free($parser);
//
```

Vor der Diskussion der Ergebnisausgabe betrachten wir die Ereignisfunktionen *start_tag(), ende_tag und inhalt().*

```
function start_tag($parser,$name){
  global $aktueller_tag;
  $aktueller_tag=$name;
}
function ende_tag($parser,$name){
  global $aktueller_tag;
  $aktueller_tag='ende';
}
```

Als Argumente werden den Funktionen die Referenz auf den Parser und der Name des Tags übergeben. Dieser Name wird in der globalen Variablen *$aktueller_tag* gespeichert. Variable eines Hauptprogramms können in Funktionen benutzt werden, wenn sie dort als `global` deklariert sind. Da die Anzahl der Argumente in den Ereignisfunktionen auf zwei begrenzt ist, müssen wir von dieser Form des Datenaustausches mit Funbktionen Gebrauch machen.

Trifft der Parser auf einen öffnenden Tag, wir dessen Bezeichnung in der Variablen *$aktueller_tag* gespeichert. Wenn wir eine Ende-Tag erreicht haben, ist dieser für uns nicht mehr interessant und er wird lediglich mit dem Inhalt *ende* überschrieben. Die Funktion *inhalt()* bekommt die Parserreferenz und die Daten des Inhalts eines Tags übergeben. Die Punktnummer *pnr* wird in die Variable *$index* geschrieben. Dieser Wert dient der Indizierung des Arrays.

```
function inhalt ($parser, $data){
  global $aktueller_tag, $punkt,$index;
  switch($aktueller_tag){
    case "pnr":
      // Punktnummer wir zur Indizierung benutzt
      $index=$data;
      break;
    case "code":
      // keine Verarbeitung der Code-Information
      break;
    case "x":
      $punkt[$index]['x']=$data;
      break;
    case "y":
      $punkt[$index]['y']=$data;
      break;
    case "z":
      $punkt[$index]['z']=$data;
      break;
    default:
      // keine Verarbeitung
  }// Ende switch
}// Ende Funktion
```

Das mehrdimensionale Array *$punkt* kann mit Zahlen oder Schlüsseln als Index definiert werden. Wir entscheiden uns hier für die Punktnummer als Schlüsselwert für einen Punkt. Aber Vorsicht, der Schlüssel ist eine Zeichenkette mit führenden Leerstellen. Jedem Punkt ist wiederum ein Array mit den Schlüsseln *x*, *y*, und *z* zugeordnet. In einer Switch-Anweisung wird nach dem aktuellen Tag unterschieden. Trat der Tag *pnr* auf, wird ein neues Punktarray angelegt. Andernfalls werden die Koordinaten dem Punktarray zugewiesen. Nach Abarbeitung aller Zeilen der XML-Datei kann des mehrdimesionale Array *$punkt* in zwei geschachtelten Foreach-Schleifen angezeigt werden.

```
foreach($punkt as $key =>$index){
  echo('Punkt['.$key."]: ");
  foreach($index as $key =>$out){
    echo ($key .': ' .$out ." ");
  }echo('<br/>');}
}
```

In der äußeren Foreach-Schleife wird die Indexbezeichnung ermittelt, die innere Foreach-Schleife gibt für jeden Punkt die Arrayelemente aus. Der Bildschirm zeigt folgendes Ergebnis:

```
Punkt[ 1]: y: 2008.446 x: 1050.616 z: 55.191
Punkt[ 2]: y: 2008.437 x: 1044.536 z: 55.178
...
Punkt[ 33]: y: 2008.538 x: 1047.040 z: 57.544
```

Wollen Sie aus diesem Punktarray einen einzelnen Punkt adressieren, wäre mit folgender Codierung vorzugehen:

```
echo($punkt['   13']['x'] ." " .$punkt['   13']['y'] ." "
  .$punkt['   13']['z']);
```

Zur besseren Handhabung und Wiederverwendung verpacken wir jetzt die Kommandos in eine Funktion *hole_punkt()*. Bei Aufruf werden der Bezeichner des XML-Dokuments und die Adressen der Punktkoordinaten (call by reference) mit übergeben. Wir definieren zwei globale Boolesche Variablen $gefunden$ und $finish$, über die der Abbruch des Suchvorgangs gesteuert wird. Das Suchergebnis wird in globalen Variablen $px, $py, $pz gespeichert und an die Adressen der lokalen Parameter übergeben. Durch diese Maßnahme vereinfachen wir das rufende Programm etwas.

```php
function hole_punkt($file, &$x,&$y,&$z){
// Liefert Punk mit dem Schlüssel global $muster
// aus dem XML-Dokument $file
global $finish=false;
global $gefunden =false;
global $px, $py, $pz;
// Instanz des XML-Parsers erzeugen
$parser = xml_parser_create();
// Parameter des XML Parsers setzen
xml_parser_set_option($parser,XML_OPTION_CASE_FOLDING,0);
// Handler fuer Elemente setzen
xml_set_element_handler ($parser,"start_tag","ende_tag");
// Handler für Inhalte setzen
xml_set_character_data_handler($parser, "inhalt");
// XML-Datei oeffnen
if (!($fp = fopen($file, "r"))){
   // Fehler -> die ("Konnte Datei koordinaten.xml nicht oeffnen");
}
// Daten zeilenweise auslesen
while ($data = fread($fp,1024)){
  // Zeile parsen
  if (!xml_parse ($parser, $data, feof($fp))){
    // Fehler
    die("XML-Error:".xml_error_string(xml_get_error_code($parser))
       ."in Zeile".xml_get_current_line_number($parser));
  }
  if ($finish){
    // wenn der Punkt gefunden wurde und alle drei Koordinaten
    // gelesen sind, dann Rückkehr in das rufende Programm
    // und umspeichern
    $x=$px; $y=$py; $z=$pz;
    // Speicher wieder freigeben
    xml_parser_free($parser);
    return; }
  } // Ende if
} // Ende while
} // Ende hole_punkt()
```

Die modifizierte Funktion *inhalt()* führt die Fallunterscheidungen, gesteuert durch $gefunden$ und $finish$; nur bei Bedarf durch und gibt die Inhalte der Tags an die globalen Variablen weiter.

```php
function inhalt ($parser, $data){
  global $aktueller_tag,$gefunden,$finish,$muster;
  global $px,$py,$pz;
  if (!$gefunden){
    switch($aktueller_tag){
      case "pnr":
      if ($muster==$data){
         $gefunden=true;
      }break;default;
    }
  }
  if (!$finish && $gefunden){
    switch ($aktueller_tag){
```

```
      case "code": break;
       case "x":
        $px=$data; break;
      case "y":
        $py=$data; break;
     case "z":
       $pz=$data;
       $finish=true; break; default:
      }
    }
  }
```

Jetzt können die Funktionen einem einfachen Test unterzogen werden. Die räumliche Entfernung zwischen zwei Punkten soll nach Pythagoras berechnet werden. Wir geben unmittelbar die Anweisungen in den Quellcode ein. Definieren den Suchschlüssel für den Anfangspunkt und rufen die Funktion *hole_punkt()* auf. Der Vorgang wird für den Endpunkt wiederholt und die Berechnung der Entfernung zwischen beiden Punkten kann durchgeführt werden.

```php
<?php
// Testaufrufe: koordinaten.xml mit Expat bearbeiten,
// Hole Punktarray mit Schlüssel $muster
// phpProjekte/xml/index_1.php
$muster= "     1";
hole_punkt('koordinaten.xml',$xa, $ya, $za);
echo('Anfang Pnr: ' .$muster .'x: ' .$xa .' y: ' .$ya .'z: ' .$za
     .'<br/>');
$muster = "     33";
hole_punkt('koordinaten.xml',$xe, $ye, $ze);
echo('Ende Pnr: ' .$muster .' x: ' .$xe .' y: ' .$ye .'z: ' .$ze
     .'<br/>');
// Bedrechnung der raeumlichen Entfernung
$dx = round($xe-$xa,3);
$dy = round($ye-$ya,3);
$dz = round($ze-$za,3);
$dist = round(sqrt($dx*$dx+$dy*$dy+$dz*$dz),3);
echo('dx: ' .$dx .' dy: '.$dy .' dz: '.$dz .' dist: '.$dist);
//
```

Das Ergebnis:

```
Anfang Pnr: 1 x: 1050.616   y: 2008.446   z: 55.191
Ende  Pnr: 33 x: 1047.040   y: 2008.538   z: 57.544
dx:      3.576 dy: 0.092      dz: 2.353 dist: 4.282
```

Auf das Abfangen von Fehlern wie z.B. Punkt nicht vorhanden, falscher Schlüssel, Anfangspunkt gleich Endpunkt usw. wurde aus Gründen der Übersichtlichkeit an dieser Stelle verzichtet. Es wäre auch denkbar, die Datei nicht zeilenweise einzulesen, sondern die gesamte Datei mit einem Lesevorgang file() in ein internes Array zu übertragen und dem Parser aus dem Array lesen zu lassen, etwa in folgender Form:

```php
$xml_datei = file ('koordinaten.xml');
foreach ($xml_datei as $zeile){
  xml_parse($parser, $zeile);
}
```

Nachdem zunächst die Einführung in die Handhabung von XML-Dokumenten mit PHP und die Nutzung des integrierten Expat-Parsers im Fokus stand, ist jetzt noch die Integration in eine Webseite von Interesse. Wir beginnen ein PHP-Dokument mit einer normalen HTML-Auszeichnung und kennzeichnen nach dem Body-Tag den PHP Bereich mit <?php und importieren mit require_once() die oben beschriebenen Funktionen für den Parser. Die beiden Array-Indizes erhalten Voreinstellungen, um Fehlermeldungen bei Erstaufruf zu vermeiden. Im Anschluß an den Berechnungsteil schreibt PHP die HTML-Auszeichnungen für ein Formular mit der Echo-Funktion. Das Action-Attribut ist ein Aufruf des Dokuments mit der Get-Methode. In der Adresszeile des Browsers werden die Suchmuster für Anfang- und Endpunkt der Strecke mit übergeben. Die Zuweisung zu den PHP-Variablen erfolgt mit $_GET. Auf die Darstellung des kompletten Codes kann hier verzichtet werden. Über den Downloadbereich von *www.seiten-programmierung.de* können Sie auf das Dokument zugreifen. Durch die Zusammenfassung des XML-Parservorgangs in eigenen Funktion und Auslagerung der PHP-Datei konnte ein recht übersichtlicher und kompakter Code erstellt werden.

```
<!DOCTYPE HTML>
<!-- phpProjekte/xml/entfernungsberechnung.php -->
<html lang="DE">
<head><title>Entfernunsgberechnung</title>
<style type="text/css"> ...</style></head>
<body>
<?php
  require_once('xmlParsen.php');
  if (isset($_GET['musterA'])){
    $musterA = $_GET['musterA'];
    $musterE = $_GET['musterE'];
  } else {
    $musterA='99'; $musterE='99';
  }
  // hier folgt der Berechnungsteil
  $muster =$musterA;
  hole_punkt('koordinaten.xml',$xa, $ya, $za);
  // weitere Anweisungen zur Entfernungsberechnung
  // nach dem Berechnunsteil schreibt PHP die HTML-Seite
  // und ruft sich bei Klick auf den Submit-Button selbst auf
  echo('<form id="dist" action="entfernung.php" method="get" />');
  echo('<td ><input class="in"type="text" name="musterA" value="' .
          $musterA .'" /></td>');
  echo('<td><input type="submit" value="Berechne" /></td>');
  // weitere echo() Aufrufe
?>
```

Entfernunsgberechnung - Mozilla Firefox

Datei Bearbeiten Ansicht Chronik Lesezeichen Yahoo! Extras Hilfe

Entfernunsgberechnung   +

localhost/xml/entfernung.php?musterA=++++5&musterE=+++25

Entfernungsberechnung			
pnr	y dy	x dx	z dz
5	1050.609	2008.533	55.292
25	1048.067	2008.541	55.212
	-2.542	0.008	-0.08
Berechne			2.543

Abbildung 6.9: Berechnungsformular mit Zugriff auf die XML-Datenbasis

6.7.4 RSS-Feeds

Im Anschluss an die Befassung mit PHP und XML ist es nun auch kein Problem
mehr, RSS-Feeds von Drittanbietern in die eigene Webseite einzubauen. Im Abschnitt 1.7.4 wurde das RSS-Format erläutert. Nun können wir die PHP-Codierung
auf die Seite bringen. Dabei nutzen wir ein frei verfügbares Skript, das unter einer
GPL-Lizenz vertrieben wird. Wir downloaden von *http://magpierss.sourceforge.net/*
und entpacken in das Verzeichnis *phpProjekte/rss/magpiers-0.72/*. Wir bauen eine
kleine Webseite auf, linken eine Stilvorlage hinzu und öffnen den PHP-Abschnitt.
Mit require_once() laden wir den benötigten Programmcode. Unter $url haben
wir noch alternative Anbieter und aktuell den Heise-Newsticker. Mit
rss_fetch() wird das $rss-Objekt instanziiert. Es werden die Titelzeilen ausge-
geben. In einer Foreach-Schleife wird für die Elemente *items* Titel, Link und
Beschreibung formatiert in einem Listenelement ausgegeben. Wir brechen nach
den sechs letzten Meldungen ab.

```
<html>
<head><title>Test RSS-Feed</title>
<link href="css/styles_03.css" rel="stylesheet" type="text/css">
<body>
<?php
require_once('magpierss-0.72/rss_fetch.inc');
// $url='http://www.drweb.de/rss.xml';
// $url='http://www.springer-Vieweg.de/rss/v/viewegteubner.xml';
$url='http://www.heise.de/newsticker/heise.rdf';
$rss=fetch_rss($url);
echo ('<h2>' .$rss->channel['title'] .'</h2>');
echo ('<h3>' .$rss->channel['description'].'</h3>');
echo ('<p><ul>');
$anz =0;
foreach ($rss->items as $item){
  $title =$item['title'];
  $link=$item['link'];
  $desc=$item['description'];
  echo ('<li><a class="navigation" href=' .$link .'>'.$title .'</a><br>'
  .$desc .'</li><br>');
  if ($anz++ >5) break;
```

```
        }
        echo ('</ul></p>');
        ?>
        </body>
        </html>
```

Sofern es Probleme mit den Array Schlüsselwerten gibt, können Sie die URL auch direkt aufrufen und im Quellcode ansehen. Es sind gerade mal zehn Codezeilen, die wir zur Anzeige der neuesten Computernachrichten in die Webseite aufnehmen müssen. Zu beachten ist natürlich die Freigabe des Feeds durch den Urheber.

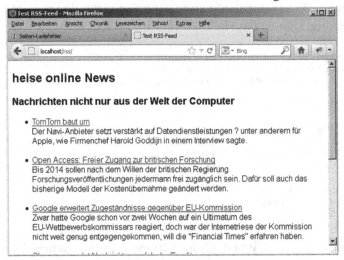

Abbildung 6.10: Heise Online RSS-Feed vom 17. Juli 2012

6.8 Grafik mit PHP

Die sprachinternen Grafikfunktionen von PHP sind sehr beschränkt. Durch die GD2-Erweiterung wird aber ein breites Spektrum an Funktionen zur Erzeugung dynamischer Grafiken verfügbar. Grafische Darstellungen folgen unterschiedlichen Konzepten. Wir kennen die Umsetzung von SVG-Daten durch den Browser, Plug-Ins, die interaktive Navigation durch 3D-Szenen mit X3D-Viewern ermöglichen, WebGL, JavaScript-Grafik oder die Anzeige von Bitmap-Bildern. Letzteres ist das Prinzip von PHP, wobei die Bilder durch die GL-Lib dynamisch erzeugt werden, ähnlich dem bei HTML5 implementierten Canvas-Tag. Während der Laufzeit eines Skripts wird ein Bild erzeugt, das vom Browser angezeigt wird. Die Grafik selbst hat aber keine Interaktionsmöglichkeiten. Die GD Library (GD, GDlib oder GD2) ist eine Open Source-Programmbibliothek zur dynamischen Erzeugung und Manipulation von Grafiken. Unterstützt werden die Grafikformate PNG (Portable Network Graphics), JPEG (Joint Photographic Experts Group) und WBMP (Wireless Bitmap) und seit der Version 2.028 auch wieder GIF (Graphic Interchange Format). Programmiersprache von GD ist C mit Schnittstellen zu anderen Spra-

chen wie auch PHP. Die Einbindung der DLL erfolgt in der Datei PHP.ini durch
aktivieren der Erweiterung:

```
extension=php_gd2.dll
```

oder durch Aufruf im PHP-Programm selbst mittels

```
dl("php_gd2.dll");
```

Bei der XAMPP-Installation ist die Einbindung bereits vorgenommen. Die Laufzeit
eines PHP-Scripts ist begrenzt, kann aber in der Setup-Datei *php.ini* erhöht werden.
Setzen Sie ggf. max_execution_time = 60. Ein erstes Script dient dem Test der
Grafikumgebung. Hier ist das Hello-World für die GD2_lib:

```
<html>
<head><title>Test GDLib</title></head>
<style>td{font-family:arial, sans-serif;
        font-size:80%;color:#5c6f90;font-weight:bold;
</style>
<body>
<?php
$gdModul = gd_info();
echo('<table border="1"><tr><td colspan="2">GD-Info</td></tr><tr>');
foreach($gdModul as $key => $value){
   echo('<tr><td>' .$key .'</td><td>' .$value .' </td></tr>');
}
echo ('</table><br />');
echo ('<img src="image.php">');
?>
</body></html>
```

Die Funktion gd_info() gibt die Informationen zur Installation der Grafikbiblio-
thek an das Array $gdModul zurück. In der Tabelle der Abbildung 6.11 sind die
Parameter aufgelistet. XBM ist das Standardformat für die Speicherung von X-
Windows Bitmap-Grafiken. XPM (XpixMap) ist ein Textformat zur Speicherung
von Bitmaps. Im Image-Tag ist als Quelle *image.php* angegeben. Das ist eine Varian-
te zur Bildanzeige. Die PHP Bilderzeugung darf ausschließlich Skript-
Anweisungen enthalten. In den weiter unten folgenden Skripts werden wir das mit
PHP erzeugte Bild speichern und danach mit dem Image-Tag zur Anzeige bringen.

GD-Info	
GD Version	bundled (2.0.34 compatible)
FreeType Support	1
FreeType Linkage	with freetype
T1Lib Support	
GIF Read Support	1
GIF Create Support	1
JPEG Support	1
PNG Support	1
WBMP Support	1
XPM Support	
XBM Support	1
JIS-mapped Japanese Font Support	

Abbildung 6.11: GDLib.php, Parameter der GD Installation und Testbild

Das Testskript *image.php* sendet zunächst einen Header an den Browser, stellt den Grafikkontext zu *$image* her und definiert die Farben *blue* und *gray*. Danach wird das Rechteck mit der Hintergrundfarbe gefüllt und die Zeichenkette wird angezeigt. Es wird das PNG-Bild erzeugt und der Speicherbereich von *$img* wieder frei gegeben. Details hierzu im weiteren Verlauf der Betrachtungen.

```php
<?php
// image.php
header ('Content-type:image/png');
$img = imagecreatetruecolor(240,120);
$gray = imagecolorallocate($img,196,196,196);
$blue = imagecolorallocate($img,0,0,255);
imagefill($img,0,0,$gray);
imagestring ($img,5,70,50,"hello world",$blue);
imagepng($img);
imagedestroy($img);
?>
```

Grafikfunktionen können in einem PHP-Skript nicht mit HTML-Befehlen vermischt sein, da der Browser die unterschiedlichen Datentypen aufgrund der bereits empfangenen Header-Informationen dann nicht mehr interpretieren kann. Innerhalb einer PHP-Datei können Sie über die Echo-Anweisung einen Image-Tag erzeugen, der im Attribut src das PHP-Script aufruft.

```php
echo("<img src=\"grafik_test.php\">");
```

Wenn Sie die Alternative der Dateispeicherung benutzen, können Sie anschließend mit folgender Anweisung im PHP-Script die Ausgabe der Datei veranlassen:

```php
echo("<img src=\"datei.jpg\">");
```

Zum Einstieg in das Verständnis für die Bildbearbeitungsfunktionen der GD-Library wird exemplarisch die Konvertierung eines RGB-Bildes in ein Graustufenbild anhand des Skripts *rgbGraustufen.php* erläutert. Wir steigen ein mit der Defini-

tion von Variablen für den HTML-Tag Zeilenumbruch und für das Leerzeichen
und definieren die URL für ein RGB-Bild. Mit @ImageCreateFromJPEG() stellen
wir den Grafikkontext zu *$img* her. *$img* ist jetzt unsere Zeichenfläche (Canvas)
und beinhaltet die extern eingelesene Bilddatei. Die Funktion getimagesize()
liefert ein assoziatives Array mit den Eigenschaften der Bilddatei u.a. auch die
Breite und Höhe des Bildes. Das Array wird in einer Foreach-Schleife zur Ausgabe
der Schlüssel und Wert der Elemente durchlaufen. Ein Teilstring *$s* für die spätere
Bildausgabe von Thumbnails wird definiert.

```php
<?php
$br = '<br />';
$blank = ' ';
$image_file = 'minden/links.jpg';// URL-Bilddatei
$img = @ImageCreateFromJPEG ($image_file);
$size = getimagesize ($image_file); // Groesse ermitteln
//
echo "Bilddatei: " .$image_file ."<br>";
echo ('Array getimagesize: <br/>');
foreach($size as $key => $wert){
echo ('[' .$key .'] ' .$wert .$br);
}
$size_x = imagesx($img)/8; // Groesse Thumbnails
$size_y = imagesy($img)/8;
$s ='width="' .$size_x .'" height= "' .$size_y .'" >';
```

Ein RGB-Bild wird in ein Graustufenbild konvertiert, indem das arithmetische
Mittel der RGB-Werte gebildet wird und dieses die RGB-Werte überschreibt. Es
gibt auch Vorschläge für gewichtete Mittel, die aus dem Quellcode ersichtlich sind.
Wir wollen auf alle Pixel des Quellbildes zugreifen und durchlaufen in einer äußeren Schleife die Zeilen und in einer inneren Schleife die Spalten des Bildes. Mit
imagecolorat() wird der Farbwert des Pixels an der Position x, y ermittelt. Jede
Farbe eines Grafikkontextes (Zeichenfläche) hat eine bei 0 beginnende ID. Diese ID
ist der Rückgabewert der Funktion imagecolorat(). Die RGB-Farbwerte werden als assoziatives Array von imagecolorsforindex() zurückgegeben. Wir
haben nun die Möglichkeit die Elemente des Arrays *$rgb* zu manipulieren. Zur
Auswahl steht das einfache oder gewichtete arithmetische Mittel. Mit
imagecolorallocate() kann man eine Farbe anlegen, die für Zeichenoperatio-
nen auf einer Fläche benutzt werden soll. Die gewünschte Farbe wird als RGB-
Ausdruck ('red', 'green', 'blue') mit Werten zwischen 0 und 255 angegeben. Die
Funktion imagecolorallocate() muss für jede Farbe aufgerufen werden, welche in der Grafik vorkommen sollen. Jede neue Farbe einer Arbeitsfläche bekommt
eine ID zugewiesen, imagecolorallocate() gibt diese ID als Funktionsergeb-
nis zurück. Der neue Farbindex wird *$color* zugewiesen und bei einfachem arith-
metischen Mittel mit den gleichen Werten für RGB zugewiesen. Mit
imagesetpixel() wird der Index für die Pixelposition eingetragen.

```php
for ($y = 0; $y < $size[1]; $y++){
  for ($x = 0 ; $x < $size[0]; $x++){
    // Farb ID ermitteln:
    $farb_id = imagecolorat ( $img , $x, $y);
    $rgb = imagecolorsforindex($img, $farb_id);
```

```
$sum=0.0; // arithmetisches Mittel von RGB bilden
foreach($rgb as $key =>$value){
  $sum += $value;
}
$sum=$sum/3.;
//lternativ gewichtete Summe der Farbkomponenten
//$sum=$rgb['red']*0.299+ $rgb['green']*0.587+
//$rgb['blue']*0.114;
//oder
//$sum=$rgb['red']*0.2125+ $rgb['green']*0.7154+
//$rgb['blue']*0.072;
//$color = imagecolorallocate($img, $rgb['red'],
//$rgb['green'], $rgb['blue']);
$color = imagecolorallocate($img,$sum,$sum,$sum);
imagesetpixel($img, $x, $y, $color);
  }
}
```

Nach Abarbeitung beider Schleifen ist der Grafikkontext *$img* in ein Graustufen-
bild umgewandelt. Mit `imagejpeg()` wird ein Quellbild extern ausgegeben. Der
dritte Parameter von 0-100 steht für die JPG-Qualität. Die Anzeige des Bildes im
Browser erfolgt über den Image-Tag mit der Echo-Funktion. Mit `imagedes-
troy()` wird der Speicher des Grafikkontextes wieder freigegeben.

```
imagejpeg($img,'tmpGrey.jpg',100);
echo ('<img src="tmpGrey.jpg">');
imagedestroy($img);
?>
```

Die Angelegenheit mit der Konvertierung in ein Graustufenbild wäre mit der
Funktion `imagefilter()` einfacher zu realisieren. Der Erstkontakt mit GDLib
wäre aber nicht so intensiv verlaufen. Die beiden geschachtelten For-Schleifen wären durch den Funktionsaufruf wie folgt zu ersetzen:

```
imagefilter($img,IMG_FILTER_GRAYSCALE);
```

Wir vertiefen den Einstieg in die GDLib mit der Berechnung eines 3D-Raumbildes
im folgenden Abschnitt.

6.8.1 Berechnung eines Anaglyphenbildes

Ein 3D-Raumbild wird aus zwei Teilbildern zusammengesetzt. Die Teilbilder entsprechen der Betrachtung einer Szene mit dem menschlichen Augenpaar. Es existieren zwei Perspektivbilder z.Bspl. mit einer 3D-Kamera aufgenommen oder aus
einem CAD-Modell heraus berechnet. Die Betrachtung mit einer rot-cyan-Brille als
Farb-Anaglyphenbild benötigt die Kombination der Rot und Grünanteile des linken Bildes mit den Blauanteilen des rechten Bildes. Die erste Teilaufgabe besteht
also in der Zerlegung des Bildpaares in seine Farbkomponenten. Diese müssen
dann zum Zielbild wieder zusammengefügt werden. Das vorliegende Bildpaar hat
eine Auflösung von 1024x768 Pixeln mit den Bezeichnungen *links.jpg* und
rechts.jpg. Zur Vorbereitung treffen wir die gleichen Maßnahmen wie in der Grau-
stufenumwandlung und zerlegen dann beide Bilder wie oben in geschachtelten
For-schleifen in die Komponenten der Grundfarben und in Graustufen. Eine CSS-
Datei und eine Javascript-Bibliothek werden extern engebunden. Die Javascript

Bibliothek enthält eine Funtion für ein neues Fenster, in dem das Anaglyphenbild nach Erzeugung angezeigt wird. Weiter beschaffen wir uns noch den Grafikkontext für die Farbkomponenten des linken und rechten Bildes. Unser Programm ist hier in keiner Weise optimiert. Möglicherweise erreichen wir die maximale Ausführungszeit, s. oben.

```php
<html>
<head><title>Berechnung eines Anaglyphenbildes</title>
<link href="phpProjekte.css" rel="stylesheet" type="text/css"></link>
<script type="text/javascript" src="javascriptLib.js"></script>
</head>
<body >
<?php
$br = '<br />';
$blank= ' ';
$image_file_links ="minden/links.jpg"; // URL linkes und rechtes Teilbild
$image_file_rechts ="minden/rechts.jpg";
$imgL = @ImageCreateFromJPEG ($image_file_links); // Typ Image erzeugen
$imgR = @ImageCreateFromJPEG ($image_file_rechts); // Typ Image erzeugen
$size = getimagesize ($image_file_links); // Groesse ermitteln
//
echo( '<h2>Berechnung eines Anaglyphenbildes</h2>');
echo ('Bilddatei links: ' .$image_file_links .$br);
echo ('Bilddatei rechts: ' .$image_file_rechts .$br);
echo ('Array getimagesize: <br/>');
//
foreach($size as $key => $wert){ // Anzeige Array $size
  echo ('[' .$key .'] ' .$wert .$br);
}
$size_x = imagesx($imgL)/8; // Bildschirmgroesse Thumbnails
$size_y = imagesy($imgL)/8;
$s ='width="' .$size_x .'" height= "' .$size_y .'" >'; // Teistring für
img-Tag
//
// Bilder für R, G, B, Grey erzeugen
$imgRedL = @ImageCreateFromJPEG ($image_file_links); $imgGreenL =
@ImageCreateFromJPEG ($image_file_links);
$imgBlueL = @ImageCreateFromJPEG ($image_file_links);
$imgGreyL = @ImageCreateFromJPEG ($image_file_links);
//
$imgRedR = @ImageCreateFromJPEG ($image_file_rechts);
$imgGreenR = @ImageCreateFromJPEG ($image_file_rechts);
$imgBlueR = @ImageCreateFromJPEG ($image_file_rechts);
$imgGreyR = @ImageCreateFromJPEG ($image_file_rechts);
//
$zeit = localtime(time() , 1);
$zeit['tm_mon'] += 1;
$zeit['tm_year'] += 1900;
echo ($br .'Start Farbanaglyphe: ' .$zeit['tm_hour'] .':'
        .$zeit['tm_min'] .':' .$zeit['tm_sec'] .$br);
```

Jetzt kommen wieder die geschachtelten For-Schleifen zum Zugriff auf jedes Pixel und Zerlegung in die Farbkomponenten. Insgesamt haben wir es mit acht Bildern zu tun, dem Original, Rot, Grün, Blau und den Graustufen jeweils für das linke und das rechte Bild, vgl. hierzu den Screenshot in der Abbildung 6.11.

```php
for ($y = 0; $y < $size[1]; $y++){ // Zugriff auf jedes Pixel
  for ($x = 0 ; $x < $size[0]; $x++){
    $farb_id = imagecolorat ($imgL , $x, $y); // Linkes Bild
    $rgb = imagecolorsforindex($imgL, $farb_id);
    $colorR = imagecolorallocate ($imgRedL,$rgb['red'],0,0);
```

```
        imagesetpixel($imgRedL, $x, $y, $colorR);
        $colorG = imagecolorallocate ($imgGreenL,0,$rgb['green'],0);
        imagesetpixel($imgGreenL, $x, $y, $colorG);
        $colorB = imagecolorallocate($imgBlueL,0,0,$rgb['blue']);
        imagesetpixel($imgBlueL, $x, $y, $colorB);
        $farb_id = imagecolorat ($imgR , $x, $y); // Rechtes Bild
        $rgb = imagecolorsforindex($imgR, $farb_id);
        $colorR = imagecolorallocate ($imgRedR,$rgb['red'],0,0);
        imagesetpixel($imgRedR, $x, $y, $colorR);
        $colorG = imagecolorallocate ($imgGreenR,0,$rgb['green'],0);
        imagesetpixel($imgGreenR, $x, $y, $colorG);
        $colorB = imagecolorallocate($imgBlueR,0,0,$rgb['blue']);
        imagesetpixel($imgBlueR, $x, $y, $colorB);
    }
}
```

Im Anschluss an die geschachtelten For-Schleifen kommt wieder die Ausgabe der Bilder auf das externe Speichermedium und die Anzeige mit dem Image-Tag. Danach können wir mit `imagedestroy()` den Speicher wieder frei geben und holen die Farbkomponenten mit `@ImageCreateFromJPEG()` R, G, B neu von der Platte.

```
// Bilder L und R auf dem Speichermedium erzeugen und anzeigen
// imagejpeg() erzeugt eine JPG-Datei mit der Qualität 0-100)
imagejpeg($imgRedL, 'tempRedL.jpg',100);
imagejpeg($imgGreenL,'tempGreenL.jpg',100);
imagejpeg($imgBlueL, 'tempBlueL.jpg',100);
// Html img-Tags
echo ('<img src="' .$image_file_links .'" ' .$s .$blank);
echo ('<img src="tempRedL.jpg" ' .$s .$blank);
echo ('<img src="tempGreenL.jpg" '.$s .$blank);
echo ('<img src="tempBlueL.jpg" '.$s .$blank );
// Graustufenbild erzeugen
imagefilter($imgL, IMG_FILTER_GRAYSCALE);
imagejpeg ($imgL,'tempGreyL.jpg',100); // erzeugt eine JPG-Datei mit der
                Qualität 0-100)
echo ('<img src="tempGreyL.jpg"' .$s .$blank .$br);
//
imagejpeg($imgRedR, 'tempRedR.jpg',100);
imagejpeg($imgGreenR,'tempGreenR.jpg',100);
imagejpeg($imgBlueR, 'tempBlueR.jpg',100);
echo ('<img src="' .$image_file_rechts .'" ' .$s .$blank);
echo ('<img src="tempRedR.jpg" ' .$s .$blank);
echo ('<img src="tempGreenR.jpg" '.$s .$blank);
echo ('<img src="tempBlueR.jpg" '.$s .$blank );
// Graustufenbild erzeugen
imagefilter($imgR, IMG_FILTER_GRAYSCALE);
imagejpeg ($imgR,'tempGreyR.jpg',100); // JPG-Datei Qualität 0-100
echo ('<img src="tempGreyR.jpg"' .$s .$blank .$br);
//
// Speicher freigeben
imagedestroy($imgRedL);
imagedestroy($imgGreenL);
imagedestroy($imgBlueL);
imagedestroy($imgRedR);
imagedestroy($imgGreenR);
imagedestroy($imgBlueR);
```

Berechnung eines Anaglyphenbildes

Bilddatei links: minden/links.jpg
Bilddatei rechts: minden/rechts.jpg
Array getimagesize:
[0] 1024
[1] 768
[2] 2
[3] width="1024" height="768"
[bits] 8
[channels] 3
[mime] image/jpeg
Start Farbfilter links: 19:19:25

Start Farbfilter rechts: 19:19:34

Start Farbanaglyphe: 19:19:46
Ende Berechnung: 19:19:55

Abbildung 6.12:Screenshot des Skripts anaglyph.php mit Komponenten der Halbbilder

Wir fügen nun die Komponenten zum Gesamtbild zusammen und zeigen das Anaglyphenbild in der Originalgröße in einem eigenen Fenster an. Beachten Sie die Zuweisung von Rot aus dem linken Bild und Grün mit Blau aus dem rechten Bild. Im Zusammenhang finden Sie das Skript unter *anaglyphRedCyan.php* im Download-Archiv.

```php
// ... und jetzt das Anaglyphenbild aus den Komponenten
// zusammenfügen
$img_r = @ImageCreateFromJPEG ("tempRedL.jpg");
$img_g = @ImageCreateFromJPEG ("tempGreenR.jpg");
$img_b = @ImageCreateFromJPEG ("tempBlueR.jpg");

$img_anaglyph = @ImageCreateFromJPEG ("tempBlueL.jpg");
//
for ($y = 0; $y < $size[1]; $y++){
  for ($x = 0 ; $x < $size[0]; $x++){
    $farb_idr = imagecolorat ( $img_r, $x, $y);
    $rgb_r = imagecolorsforindex($img_r, $farb_idr);
    $farb_idg = imagecolorat ( $img_g, $x, $y);
    $rgb_g = imagecolorsforindex($img_g, $farb_idg);
    $farb_idb = imagecolorat ( $img_b, $x, $y);
    $rgb_b = imagecolorsforindex($img_b, $farb_idb);
    $color = imagecolorallocate($img_anaglyph,
    $rgb_r['red'],$rgb_g['green'],$rgb_b['blue']);+
    imagesetpixel($img_anaglyph, $x, $y, $color);
  }
```

```
    }
    imagejpeg($img_anaglyph, "temp_anaglyphe.jpg",100);
    $zeit = localtime(time() , 1);
    $zeit['tm_mon'] += 1;
    $zeit['tm_year'] += 1900;
    echo ('Ende Berechnung: ' .$zeit['tm_hour'] .':' .$zeit['tm_min'] .':'
        .$zeit['tm_sec'] .$br);
    echo ('<script>graphicDisplay("temp_anaglyphe.jpg",' .$size[0] .','
        .$size[1] .', "Anaglyphe","c");</Script>');
    echo ('</body></html>');
    ?>
```

Natürlich können wir die Vorgehensweise erheblich optimieren. Einerseits kann man mit einem Filter die Farbanteile gewichtet separieren und es kann auch der Bedarf nach einer Graustufendarstellung bestehen. Daher betrachten wir abschließend zu den Bildbearbeitungsfunktionen das Skript *anaglyphRedCyanOptimiert.php*. Das Skript gleicht zu Beginn dem vorhergehenden Code. Vor den For-Schleifen definieren wir die Matrizen zur Farbberechnung wie folgt:

```
// Filtermatrix Farbe linkes Bild
$fl[0][0]= 1.0; $fl[0][1]= 0.0; $fl[0][2]= 0.0;
$fl[1][0]= 0.0; $fl[1][1]= 0.0; $fl[1][2]= 0.0;
$fl[2][0]= 0.0; $fl[2][1]= 0.0; $fl[2][2]= 0.0;
// Filtermatrix Farbe rechtes Bild
$fr[0][0]= 0.0; $fr[0][1]= 0.0; $fr[0][2]= 0.0;
$fr[1][0]= 0.0; $fr[1][1]= 1.0; $fr[1][2]= 0.0;
$fr[2][0]= 0.0; $fr[2][1]= 0.0; $fr[2][2]= 1.0;
/*
// Filtermatrix linkes Bild Graustufen
$fl[0][0]= 0.299; $fl[0][1]= 0.587; $fl[0][2]= 0.114;
$fl[1][0]= 0.0; $fl[1][1]= 0.0; $fl[1][2]= 0.0;
$fl[2][0]= 0.0; $fl[2][1]= 0.0; $fl[2][2]= 0.0;
// Filtermatrix rechtes Bild Graustufen
$fr[0][0]= 0.0; $fr[0][1]= 0.0; $fr[0][2]= 0.0;
$fr[1][0]= 0.299; $fr[1][1]= 0.587; $fr[1][2]= 0.114;
$fr[2][0]= 0.299; $fr[2][1]= 0.587; $fr[2][2]= 0.114;
*/
```

Eine Matrix ist auskommentiert. Mit dieser Definition durchlaufen wir die Schleifen wie folgt:

```
for ($y = 0; $y < $size[1]; $y++){ // Zugriff auf jedes Pixel
    for ($x = 0 ; $x < $size[0]; $x++){
        $farb_id = imagecolorat ($imgL , $x, $y);
        $rgbL = imagecolorsforindex($imgL, $farb_id);
        farbFilter ($fl,$rgbL,3,3);
        $farb_id = imagecolorat ($imgR , $x, $y);
        $rgbR = imagecolorsforindex($imgR, $farb_id);
        farbFilter ($fr,$rgbR,3,3);
        $color = imagecolorallocate ($imgColor,$rgbL['red'],
        $rgbR['green'],$rgbR['blue']);
        imagesetpixel($imgColor, $x, $y, $color);
    }
}
```

Die Farb-Arrays *$rgbL* und *$rgbR* werden mit der Filtermatrix modifiziert. Hierzu wird die Funktion *farbfilter ()* aufgerufen. Argumente sind die Referenzen auf die Filtermatrix und die Farbe. Die neue Farbdefinition für den Bildpunkt wird aus dem Rotwert des linken Bildes und den Grün- und Blauwerten des rechten Bildes

gebildet. Danach erfolgt die Ausgabe wie gewohnt. Am Ende des Skripts befindet
sich die Funktion Multipliktion eines Vektors mit einer Matrix.

```php
function farbFilter (&$f , &$rgb , $n, $m){
// Matrixmultiplikation Farbfilter
// $f ..... Filtermatrix, call by reference
// $rgb ..... Farbvektoren, call by reference
// n Anzahl Zeilen, m Anzahl Spalten
$v[0]=$rgb['red'];
$v[1]=$rgb['green'];
$v[2]=$rgb['blue'];
//
for ($j = 0; $j<$n; $j++) {
   $help[$j] = 0.0;
   for ($k = 0; $k<$m; $k++) {
      $help[$j] += $f[$j][$k]*$v[$k];
   }
}
$rgb['red'] = (int)$help[0];
$rgb['green'] = (int)$help[1];
$rgb['blue'] = (int)$help[2];
// echo "Farbwerte r,g,b: " .$rgb['red'] ." | " .
$rgb['green'] ." | " .$rgb['red'] ."<br>";
return;
}
```

6.8.2 Polynomapproximation

Bisher haben wir mit vorhandenen Bildern gearbeitet. Die Farbwerte eines Pixels
wurden ermittelt, Bilder mit den Farbkomponenten neu erzeugt bzw. die Pixel
manipuliert. Jetzt besteht die Aufgabe darin, eine Grafik vollständig neu zu erzeugen. Es liegt eine Anzahl von Messdaten (zweidimensionale Punktwerte x, y) vor,
die grafisch ausgewertet sein wollen. Es soll eine Funktion y=f(x) für eine Punkt-
wolke berechnet werden. Die Messwerte werden durch ein Polynom approximiert.
Das Problem wird in drei Aufgaben unterteilt: Hochladen der Daten vom Clientrechner auf den Sever, HTML-Formular zur Definition der Grafikeinstellung und
Berechnung der Polynomkoeffizienten mit anschließender grafischer Darstelllung.

Betrachten wir zunächst ausschließlich die Programmierung der Grafikfunktionen
mit dem Skript *polynomTest.php*. Darin sind die Stützpunktdaten und die Grafik-
einstellungen *embedded,* also fest verdrahtet. Das erleichtert die Testphase und die
Beurteilung der Einstellungen. Später werden wir dann eine Schnittstelle für die
interaktive Bearbeitung formulieren. Den umfangreichen Quelltext des Programms
finden Sie im Zusammenhang auch wieder im Downloadbereich auf der Website.
Ein Stützpunktfeld x, y liegt in einer CSV-Datei mit der Erweiterungsbezeichnung
dat vor. Durch diese Punkte soll ein ausgleichendes Polynom vom Grad n gelegt
werden. Das Skript soll die Koeffizienten des Polynoms berechnen und die grafische Darstellung des Polynoms durchführen, vgl. Abbildung 6.13.

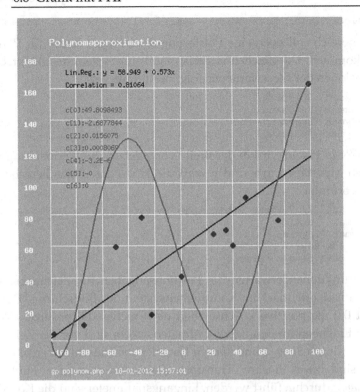

Abbildung 6.13: Regressionsgrade und Polynomapproximation

Die Stützpunkte des Polynoms sind zunächst bei der Deklaration der Arrays mit definiert. In der interaktiven Programmversion werden die Daten aus einer CSV-Datei gelesen. Diese CSV-Datei kann auf den Server hochgeladen werden.

```
$pt_x = array (-100.0, -75.0, -50.0, -25.0,
                  0.0,  25.0,  50.0,  75.0, 100.0);
$pt_y = array (  4.06,  6.78,  9.49, 16.27,
                40.67, 97.62,146.43,151.85,162.70);
```

mit

```
array_multisort ($pt_x, $pt_y, SORT_ASC, SORT_NUMERIC);
```

wird sichergestellt, dass die Werte nach aufsteigendem *$pt_x* numerisch sortiert sind. Änderungen der Reihenfolge im Array *$pt_x* würden auch auf *$pt_y* übertragen. Die Anzahl der Punkte wird mit der Array-Funktion count() bestimmt.

```
$pt_anz = count($pt_x);
```

Es werden die Extremwerte in x und y bestimmt. Mit *$xmin, $xmax, $ymin* und *$ymax* liegt das umhüllende Rechteck der Messpunkte vor. Die Daten werden zur nächsten Zahl auf- bzw. abgerundet:

```
$xmin = floor ($xmin); $xmax= ceil ($xmax);
$ymin = floor ($ymin); $ymax= ceil ($ymax);
```

Nun möchten wir den Bereich noch mit einem Rand versehen, so dass die Gitterlinien mit dem Abstand *$dist* das Rechteck ganzzahlig ausfüllen.

```
$xmin=floor($xmin/$dist)*$dist ; $xmax=ceil ($xmax/$dist)*$dist;
```

```
$ymin=floor($ymin/$dist)*$dist ; $ymax=ceil ($ymax/$dist)*$dist;
```

Der Grafikbereich soll noch eine Polsterung *$padding* als Raum für Randbeschriftungen bekommen. Die Zeichenfläche ist damit im System des Benutzers bzw. in den Dimensionen der Messwerte wie folgt bestimmt:

```
$xmin= $xmin -$padding;
$xmax= $xmax +$padding;
$ymin= $ymin,-$padding;
$ymax= $ymax,+$padding;
```

Die Bildgröße in Pixeln wird in der Breite vorgegeben, zur Vermeidung von unterschiedlichen Maßstäben in x und y wird die Höhe des Bildes berechnet und auf volle Pixel gerundet.

```
$img_x = 520; // Vorgabe Bildgroesse in Pixel
$dx = $xmax - $xmin;
$dy = $ymax - $ymin;
$ratio = $dx/$dy;
$img_y = ceil($img_x *$ratio);
```

PHP-Grafikfunktionen erwarten die Positionsangaben für Zeichenbefehle in der Dimension Pixel, orientiert am Koordinatensystem des Bildschirms. Die obere linke Ecke ist 0,0 die positive x-Achse zeigt nach rechts, die positive y-Achse nach unten. Alle Eingaben im Benutzerkoordinatensystem sind vor der Zeichnungsausgabe auf den durch *$img_x* und *$img_y* festgelegten Bildschirmbereich zu reduzieren. Das sind zwei lineare Transformationen, die in der Funktion *transform_to_image()* durchgeführt werden. Eingangsparameter sind die Koordinaten im Benutzersystem *$x, $y*; Ausgangsparameter sind *$x_img* und *$y_img*. Beachten Sie den Adressoperator in der Argumentliste der Funktion

Die zur Transformation benötigten Variablen müssen für die Funktion noch sichtbar gemacht werden. Mit dem Schlüsselwort global wird dem Programm mitgeteilt, dass die Werte aus dem aufrufenden Programm zu übernehmen sind.

```
function transform_to_image ($x, $y, &$x_img, &$y_img){
global $xmin, $ymin, $dx, $dy, $img_x,$img_y;
$x_img =($x-$xmin)/$dx *$img_x;
$y_img = $img_y - (($y-$ymin)/$dy *$img_y);
}
```

Die Grafik kann jetzt mit der Headerinformation und der Zuweisung des Grafikhandlers inititalisiert werden:

```
header("Content-Type: image/jpeg");
$img = imagecreate ($img_x,$img_y);
```

Es folgt die Definition von Farben und weiteren Grafikparametern wie Schrittweite des zu zeichnenden Polynoms, Zeilenabstände für Beschriftung u.a.

```
$bg_color = imagecolorallocate ($img,196,196,196);
$pt_color = imagecolorallocate ($img,0,0,255);
$poly_color = imagecolorallocate ($img,0,0,255);
$line_color = imagecolorallocate ($img,0,0,0);
$grid_color = imagecolorallocate ($img,255,255,255);
$pt_size = 8;
$lineHeight = 8;
$poly_thickness = 1;
$line_thickness = 1;
```

```
$grad = 4;
$step = 1;
```

Alle weiteren Aufgaben werden nunmehr in Funktionen formuliert. Es wird ein beschriftetes Gitternetz gezeichnet und die Punktmarkierung für Ellipsen vorgenommen.

```
function drawGrid($img,$xmin,$xmax,$ymin,$ymax,$padding,$dist,
                 $grid_color){
   $dx = ($xmax-$xmin)-2.*$padding; // Grid-Bereich
   $dy = ($ymax-$ymin)-2.*$padding;
   $nx = ceil ($dx/($dist )); // Anzahl Gitterlinien
   $ny = ceil ($dy/($dist ));
   for ($i= 0; $i<=$nx; $i++){
      $x_const = ($xmin+$padding)+$i*($dist);
      transform_to_image ($x_const, $ymin+$padding, $x1, $y1);
      transform_to_image ($x_const, $ymax-$padding, $x2, $y2);
      imageline($img, $x1, $y1, $x2, $y2, $grid_color);
   }
   for ($i= 0; $i<=$ny; $i++){
      $y_const = ($ymin+$padding)+$i*($dist);
      transform_to_image ($xmin+$padding, $y_const, $x1, $y1);
      transform_to_image ($xmax-$padding, $y_const, $x2, $y2);
      imageline($img, $x1, $y1, $x2, $y2, $grid_color);
   }
}
```

Der Abstand der Gitterlinien ergibt sich aus der Randbreite, *$padding*, multipliziert mit einem Faktor *$dist*. Innerhalb zweier For-Schleifen werden die Linien mit x = const bzw y = const mit der Funktion *imageline()* gezeichnet. Imageline zeichnet eine Linie von einem Punkt P1 zu einem Punkt P2 in der angegebenen Farbe, der Grafikkontext *$img* ist wie bei allen Ausgabefunktionen mit zu übergeben. Die Funktionen zur Achsbeschriftung sind für die x-Achse und die y-Achse getrennt angelegt. Die Ausgabe der Zahlenwerte erfolgt mit *imagestring()*. Das Argument für *$font* legt von 1 bis 5 die Größe des internen Zeichensatz fest.

```
function drawTextXAchse($img, $y, $xmin, $xmax, $padding, $dist,
                        $color,$font){
   $dx = ($xmax-$xmin)- 2.0*$padding; // Grid-Bereich
   $nx = $dx/($dist ); // Anzahl Gitterlinien
   $y = $y+$padding -$padding/5;
   for ($i= 0; $i<=$nx; $i++){
      $x = ($xmin+$padding)+$i*($dist);
      transform_to_image ($x, $y, $x1, $y1);
      $text = (string)round($x,0);
      imagestring ($img,$font, $x1, $y1, $text, $color);
   }
   return;
}
function drawTextYAchse($img, $x, $ymin, $ymax, $padding, $dist,
                        $color,$font){
   $dy = ($ymax-$ymin)- 2.0*$padding; // Grid-Bereich
   $ny = $dy/($dist ); // Anzahl Gitterlinien
   $x = $x+$padding /5;
   for ($i= 0; $i<=$ny; $i++){
      $y = ($ymin+$padding)+$i*($dist);
      transform_to_image ($x, $y, $x1, $y1);
      $text = (string)round($y,0);
      imagestring ($img,$font, $x1, $y1, $text, $color);
   }
}
```

```
  return;
  }
  function drawPoints ($img,&$x,&$y,$n,$size,$color){
  // Stuetzpunkte der Funktion markieren
    for ($i=0; $i<$n; $i++){
       transform_to_image($x[$i],$y[$i],$x1,$y1);
       imagefilledellipse ($img, $x1, $y1, $size, $size, $color);
    }
    return;
  }
```

Die Funktion *imagefilledellipse()* gibt eine Ellipse der Abmessungen *$size* an der Stelle *$x1, $y1* aus. Der Sonderfall Kreis wird erreicht durch gleiche Abmessungen *$size* in x und y.

Wir berechnen nun für das Beispiel die lineare Regression und die Polynomkoeffizienten. Auf die Darstellung der Algorithmen wird an dieser Stelle verzichtet. Aufzurufen sind die Funktionen *calcRegression()*, *calcPolynomCoeff()* und *solveCholesky()*. Der Sourcecode liegt dokumentiert zum Download vor. Die Berechnungsergebnisse werden über *imagestring()* ausgegeben.

Die Zeichnung der Regressionsgraden erfolgt durch Aufruf von *drawRegression()*. Als Argumente werden u.a. der Start- und Endwert in x-Richtung und die Parameter der Geradengleichung übergeben. Sofern eine Linienstärke mit *imagesetthickness()* definiert wird, ist diese am Ende der Funktion wieder auf die Voreinstellung von 1 zurückzusetzen.

```
  function drawRegression ($img, $xmin, $xmax,$padding,$a, $b,$color,
                           $thickness){
     imagesetthickness ( $img, $thickness);
     $y_left = $a + ($xmin+$padding) *$b;
     $y_right = $a + ($xmax-$padding) *$b;
     transform_to_image ($xmin+$padding, $y_left, $x1, $y1);
     transform_to_image ($xmax-$padding, $y_right, $x2, $y2);
     imageline($img, $x1, $y1, $x2, $y2, $color);
     imagesetthickness ( $img,1);
  }
```

Das Polynom ist eine glatte Kurve, die näherungsweise durch gerade Linienabschnitte dargestellt wird. Da wir uns hier auf eine Funktion y=f(x) beschränken, können für zwei benachbarte Punkte aus den Stützstellen, x1 und x2, die Funktionswerte, y1 und y2, bestimmt werden. Der Abstand zwischen x1 und x2. ist die Schrittweite. Wird diese hinreichend dicht gewählt, kommt es zur gewünschten glatten Darstellung. Innerhalb der Funktion *drawPolynom()* werden die Grafikfunktionen *imagesetthickness()* und *imageline()* aufgerufen. Es wird wieder *transform_to_image()* benötigt. Der Funktionswert y an der Stelle x wird durch Aufruf der Funktion *calcPolynom()* berechnet. Die Polynomkoeffizienten sind in dem eindimensionalen Array *$a[]* abgelegt. Die Anzahl der Koeffizienten beträgt grad+1.

```
  function drawPolynom ($img, $start, $end,
                        $step,$a,$grad,$color,$thickness){
     // Grafikausgabe eines Polynoms
     // $img ..... Grafikhandler
     // $start ... Anfangswert x
     // $end ..... Endwert x
```

```
// $step .... Schrittweite
// $a[] ..... Koeffizienten des Polynoms
// $grad .... Polynomgrad
// $color ...Farbe
// $tickness Linienstaerke
//
imagesetthickness ($img,$thickness);
$anz = ($end-$start)/$step;
$x1 = $start;
$y1 = calcPolynom ($x1,$a,$grad);
transform_to_image ($x1,$y1,$xa,$ya);
for ($i=0; $i<$anz; $i++){
   $x2 = $start + $step*$i;
   $y2 = calcPolynom($x2,$a,$grad);
   transform_to_image ($x2,$y2,$xe,$ye);
   imageline ($img,$xa,$ya,$xe,$ye,$color);
   $xa = $xe;
   $ya = $ye;
}
$x2 = $end;
$y2 = calcPolynom($x2,$a,$grad);
transform_to_image ($x2,$y2,$xe,$ye);
imageline ($img,$xa,$ya,$xe,$ye,$color);
imagesetthickness ( $img, 1);
return;
}
function calcPolynom ($x,$a,$grad){
   // Berechnet den Funktionswert y eines Polynoms
   // vom Grad $grad mit den Koeffizienten $[a]
   $y = 0.0;
   for ($i=0; $i<=$grad; $i++){
      $y = $y+ $a[$i]* pow($x,$i);
   }
   return $y;
}
```

Es wird noch das Bearbeitungsdatum erzeugt und wiederum mit *imagestring ()* ausgegeben.

```
$datum = date("d-m-Y G:i:s");
transform_to_image ($xmin+$padding,$ymin
+$padding/3,$x1,$y1);
imagestring ($img,2, $x1, $y1,"polynomTest.php / " .$datum, $grid_color);
//
imagepng($img,'polynomTest.png');
imagedestroy($img);
// mit imagepng() erzeugtes Bild anzeigen
echo('<img src="polynomTest.png" />');
```

Zuletzt wird das Bild mit imagepng() auf dem Server gespeichert und anschließend mit dem Image-Tag, eingebettet in die Echo-Funktion, angezeigt.

Testen Sie das Skript *polynomTest.php* bis an diese Stelle bevor Sie sich mit der Interaktion beschäftigen.Im zweiten Schritt wird das Hochladen der Daten auf den Server durch das Skript *polyomHochladen.php* erläutert.

Zum Hochladen von Daten (vgl. auch Kapitel 6.5.2) kann auf dem Clientrechner eine Datei mit der Erweiterungsbezeichnung *.dat* ausgesucht und auf den Server in das Untgerverzeichnis *daten* der Applikation geladen werden. Dateien mit der Dateiendung *.dat* können zur Polynomapproximation auf dem Server ausgewählt werden. Die Dateigröße ist auf 1kByte limitiert. Der Serverzugriff ist auf das Datenverzeichnis der Applikation beschränkt. Die Stützpunkte eines Polynoms sind zeilenweise, durch Komma getrennt, in der Form x, y gespeichert.

Im HTML-Formular gibt es die Input-Tags mit den Typen `file`, `hidden` und `submit`. Die verdeckte Variable beschränkt die Dateigrösse. Das Formular zum Upload erhält als Action-Attribut die Angabe des PHP-Scripts, das die Daten auf den Server schreibt, enctype muss in der angegebenen Form benutzt werden. Der Input-Typ `file` gestattet das Öffnen einer Dialogbox zur Auswahl einer Datei auf dem Clientrechner.

```
<form name="up"
      action="root-verzeichnis polynom/up_file.php"
method ="post" enctype="multipart/form-data">
<p>Lokale Datei:</p>
<input type="file" name="fn" size="36" />
```

Das PHP-Skript überprüft den Dateityp. Zugelassen ist hier text/plain oder application/octet-stream. Bei Auftreten eines Fehlers wird die Meldung in einen Input-Tag geschrieben. Bei einem neuen Upload-Versuch wird auf die ursprüngliche HTML-Codierung zurückgegangen. Die HTML-Tags zur Positionierung wurden hier aus Gründen der besseren Übersicht entfernt.

```
<form name="up"
      action="root-verzeichnis polynom/up_file.php"
<?php
  // Fehler beim Upload
  echo ("$fn_type <br>");
  if ($fn_type != "text/plain" && $fn_type !=
    "application/octet-stream"){
    echo (" <p>Server Datei</p><input style=\"{color:red;}\"
           type=\"text\" name=\"fn\"
           size=\"36\" value=\"Fehler:Datei ist nicht text/plain\"></td>
    <p>Upload:</p
    <input type=\"submit\" value=\"... neuer Versuch\" />");
  }
// Upload erfolgreich
  else {
  $fn;
  $ziel = "xxxxx Server-Verzeichnis xxxxxx"
. $fn_name;
  copy ($fn,$ziel);
  echo ("<p>Server Datei:</p><p>Temp:
$fn<br>Groesse:
$fn_size<br>Name :
$fn_name<br>Type :
$fn_type</p>
  <input type=\"text\" name=\"fn\" size=\"36\" value=$fn_name>
  <p>Upload erfolgreich:</p><input type=\"submit\"
                          value=\"... neuer Versuch\" /> ");
  }
?>
```

Das eigentliche Hochladen der Datei ist vollzogen, wenn die temporäre Datei mit der Copy-Anweisung auf das Zielverzeichnis gespeichert wurde. Die Angabe des Zielverzeichnisses muss den Vorgaben des Providers entsprechen. Vor Hochladen wäre der Dateiinhalt noch zu prüfen (Anzahl der Punkte, Extremwerte usw.) und ein Protokoll der vorhandenen Daten anzuzeigen. Testen Sie ebenfalls separat das Programm *polynomHochladen.php*, überzeugen Sie sich durch Blick auf das Directory über die aktualisierten Dateien.

Es wird nun noch ein Skript zur interaktiven Bearbeitung der Parameter zur Grafiggestaltung benötigt. Werfen wir hier nur einen kurzen Blick auf *polynomSettings.php*. Der Quellcode ist recht übersichtlich und selbsterklärend. Sofern die Datei *polynomParameter.asc* noch nicht existiert, wird diese mit Voreinstellungen generiert. Der Benutzer kann die Daten ändern und zurückspeichern. Die Parameter werden mit `fputs()` geschrieben und mit `fgets()` aus der Datei gelesen. Bei Klick auf den Button *Grafik zeigen* wird das Skript *polynomBatch.php* in einem eigenen Fenster aufgerufen.

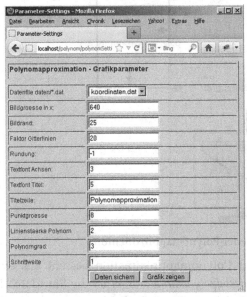

Abbildung 6.14: Grafiksteuerung

Gegenüber dem oben erläuterten Skript *polynomTest.php* ist für den Batchbetrieb eigenständige zunächst die Parameterdatei auszulesen. Danach können die Stützpunkte eingelesen werden. Das Datenformat für die Stützpunkte des Polynoms ist als CSV-Datei ausgelegt. Innerhalb einer Zeile befinden sich ein x-Wert und ein y-Wert getrennt durch Kommata. Das Dateiende muss unmittelbar hinter dem letzten Wert sein (kein CR, LF). Gelesen werden die Daten mit folgendem Code:

```
$sDateiname=$daten_file;
$hInput= fopen ($sDateiname, "r"); // oeffnet Datei mit Lesezugriff
$iZaehler = 0;
while ($sRecord = fgetcsv($hInput, 128)){// liest max 128 Zeichen
                                         // bis Zeilenende
   $pt_x[$iZaehler] = $sRecord[0];
   $pt_y[$iZaehler] = $sRecord[1];
   $iZaehler ++;
}
fclose($hInput);
```

$daten_file ist der variable Dateiname, gelesen aus der Parameterdatei. Mit fgetcsv() wird eine Datenzeile der maximalen Länge von 128 Zeichen gelesen, die durch Kommata getrennten Werte werden einem Array zugewiesen. Die Auswertung dieses Arrays erfolgt entsprechend der Bedeutung und Reihenfolge der Werte. *$hInput* ist der Dateihandler.

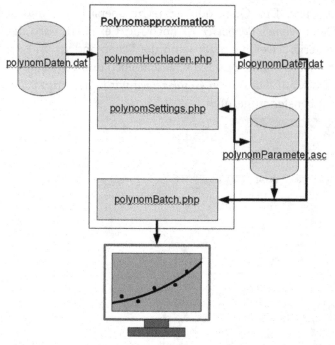

Abbildung 6.15: Komponenten der Polynomapproximation

Das gesamte Programm zur Polynomapproximation besteht aus etwa 700 Programmanweisungen, *phpProjekte/polynom/index.html* ist die Startdatei. Daten befinden sich im Projektunterverzeichnis *daten* mit der Erweiterungsbezeichnung *dat*. Wir können separat Daten hochladen, Parameter interaktiv bestimmen oder die Grafik im Batchprozess generieren. Beachten Sie beim Upload von Dateien die Einräumung der entsprechenden Nutzerrechte lesen, schreiben, ausführen (rwx).

6.8.3   Datenkonvertierung von DXF nach SVG

In den vorhergehenden Abschnitten dieses Kapitels wurden Grafiken als Bitmaps online erzeugt und vom Server dem Web-Broser zur Anzeige übertragen. Rastergrafiken sind jedoch nicht ohne Qualitätsverlust beliebig skalierbar. Vektorgrafiken sind durch die Stützpunkte von Linien und der Verbindungsart definiert. Die Gestaltung erfolgt über Stilvorlagen und kann somit vom Mobiltelefon bis zum Großformatdrucker jede Hardware bedienen. Vektorgrafiken sind ohne Qualitätsverlust in beliebiger Größe wiederzugeben. Im Web ist SVG das Standardformat für zweidimensionale Vektorgrafiken und hat bei kartografischen Anwendungen erhebliche Bedeutung erlangt. Heute ist das SVG-Format native in die modernen

Browser integriert. Im CAD-Bereich ist DXF das Standarddatenformat zum Austausch von Daten zwischen Fremdsystemen. Es besteht häufig die anforderung, eine Datenkonvertierung von CAD-Daten in das SVG-Format vorzunehmen. Wir wollen das im Rahmen unseres Programmierkurses in Eigenarbeit erbringen. Die Aufgabe besteht in der Erstellung eines PHP-Skriptes *dxfKonverter.php*. Eigentlich ist PHP für diese Aufgabenstellung nicht konzipiert aber aufgrund der verfügbaren Sprachelemente auch als Client-Server-Applikation geeignet. Abbildung 6.16 zeigt schon einmal das Endergebnis, den Fassadenplan eines hiostorischen Gebäudes.

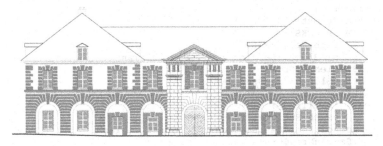

Abbildung 6.16: Fassadenplan erstellt mit CAD, konvertiert nach SVG

Mit dem Drawing Exchange Format DXF liegt ein Standarddatenformat zum Austausch von CAD-Daten vor, das von Autodesk formuliert wurde und weite Verbreitung in industriellen Anwendungen findet. Eine DXF-Datei beinhaltet alle Angaben über den Zustand einer Zeichnung, die grafischen Daten und ihre Darstellung. Die Dokumentation zu DXF-Dateien befindet sich unter www.autodesk.com.

DXF ist eine zeilenweise lesbare ASCII-Datei, eingeteilt in Sektionen. Von den Sektionen (HEADER, CLASSES, TABLES, BLOCKS, ENTITIES, OBJECTS); interessieren uns hier nur die BLOCKS-Section und die ENTITIES-Section und wir beschränken uns auf die zweidimensionalen Koordinaten in der X-Y-Ebene. Der DXF-Datei ist aus einem dreistelligen numerischen Code die Bedeutung der Folgedaten zu entnehmen. Der Code ' 0' steht für den Anfang einer Sektion (SECTION) und das Ende eines Abschnitts (ENDSECTION). Dem Code ' 2' folgt die Bezeichnung der Sektion. Wir betrachten im Folgenden die relevanten Codeabschnitte zur Konvertierung der 2D-Polylinien. Das lauffähige Programm können Sie mit Beispieldaten vom Web-Server www.seiten-programmierung.de downloaden. Nach dem Öffnen einer DXF-Datei mit fopen() haben wir einen Filehandler $f zur Verfügung. Wir lesen in einer While-Schleife mit fgets() eine Textzeile (String) aus. Fgets() liefert den Wert *false* sofern das Dateiende erreicht wurde. Sofern der Code 0 erreicht wurde wird über die Section entschieden. Innerhalb der While-Schleife unterscheiden wir mit einer Switch-Bedingung die Abschnitte BLOCKS und ENTITIES ab. Nur diese Abschnitte werden weiter behandelt. Im ersten Schritt wollen wir nur wissen, welche Elemente sich in den Abschnitten befinden und die Häufigkeit des Vorkommens ermitteln. Im Abschnitt Entities befinden sich die elementaren Grafikvereinbarungen für Punkt, Linie, Bogen, Kreis, Polylinie Text und Einfügungen von Datengruppen. Die Datengruppe selber ist in der Blocks Section in gleicher Weise definiert. In der Entities-Sektion befindet sich nur die Referenzierung. Das Programmkonstrukt entspricht dem Skript *datenHochladen.php* aus der Polynomaproximation: Einem PHP-Skript folgt ein HTML-Formular mit Selbstanforderung.

```php
$f = fopen ($_FILES['datei']['name'], 'rb');
while ($text=fgets($f)){
  $text = trim($text);
  $zeileNr++;
  switch ($text) {
    case 'BLOCKS':
      // sucheBloecke($f);
      echo('Blocks Section : ' .$text .$blank .
      $zeileNr .$br);
      listBlocks ($f,$zeileNr);
      break;
    case 'ENTITIES':
      // sucheEntities($f);
      echo('Entities Section : ' .$text .$blank
      $zeileNr .$br);
      listEntities($f,$zeileNr,$zaehler);
      // gibt de Anzahl gefundener Elemente aus
      $sum = 0;
        foreach ( $zaehler as $key => $wert){
          echo ('[' .$key .']: ' .$wert .'<br />') ;
          $sum += $wert;
        }
      echo ($sum .' Entitaeten ermittelt <br/>');
      break;
  } //Ende switch
} // Ende while
fclose ($f);
echo ('done');
```

Zur Verarbeitung der BLOCKS-Section wird die Funktion *listBlocks()* aufgerufen. Argumente sind der Filehandler und eine Zeilenzähler. Zunächst wird der Code ' 2 gesucht, dem der Blockname folgt. Blöcke mit einem * als erstes Zeichen im Blocknamen sind AutoCAD intern und werden übergangen. Die Funktion wird verlassen, wenn das Abschnittsende (ENDSEC erreicht ist. Ergebnis ist eine Auflistung aller Blöcke.

```php
function listBlocks (&$f,&$zeileNr){
  $end = 'ENDSEC';
  $code = ' 2';
  $asterix ='*';
  while ($text= (fgets($f))){ // liest bis $text = false
    $zeileNr++;
    if (substr($text,0,6) == $end){
      echo ('Ende Section Zeile ' .$zeileNr .'<br />');
    return;
    }
    if (substr($text,0,3) == $code) { // neuer Block gefunden
    $text=trim(fgets($f)); // Blockname lesen
    $zeileNr++;
    if (substr ($text,0,1) != $asterix){
      echo('... Name : ' .$text .' Zeile ' .$zeileNr .'<br />');
```

```
        }
      }
    } // Ende Blocks-Section
    echo ($zeileNr);
    return;
    } // Ende listBlocks()
```

In ähnlicher Weise wird mit dem Abschnitt Entities umgegangen. Zu den Argumenten ist jetzt noch ein Array mit Zählern hinzugekommen. Unterschieden werden die Schlüsselworte POINT, LINE, ARC, CIRCLE, LWPOLYLINE, TEXT, INSERT, die jeweils dem Code 0 folgen. Das Switch-Konstrukt dient den Fallunterscheidungen. Aus Gründen der Übersichtlichkeit erhöhen wir hier nur die Zähler. Das Element LWPolylinie wird aber in einer Funktion, nach dessen Muster alle anderen Elemente auch zu behandeln sind weiter unten diskutiert. Die echo() Aufrufe dienen nur der Protokollierung im Entwicklungsstadium und sind deshalb hier auskommentiert.

```php
function listEntities (&$f, &$zeileNr, &$zaehler){
  $end = 'ENDSEC';
  $code = '0';
  $br = '<br />';
  while ($text= (fgets($f))){ // liest bis $text = false
    $text=trim($text); // Leerzeichen/CR/LF entfernen
    $zeileNr++;
    if (strcmp($text,$end) == 0) {
      echo ('Ende Section Zeile ' .$zeileNr .'<br />');
    return;
    }
    if (strcmp ($text,$code)== 0){ // neue Entitaet gefunden
      $text=trim(fgets($f)); // lese Bezeichnung
      $zeileNr++;
      switch ($text) {
        case 'POINT':
          echo('... POINT Zeile' .$zeileNr .$br);
          $zaehler['point']++;
          break;
        case 'LINE':
          echo('... LINE Zeile' .$zeileNr .$br);
          $zaehler['line']++;
          break;
        case 'ARC':
          echo('... ARC Zeile' .$zeileNr .$br);
          $zaehler['arc']++;
          break;
        case 'CIRCLE':
          echo('... CIRCLE Zeile' .$zeileNr .$br);
          $zaehler['circle']++;
          break;
        case 'LWPOLYLINE':
          echo('... LWPOLYLINE Zeile' .$zeileNr .$br);
          $zaehler['lwpolyline']++;
          dxfPolylinieToSVG($f,$f,$zeileNr);
          break;
        case 'INSERT':
          echo('... INSERT Zeile' .$zeileNr .$br);
          $zaehler['insert']++;
          break;
        case 'TEXT':
          echo('... TEXT Zeile' .$zeileNr .$br);
          $zaehler['text']++;
```

```
          break;
        } // Ende Switch
      }// Ende while
    } // Ende Entities-Section
    echo (' ... done ' .$zeileNr .$br);
    return;
} // Ende listEntities()
```

Unser kleiner DXF-Parser bekommt noch eine genaue Zeitmessung. Beim Start und bei Ende des Durchlaufs rufen wir die Zeitfunktion microtime() auf. Mit der Funktion *timeDiff()* wird die benötigte Zeit gemessen. Die Ausgabe der Abbildung 6.17 zeigt den Inhalt des superglobalen Arrays $Files mit der Dateigröße von 1 MB, in der Blocks-Section befinden sich vier Blockdefinitionen. Insgesamt haben wir es mit 2400 Grafikelementen zu tun. Das Parsen der Datei dauerte eine halbe Sekunde. Wir sind nun sicher, dass die DXF-Dateien korrekt gelesen wurden und bearbeiten im zweiten Schritt die Grafikelemente. Für das Element LWPOLYLINE diskutieren wir hier exemplarisch die Funktion *dxfPolylineToSVG()*. Alle weiteren Funktionen zur Dateninterpretation der Grafikelemente findet der Leser auf der Website zum Buch.

```
function timeDiff ($a, $e){
    // $a, $e wurden mit microtime() ermittelt
    // preg_split liefert ein Array mit Sekunden und Dezimalsekunden
    $start = preg_split('/ /',$a);
    $end = preg_split('/ /',$e);
    $sec = round(((($end[1]+$end[0])-($start[1]+$start[0]))),2);
    return $sec;
}
```

PHP-Skript: /dxfsvg/dxfParse.php

Array $_Files:

name	hofseitige_ansicht.dxf
type	application/octet-stream
tmp_name	K:\xampp\tmp\php68.tmp
error	0
size	1200908

Blocks Section

Bezeichner	Zeile Nr.
ORIPKT	2404
PNR	2516
MESSPKT	2544
PNR	2656

Entities Section

Element	Häufigkeit
point	58
line	853
arc	204
circle	0
lwpolyline	1478
insert	67
text	71
Summe	2731
Zeit [sec]	0.47

Abbildung 6.17:   **Parsen einer DXF-Datei, hier das Ergebnis mit 2731 Elementen in etwa einer halben Sekunde**

Die Interpretation der Polygondaten erfolgt wieder nach dem bekannten Schema: Lesen bis zum Anschlag (EOF) in der Hoffnung auf Code 0 Ende Polylinie zu treffen. Mit einer Switch-Anweisung erfolgt die Fallunterscheidung nach dem gelesenen Code, der dann entsprechend zu behandeln ist. Für die Stützpunkte des Polygons richten wir zwei Arrays ein *$px, $py*. Ein Punktzaehler *$n* wird inkrementiert wenn die y-Koordinate eines Punktes gelesen wurde. Die Darstellung der Handhabung des Codes 42 Bulge würde hier zu sehr ins Detail der Geometrie hinauslaufen, wir verzichten daher an dieser Stelle auf die Interpretation.

```php
function dxfPolylinieToSVG ($in,$out,&$zeileNr){
  // Codes dreistellig:
  // 8 ... Layer 10, 20, 30 ... Punktkoordinaten
  // 38 ... Elevation 39 ... Thickness 42 ... Bulge
  // 43 ... 70 ... Closed 90
  // 0 ... Ende Polyline
  $n = 0;
  settype($n,'integer');
  $px =array();
  $py =array();
  while ($text=fgets($in)){
    $text = substr ($text,0,3);
    $zeileNr++;
    switch ($text){
      case ' 0': // Ende Polylinie
        // *** Ausgabe des SVG Datensatzes
        lwpolylineSVG ($zeileNr,$layer,$n,$px,$py,$closed);
        return;
        break;
      case ' 8': // Punktzaehler Inkrement nur bei x
        $layer = (fgets($in)); $zeileNr++;
        break;
      case ' 10': // Punktzaehler Inkrement nur bei y
        $px[$n]= floatval(fgets($in)); $zeileNr++;
        break;
        case ' 20':
        $py[$n]= floatval(fgets($in)); $zeileNr++;
        $n++; // Zaehler Inkrement
        break;
      case ' 30':
        $dummy=fgets($in); $zeileNr++; // keine Verarbeitung
        break;
      case ' 38':
        $dummy=fgets($in); $zeileNr++; // k.V.
        break;
      case ' 39':
        $dummy=fgets($in); $zeileNr++;// k.V.
        break;
      case ' 42': // Ausbuchtung
        $tanBulge=floatval(fgets($in)); $zeileNr++;
        break;
        case ' 43':
        $dummy=fgets($in); $zeileNr++;
        break;
      case ' 70': // Polygon geschlossen oder offen?
        $closed=intval(fgets($in)); $zeileNr++;
        break;
      case ' 90':
        $dummy=fgets($in); $zeileNr++; /
        break;
    } // Ende switch
  }// Ende while#
  return;
} // Ende dxfPolylineToSVG
```

Nun können wir uns der Zusammenstellung des SVG-Datensatzes widmen. Mit der Funktion *lwpolylineSVG()* schicken wir die Daten mit der Echo-Funktion direkt zum Browser oder besser in eine Datei.

```php
function lwpolylinieSVG ($out, $id, $style,$n,$x,$y,$closed){
  global$sEoL;
  // SVG Datensatz
  fputs ($out,'<path id="' .$id .'" class="' .$style .'"' );
  fputs ($out,$sEoL);
  fputs ($out,'d="M ' .round($x[0],2) .', ' .round($y[0],2));
  fputs ($out,$sEoL);
  for ($i = 1; $i<$n; $i++){
    fputs ($out,'L ' .round($x[$i],2) .', ' .round($y[$i],2));
    fputs ($out,$sEoL);
  }
  if ($closed != 0){ // closed polyliine
    $x[$n] = $x[0]; $y[$n] = $y[0];
    fputs ($out,'L ' .round($x[$n],2) .', ' .round($y[$n],2));
    fputs ($out,$sEoL);
  }
  fputs($out, ' "/> '); fputs($out,$sEoL);
} // Ende lwpolylinieSVG
```

Der SVG-Root-Tag, befindet sich in der Datei svgRoot.svg. Diese Daten werden bei Programmstart gelesen und komplett in die Ausgabedatei eingetragen. Hierzu wird die Funktion *headerSVG()* aufgerufen.Mit `file_get_contents()` wird die gesamte Datei in einen String gelesen und mit `fputs()` ausgegeben.

```php
function headerSVG($out){
  // SVG Root-Tag schreiben
  $rootSVG = file_get_contents('svgRoot.svg');
  fputs($out,$rootSVG);
  return;
}
```

In der Datei *svgRoot.svg* sind die Variablen für die CSS-Datei und die Abbildungs-vorschrift noch zu modifizieren. Mit dem Transform-Attribut wird die y-Achse der Ursprungsapplikation mit der des SVG Gerätesystems gleichgerichtet. Bevor die Datei wieder geschlossen wird, ist noch der Gruppen-Tag abzuschließen.

```xml
<?xml-stylesheet type = "text/css" href="zitadelle.css"?>
<svg version="1.1"
  baseProfile="full"
  xmlns="http://www.w3.org/2000/svg"
  xmlns:xlink="http://www.w3.org/1999/xlink"
  xmlns:ev="http://www.w3org/2001/xml-events"
  width="800px" height="600px"
  viewBox="195 -20 55 12"
  preserveAspectRatio="xMidYMid meet">
  <desc>Konvertierung von DXF</desc>
  <g id="total" transform="scale(1.0,-1.0)">
```

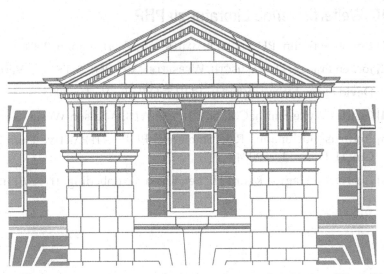

Abbildung 6.18: Datenkonvertierung von DXF nach SVG, Detaildarstellung

6.9 Zusammenfassung PHP

Nach intensiver Befassung mit dem vorliegenden Kapitel sollten Sie von PHP überzeugt sein, obwohl wir die Mächtigkeit der Sprache noch nicht ausgereizt haben.

Die Basissyntax ist von anderen Programmiersprachen nicht groß unterschiedlich. Mit den Array-Funktionen konnte PHP am Beispiel der Fußballmannschaft glänzen.

Der Aufwand zur Online-Dateiverwaltung mit exemplarischer Seminaranmeldung und Email-Bestätigung war gering, das erzielte Ergebnis schon recht brauchbar.

Mit der Zusammenstellung von VRML-Komponenten in einer Datei auf dem Server konnte das Zusammenwirken von HTML und PHP einmal an einer ungewöhnlichen Anwendung vorgestellt werden. Das doch recht komfortable Benutzerinterface besteht aus Input-Tags, die in einem HTML-Formular eingebettet sind. Der Programmieraufwand zur Fertigstellung der Oberfläche ist gering. Das Formular-Attribut Action startet eine PHP-Anwendung, die sich zuerst die Daten zusammenstellt und dann die eigene HTML-Seite mit Einbettung der VRML-Datei schreibt.

Dass PHP den Umgang mit SQL-Datenbanken unterstützt, ist bekannt. Die Möglichkeiten der GD-Bibliothek zur Erzeugung dynamischer Grafiken ist aber noch nicht so populär. Mit der Berechnung von Ausgleichungspolynomen hat PHP auch den mathematischen Eignungstest bestanden.

6.10 Weiterführende Literatur zu PHP

[6.1] Christian Braun: PHP FÜR DUMMIES, mitp-Verlag Bonn, 2004

[6.2] Jochen Franke: DYNAMISCHE WEBSEITEN MIT PHP 5, Franzis Verlag, 2004

[6.3] David Sklar: EINFÜHRUNG IN PHP 5, O'Reilly Verlag 2005

[6.4] Charles Wyke-Smith: CODIN' FOR THE WEB, Addison-Wesley Verlag, 2007

[6.5] Andreas Buchmann, Ralf Smolarek: PHP INTERAKTIV, Omnigena Verlags GmbH, Düsseldorf 2004

[6.6] Als Nachschlagwerk für PHP benötigen Sie unbedingt HTTP://PHP.NET

Sachwortverzeichnis

Printed in the United States
By Bookmasters